杨治辉（安徽财经大学）　　　　　杨爱民（华北理工大学）

肖　刚（韩山师范学院）　　　　　吴阔华（江西理工大学）

邱炳城（广东理工职业学院）　　　何小苑（广东水利电力职业技术学院）

余爱民（广东科学技术职业学院）　沈　洋（大连职业技术学院）

沈凤池（浙江商业职业技术学院）　宋眉眉（天津理工大学）

张　敏（广东泰迪智能科技股份有限公司）

张兴发（广州大学）

张尚佳（广东泰迪智能科技股份有限公司）

张治斌（北京信息职业技术学院）　张积林（福建理工大学）

张雅珍（陕西工商职业学院）　　　陈　永（江苏海事职业技术学院）

武春岭（重庆电子科技职业大学）　周胜安（广东行政职业学院）

赵　强（山东师范大学）　　　　　赵　静（广东机电职业技术学院）

胡支军（贵州大学）　　　　　　　胡国胜（上海电子信息职业技术学院）

施　兴（广东泰迪智能科技股份有限公司）

韩宝国（广东轻工职业技术大学）　曾文权（广东科学技术职业学院）

蒙　飚（柳州职业技术大学）　　　谭　旭（深圳信息职业技术大学）

谭　忠（厦门大学）　　　　　　　薛　云（华南师范大学）

薛　毅（北京工业大学）

“十四五”职业教育国家规划教材

人工智能与大数据技术
精品系列教材

TensorFlow 2
深度学习实战

第 2 版｜微课版

Hands-on Deep Learning with TensorFlow 2

崔炜 张良均 ◉ 主编

汪静 秦阳鸿 张尚佳 ◉ 副主编

人民邮电出版社

北 京

图书在版编目（CIP）数据

TensorFlow 2 深度学习实战：微课版 / 崔炜, 张
良均主编. -- 2版. -- 北京：人民邮电出版社，2025.
（人工智能与大数据技术精品系列教材）. -- ISBN 978-7-
115-67359-6

Ⅰ. TP18

中国国家版本馆 CIP 数据核字第 20259JY574 号

内 容 提 要

本书以 TensorFlow 2 深度学习的常用技术讲解与真实案例实战相结合的方式，深入浅出地介绍使
用 TensorFlow 2 实现深度学习的知识内容。全书共有 8 个项目，分为基础部分和实战部分。基础部分
包括深度学习概述、TensorFlow 2 快速入门、深度神经网络原理及实现。实战部分包括 5 个真实案例，
分别为基于 CNN 的彩色图像分类、基于 CNN 的门牌号识别、基于 LSTM 网络的语音识别、基于
CycleGAN 的图像风格转换和基于 TipDM 大数据挖掘建模平台的彩色图像分类。本书多个项目包含项
目实训和课后习题，可以帮助读者巩固所学的知识。

本书可用作 1+X 证书制度试点工作中的大数据应用开发（Python）职业技能等级（高级）证书的
教学和培训教材，也可以作为高校数据科学或人工智能相关专业的教材，还可供深度学习爱好者自学
使用。

◆ 主　　编　崔　炜　张良均
　　副主编　汪　静　秦阳鸿　张尚佳
　　责任编辑　曹严匀
　　责任印制　王　郁　焦志炜

◆ 人民邮电出版社出版发行　　北京市丰台区成寿寺路 11 号
　　邮编　100164　电子邮件　315@ptpress.com.cn
　　网址　https://www.ptpress.com.cn
　　北京市艺辉印刷有限公司印刷

◆ 开本：787×1092　1/16
　　印张：13　　　　　　　　　　2025 年 8 月第 2 版
　　字数：293 千字　　　　　　　2025 年 8 月北京第 1 次印刷

定价：49.80 元

读者服务热线：(010)81055256　印装质量热线：(010)81055316
反盗版热线：(010)81055315

序

随着大数据时代的到来，移动互联网和智能手机迅速普及，多种形态的移动互联网应用蓬勃发展，电子商务、云计算、互联网金融、物联网、虚拟现实、智能机器人等不断渗透并重塑传统产业。与此同时，大数据当之无愧地成为新的产业革命核心。

2019年8月，联合国教科文组织以联合国6种官方语言正式发布《北京共识——人工智能与教育》，其中提出"通过人工智能与教育的系统融合，全面创新教育、教学和学习方式，并利用人工智能加快建设开放灵活的教育体系，确保全民享有公平、适合每个人且优质的终身学习机会"。这表明基于大数据的人工智能和教育均进入了新的阶段。

高等教育是教育系统的重要组成部分，高等院校作为人才培养的重要平台，肩负着为社会培育人才的重要使命。2018年6月21日召开的新时代全国高等学校本科教育工作会议提出了"金课"的概念，"金专""金课""金师"迅速成为新时代高等教育的热词。如何建设具有中国特色的大数据相关专业，以及如何打造世界高水平的"金专""金课""金师""金教材"是当代教育教学改革的难点和热点。

实践教学是指在一定的理论指导下，通过实践引导，使学习者获得实践知识、掌握实践技能、锻炼实践能力、提高综合素质的教学活动。实践教学在高校人才培养中占有重要地位，是巩固和加深理论知识的有效途径。目前，高校大数据相关专业的教学体系设置过多地偏向理论教学，课程设置冗余或缺漏，知识体系不健全，且与企业实际应用契合度不高，学生很难将理论转化为实践应用技能。为了有效解决该问题，"泰迪杯"数据挖掘挑战赛组织委员会与人民邮电出版社共同策划了"人工智能与大数据技术精品系列教材"，这恰与2019年10月24日教育部发布的《教育部关于一流本科课程建设的实施意见》（教高〔2019〕8号）中提出的"坚持分类建设""坚持扶强扶特""提升高阶性""突出创新性""增加挑战度"原则契合。

"泰迪杯"数据挖掘挑战赛自2013年创办以来，一直致力于推广高校数据挖掘实践教学，培养学生数据挖掘的应用和创新能力。挑战赛的赛题均为经过适当简化和加工的实际问题，来源于各企业、管理机构和科研院所等，非常贴近现实的热点需求。赛题中的数据只做必要的脱敏处理，力求保持原始状态。"泰迪杯"数据挖掘挑战赛围绕数据挖掘的整个流程，从数据采集、数据迁移、数据存储、数据分析与挖掘到数据可视化，涵盖企业应用中的各个环节，与目前大数据专业人才培养目标高度一致。"泰迪杯"数据挖掘挑战赛不依赖数学建模，甚至不依赖传统模型的竞赛形式，这使得"泰迪杯"数据挖掘挑战赛在全国各大高校反响热烈，且得到了全国各界专家学者的认可与支持。2018 年，"泰迪杯"增加了子赛项——数据分析技能赛，为应用型本科、高职和中职技能型人才培养提供理论、技术和资源方面的支持。截至 2024 年，全国共有超 1000 所高校，约 3 万名研究生、10 万名本科生、3 万名高职生参加了"泰迪杯"数据挖掘挑战赛和数据分析技能赛。

本系列教材的第一大特点是注重学生的实践能力培养，针对高校实践教学中的痛点，首次提出"鱼骨教学法"的概念，以企业真实需求为导向，使学生学习技能时紧紧围绕企业数字化与智能化转型需求，将相关理论知识通过企业案例的形式进行衔接，达到知行合一、以用促学的目的。第二大特点是以应用为核心，紧紧围绕数字化与智能化应用开发流程进行教学，实现"学的就是企业技术栈，做的就是企业应用"。本系列教材涵盖企业人工智能与大数据应用开发的各个环节，符合企业数字化与智能化发展趋势，使学生能从宏观上理解人工智能与大数据技术在企业中的具体应用场景及应用方法。

在教育部全面实施"六卓越一拔尖"计划 2.0 的背景下，对于促进我国高等教育人才培养体制机制的综合改革，以及重新定位和全面提升我国高等教育质量，本系列教材将起到抛砖引玉的作用，从而加快推进以新工科、新医科、新农科、新文科为代表的一流本科课程的"双万计划"建设；落实"让学生忙起来、管理严起来和教学活起来"措施，让大数据相关专业的人才培养质量有质的提升；借助数据科学的引导，在文、理、农、工、医等方面全方位发力，培养各个行业的卓越人才及未来的领军人才。同时本系列教材将根据读者的反馈意见和建议及时改进、完善，努力成为大数据时代的新型"编写、使用、反馈"螺旋式上升的系列教材建设样板。

汕头大学校长
教育部高等学校大学数学课程教学指导委员会副主任委员
"泰迪杯"数据挖掘挑战赛组织委员会主任
"泰迪杯"数据分析技能赛组织委员会主任
2024 年 7 月于粤港澳大湾区

前　言

在大数据时代，各类数据呈爆发式增长，尤其是图像、语音、文本等高维、非结构化，但蕴含丰富价值的数据越来越多。面对纷繁复杂的数据，人们需要新工具和新方法，以快速从中提取出有价值的信息，从而为企业经营和科技应用提供正向帮助。深度学习作为一门前沿技术，广泛应用于计算机视觉、语音识别、自然语言处理等领域。同时，人工智能作为新兴产业，其重要技术分支之一便是深度学习。因此深度学习技术的商业价值极其明显，而有实践经验的深度学习人才更是各企业竞相争夺的对象。为了满足日益增长的深度学习人才需求，很多高校也已开设多种类型深度学习课程。深度学习作为大数据和人工智能时代的核心技术，已成为高校相关专业的重要课程内容之一。

本书特色

在全面建设社会主义现代化国家的新征程中，如何为国家培养人才，是高职教育急需解决的问题。只有通过科学教育满足企业需求人才，才能更好地落实科教兴国战略。

本书全面贯彻党的二十大精神，以社会主义核心价值观为引领。本书内容契合 1+X 证书制度试点工作中的大数据应用开发（Python）职业技能等级（高级）证书考核标准，结合大量深度学习工程案例及教学经验，以深度学习常用技术和 TensorFlow 2 真实案例相结合的方式，深入浅出地介绍深度学习基本概念、TensorFlow 2 使用方法、深度神经网络原理及实现，以及深度学习技术在常见领域的经典实战案例。本书以应用为导向，通过实训和课后练习使读者巩固所学知识，真正理解并能利用所学知识来解决问题。本书大部分内容紧扣实际应用展开，不堆积知识点，着重于思维的启发与解决方案的实施。通过学习本书，不仅可以帮助读者掌握 TensorFlow 2 深度学习技术，还可以启发读者的创新思维。

第 2 版与第 1 版的区别

结合近几年 Python 和深度学习框架的发展情况，以及广大读者的反馈意见，本书在保留第 1 版特色的基础上进行全面的升级。第 2 版修订的主要内容如下。

● 将 Python 由 Python 3.8.5 升级为 Python 3.11.7；将 Anaconda 由 Anaconda3 2020.07 升级为 Anaconda3 2024.02-1；将 TensorFlow 由 2.2.0 升级为 2.16.1。

- 在每个项目中新增素质目标和思维导图。
- 将章节式结构修改为项目任务式结构。
- 在项目 1 新增了关于大语言模型的介绍。
- 将 TensorFlow 2 环境搭建内容调整至项目 1，删除搭建 TensorFlow GPU 环境的介绍。
- 项目 3 新增关于新的常用深度学习网络（包括 DenseNet、MobileNets、GRU、Bi-RNN 和 WGAN）的介绍。
- 项目 2、项目 5、项目 6 各新增一个实训。
- 新增"基于 CNN 的彩色图像分类"项目。
- 最后一个项目更换为"基于 TipDM 大数据挖掘建模平台的彩色图像分类"。

本书适用对象

- 开设有深度学习课程的高校的学生。
- 深度学习应用的开发人员。
- 从事深度学习应用研究的科研人员。
- 1+X 证书制度试点工作中的大数据应用开发（Python）职业技能等级（高级）证书考生。

代码下载及问题反馈

为了帮助读者更好地使用本书，本书配有原始数据文件、Python 程序代码，以及 PPT 课件、教学大纲、教学进度表和教案等教学资源，读者可以从泰迪云教材网站（https://book.tipdm.org）免费下载，也可登录人邮教育社区（www.ryjiaoyu.com）下载。

我们已经尽最大努力避免在文本和代码中出现错误，但是由于编者水平有限，书中难免出现疏漏和不足之处。如果您有宝贵意见，欢迎在泰迪学社微信公众号（TipDataMining）回复"图书反馈"进行反馈。更多本系列图书的信息可以在泰迪云教材网站查阅。

编　者

2024 年 6 月

泰迪云教材

目　录

项目 ① 深度学习概述

　　深度学习的目标是让机器能够像人一样具有学习能力和分析能力，能够识别文字、图像和声音等数据。深度学习能够让机器模仿视、听、思考等人类的行为活动，解决很多复杂的模式识别难题。将深度学习与各种实际应用相结合也是一项重要研究课题。本项目将介绍深度学习的基本内容，深度学习与计算机视觉、自然语言处理、语音识别、机器学习、人工智能、大语言模型等应用领域的关系，以及 TensorFlow 的基础知识。

思维导图

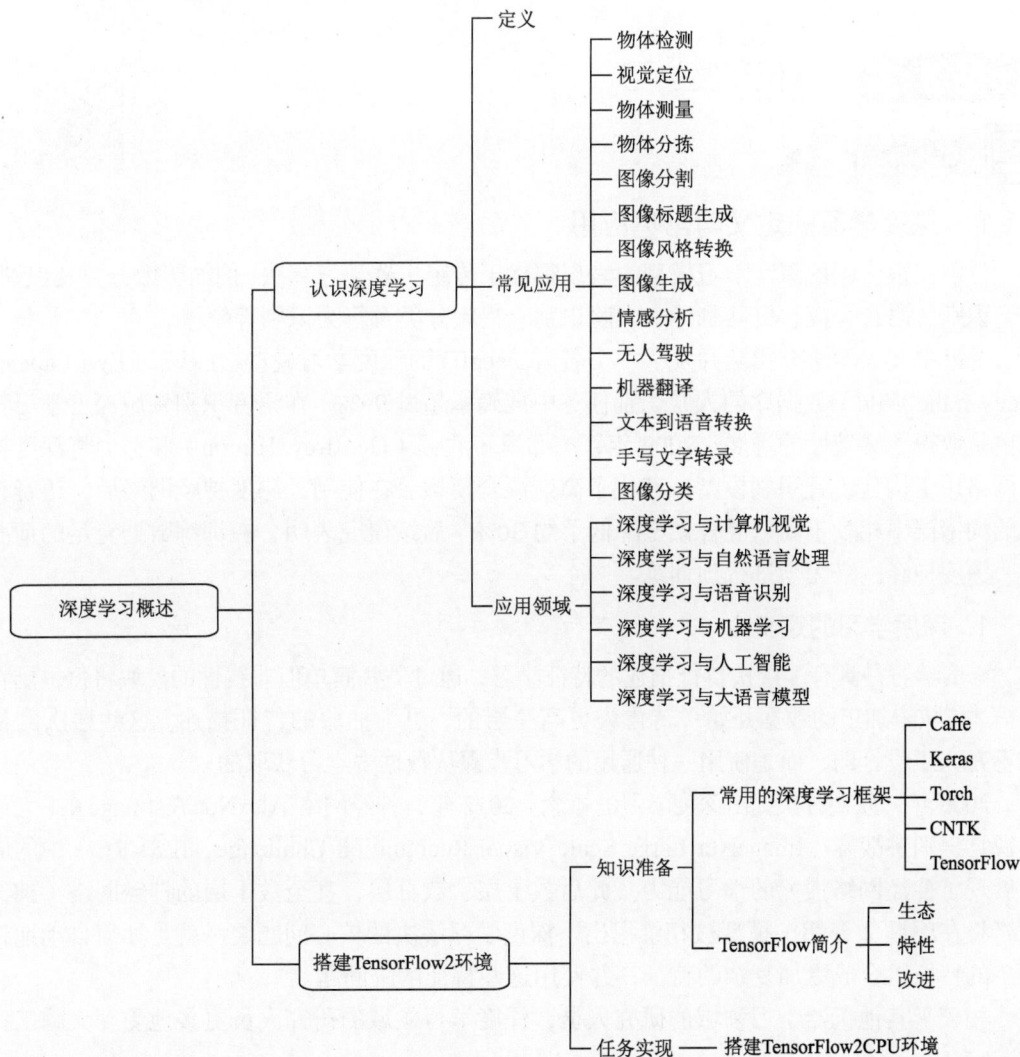

学习目标

（1）了解深度学习的定义和常见应用。

（2）了解常见的深度学习的应用领域。

（3）了解常用的深度学习框架。

（4）熟悉深度学习框架 TensorFlow 的特性。

（5）掌握 TensorFlow 2 的 CPU 版本的安装方法。

素质目标

（1）通过学习深度学习的基础知识，能够对深度学习的定义与常见应用、深度学习的应用领域建立起基本的认知，并对深度学习技术的未来发展方向有所理解。

（2）通过实际操作的方式，熟练掌握安装 TensorFlow 2 CPU 版本的方法，提升编程实践能力。

任务 1.1　认识深度学习

知识准备

认识深度学习

1.1.1　深度学习的定义与常见应用

目前在很多领域深度学习模型的表现都优于传统机器学习算法，例如图像分类及识别、语音识别、语音合成、机器翻译、人脸识别、视频分类及行为识别等领域。

香港中文大学研究团队开发了一个名为 DeepID 的深度学习模型，在基于 LFW（Labeled Faces in the Wild）数据库的人脸识别任务中准确率超过 99%。在语音识别领域深度学习技术更是取得了突破性的进展。2009 年，杰弗里·欣顿（Geoffrey Hinton）和邓力将深度神经网络用于构建语音识别模型，替代了高斯混合模型。在使用了深度神经网络后，语音识别的词错误率相较于高斯混合模型降低了约 30%。后续研究表明，在训练数据充足的情况下，深度神经网络无须进行预训练。

1. 深度学习的定义

深度学习是具有多层次特征描述的特征学习，通过一些简单但非线性的模块将每一层特征描述（从未加工的数据开始）转化为更高一层的、更为抽象的特征描述。这些层次的特征不是人工设计的，而是使用一种通用的学习步骤从数据中学习获取的。

2006 年，欣顿首次提出深度学习的概念。2012 年，神经网络 AlexNet 在 ImageNet 大规模视觉识别挑战赛（ImageNet Large Scale Visual Recognition Challenge，ILSVRC）中的应用展现了神经网络强大的学习能力。此后数十层、数百层，甚至数千层的神经网络（神经网络将在项目 2 介绍）模型被相继提出。深度学习解决的核心问题之一就是如何自动地将简单的特征组合成更加复杂的特征，并使用这些特征解决问题。

相较于其他机器学习领域的研究人员，深度学习领域的研究人员更多地受到大脑工作原理的启发。但现代深度学习的发展并不拘泥于模拟人脑的工作机制，它可以更广泛地适用于各种并不是受神经网络启发而产生的机器学习框架。

2. 深度学习常见应用

深度学习在物体检测、视觉定位、物体测量、物体分拣、图像分割、图像标题生成、图像风格变换、图像生成、情感分析、无人驾驶、机器翻译、文本到语音转换、手写文字转录、图像分类等方面均有应用。

（1）物体检测

物体检测就是从图像中确定物体的位置，并对物体进行分类。物体检测如图 1-1 所示。

物体检测是机器视觉工业领域主要的应用之一，几乎所有产品都需要检测或检查。例如硬币边缘字符的检测、图案印刷过程的套色定位和校色检查、饮料瓶盖的印刷质量检查、玻璃瓶的缺陷检测等。

人工检测存在较多的弊端，如准确率低（工人长时间工作后的准确率更是无法保证）、检测速度慢，容易

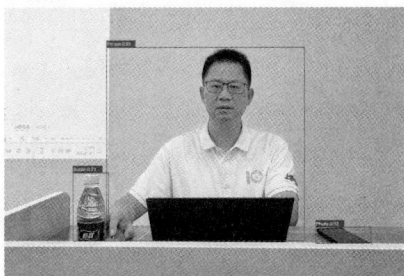

图 1-1　物体检测

影响整个生产过程的效率。因此，机器视觉在物体检测的应用方面就显得非常重要。

物体检测相较于物体识别更具挑战性，原因在于物体检测不仅需要识别图像中的物体，还需要确定物体的精确位置，有时图像中还可能存在多个物体。为了更好地进行物体检测，人们提出了多种基于卷积神经网络（Convolutional Neural Network，CNN）的方法。

在基于卷积神经网络进行物体检测的方法中，有一种叫作区域卷积神经网络（Reqion-CNN，R-CNN）的方法。区域卷积神经网络是较早运用在物体检测上的较为成熟的方法，运用区域卷积神经网络可以提高训练和测试的速度以及检测精度。区域卷积神经网络由图像输入层、候选特征提取层、卷积神经网络计算特征层和分类区域层组成。

（2）视觉定位

视觉定位要求快速、准确地找到被测物体并确认其位置，如图 1-2 所示。在半导体封装领域，设备需要通过机器视觉技术取得芯片位置信息以调整拾取头、准确拾取芯片并进行绑定。这就是视觉定位在机器视觉工业领域的基本应用。

（3）物体测量

在日常生活中，物体测量通常是指对物体的质量、长度、高度、体积等进行测量。在机器视觉工业领域，通常使用非接触光学进行物体测量，如图 1-3 所示。可测量的物体有汽车零部件、齿轮、半导体元件管脚等。

（4）物体分拣

物体分拣是指通过机器视觉技术对图像中的目标物体进行检测和识别，实现自动分拣，如图 1-4 所示。在工业领域，物体分拣常用于食品分拣、零件表面瑕疵识别与自动分拣、棉花纤维分拣等。同时，物体分拣在物流、仓库中的应用更为广泛。在分拣过程中，机器按照物体种类、物体大小、出入库的先后顺序等条件对物体进行分拣。

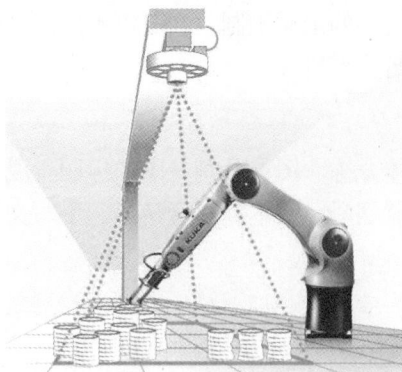

图 1-2 视觉定位

图 1-3 物体测量

（5）图像分割

图像分割是指将图像分割成若干个特定的、具有独特性质的区域并采集目标物体的技术和过程，它是介于图像处理与图像分析之间的关键步骤。现有的图像分割方法主要包括 4 种方法：基于阈值的分割方法、基于区域的分割方法、基于边缘的分割方法和基于特定理论的分割方法。图像分割的过程是将数字图像划分成互不相交的区域。这个过程也是一个标记过程，即为属于同一区域的像素赋予相同的编号。图像分割如图 1-5 所示。

图 1-4 物体分拣

图 1-5 图像分割

（6）图像标题生成

输入一幅图像，系统会自动生成介绍这幅图像的文字，这种功能的实现离不开基于神经图像标题（Neural Image Caption，NIC）模型。该模型由深层的卷积神经网络和基于自然语言处理的循环神经网络（Recurrent Neural Network，RNN）构成。卷积神经网络提取图像特征，循环神经网络生成文本。输入图 1-6 所示的原图像，可以生成"一群人正在骑马""一群人正在草原上骑马"或"一群人正在蓝天白云下的草原上享受骑马"等标题。

图 1-6 原图像

（7）图像风格转换

图像风格转换利用卷积神经网络提取高层特征的功能，将原图像和生成图像都输入已经训练好的神经网络中（而不是计算损失函数），在提取的某种特征表示上计算欧氏距离。这样得到的图像与原图像内容虽然相似，但像素级别不一定相同。通过输入两幅图像，计算机能够生成一幅新的图像。输入的两幅图像中，一幅称为"内容图像"，如图 1-7 所示；另一幅称为"风格图像"，如图 1-8 所示。如果将凡·高的绘画风格应用于内容图像上，那么深度学习会按照要求绘制出该风格的输出图像，如图 1-9 所示。

图 1-7　内容图像　　　　　图 1-8　风格图像　　　　　图 1-9　输出图像

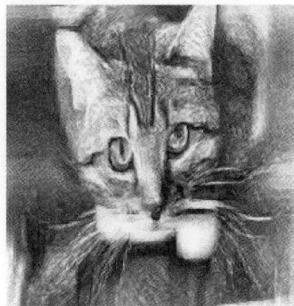

（8）图像生成

图像生成指不需要另外输入任何图像，只要前期使用大量的真实图像让神经网络进行学习，即可由神经网络自动"画出"新的图像。目前常见的图像生成模型有变分自编码器（Variational Autoencoder, VAE）系列、生成对抗网络（Generation Adversarial Network, GAN）系列等。其中生成对抗网络系列模型的研究近年来取得了巨大的进展，其生成的图像与真实世界的图像非常相似。生成对抗网络模型生成的风景图像如图 1-10 所示。

图 1-10　GAN 模型生成的风景图像

（9）情感分析

情感分析的核心就是从一段文字中判断作者对主体的评价是"好评"还是"差评"，即针对通用场景下带有主观描述的中文文本，利用深度学习算法自动判断该文本的情感极性并给出相应的置信度。情感极性分为积极、消极、中性等。情感分析如图 1-11 所示。

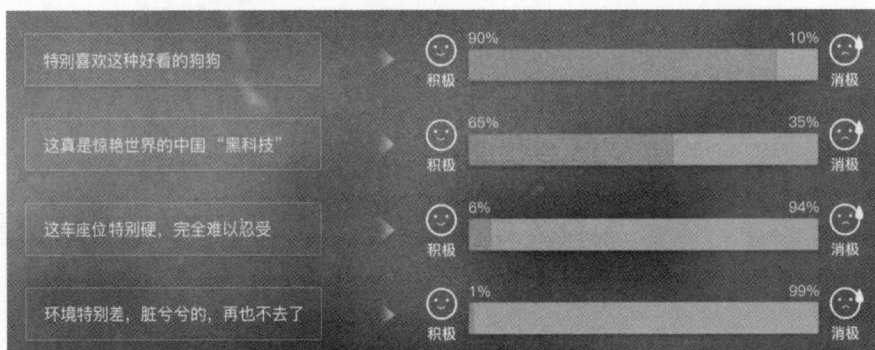

图 1-11　情感分析

（10）无人驾驶

无人驾驶被认为是强化学习技术短期内能实现技术落地的方向，很多公司（如百度、Uber 等）在无人驾驶上投入了大量资源，百度的无人巴士"阿波龙"已经在北京、武汉等地展开试运营。无人驾驶的行车视野如图 1-12 所示，无人驾驶技术主要利用深度学习模型，结合传感器来指挥和操纵车辆。

图 1-12　无人驾驶的行车视野

（11）机器翻译

常用的机器翻译模型有 Seq2Seq、BERT、GPT、GPT-2 等，其中 OpenAI 提出的 GPT-2 模型参数量高达 15 亿。

目前深度学习在机器翻译领域也取得了很大的进展，如科大讯飞的翻译机支持多语种（英语、日语、韩语、西班牙语、法语等）离线翻译、拍照翻译。另外，粤语、四川话等方言也能够被顺利翻译。除了日常的对话，能源、法律、体育、电力、医疗、金融、计算机等多个行业的专有名词，科大讯飞翻译机也可以准确翻译。科大讯飞翻译机如图 1-13 所示，其实时翻译记录如图 1-14 所示。

图 1-13　科大讯飞翻译机

图 1-14　科大讯飞翻译机实时翻译记录

（12）文本到语音转换

文本到语音转换（Text To Speech，TTS）有许多的应用，是语音驱动的设备、导航系统和视力障碍辅助设备中不可缺少的部分。文本到语音转换能让用户在不需要视觉交互的情况下与应用或设备进行互动。百度研究院发布的 Deep Voice 是一个文本到语音转换的系统，该系统完全由深度神经网络构建。文本到语音转换可以将自然语言的文本转换为自然、流畅的语音。

（13）手写文字转录

手写文字转录是指自动识别手写的文字，并将其直接转化为计算机可以识别的文字。首先，它会对手写文字字形进行提取，利用文本行的水平投影进行行切分，并且利用文本行的垂直投影进行字切分，其次将提取的手写文字字形特征向量与计算机文字的字形特征向量进行匹配，建立手写体与计算机字体的对应关系，最后生成计算机可识别的文字。

（14）图像分类

图像分类的核心是从给定的分类集合中，为图像分配一个标签。实际上，图像分类是分析输入图像并返回将图像分类的标签。标签总是来自预定义的分类集合。利用深度学习算法可以对猫的图像进行分类，如图 1-15 所示。

图 1-15　对猫的图像进行分类

1.1.2 深度学习的应用领域

深度学习在很多领域都有非常出色的表现。这些领域包括计算机视觉、自然语言处理、语音识别、机器学习、人工智能和大语言模型等。

1. 深度学习与计算机视觉

计算机视觉是深度学习技术较早取得突破性成就的领域。从 2010 年到 2011 年，基于传统机器学习的算法并没有带来预测正确率（预测正确的样本数量占总样本数量的比例）的大幅度提升。在 2012 年的 ImageNet 大规模视觉识别挑战赛中，欣顿带领的研究小组利用深度学习技术在 ImageNet 数据集上将图像分类的错误率（预测错误的样本数量占总样本数量的比例）降到了 16%。从 2012 年到 2015 年，通过对深度学习算法的不断研究，基于 ImageNet 数据集的图像分类任务的错误率以较大的幅度降低，这说明深度学习突破了传统机器学习算法在图像分类的技术瓶颈，图像分类问题得到了更好的解决。

不仅如此，深度学习还突破了物体识别的技术瓶颈（物体识别的难度比图像分类的难度更高）。在图像分类问题中，只需判断图像中包含哪一种物体，但在物体检测问题中，需要给出图像中所包含物体的具体位置，而且一幅图像中可能出现多个需要被识别的物体，所有可以被识别的物体都需要用不同颜色的方框标注出来。

人脸识别是应用非常广泛的技术，它既可以应用于娱乐行业，又可以应用于安防、风控领域。在娱乐行业中，基于人脸识别的相机自动对焦、自动美颜等功能已经成为自拍软件的常用功能。在安防、风控领域，人脸识别的应用极大地提高了工作效率并节省了人力成本。在互联网金融行业，为了控制贷款风险，在用户注册或发放贷款时需要验证用户信息，其中一个重要的步骤是验证用户提供的证件照和用户本人是否一致，通过人脸识别技术，可以更为高效地完成该步骤。

在计算机视觉领域，光学字符识别（Optical Character Recognition，OCR）是使用深度学习技术较早的领域之一。早在 1989 年，卷积神经网络就已经成功应用到识别手写邮政编码的任务上，实现了接近 95% 的正确率。光学字符识别的应用十分广泛，在 21 世纪初期，杨立昆（Yann LeCun）教授将基于卷积神经网络的手写数字识别系统应用于银行支票的数额识别，此系统在 2000 年左右处理了美国 10%～20% 的支票。Google 将数字识别技术用在了 Google 地图的开发中，可以从 Google 街景图中识别任意长度的数字，并在 SVHN（Street View House Number）数据集上达到 96% 的正确率。另外，Google 图书通过文字识别技术将扫描的图书数字化，从而实现图书内容的搜索功能。

2. 深度学习与自然语言处理

自然语言处理（Natural Language Processing，NLP）是计算机科学中的重要领域，它涉及与人类的交流，包含机器理解、解释和生成人类语言的方法，有时也将它描述为自然语言理解（Natural Language Understanding，NLU）和自然语言生成（Natural Language Generation，NLG）。传统的 NLP 采用基于语言学的方法，其模型是基于语言的基本语义和句法元素构建的。现代深度学习算法可避免对中间元素的依赖，并且可以应用于通用任务。

1966 年，NLP 咨询委员会的报告强调了机器翻译从流程到实施成本面临的巨大困难，因此投资方相应地减少了资金投入，这使得 NLP 的研究几乎停滞。1960 年到 1970 年是自然语言处理研究的一个重要时期，在这个时期，研究人员着重于探索名词和动词之间的语法，出现了处理短语的增强过渡网络，以及以自然语言回答的语言处理系统 SHRDLU，随后又出现了 LUNAR 系统，即一个将自然语言理解与基于逻辑的系统相结合的问答系统。

在 20 世纪 80 年代初期，语言学家开发了不同的语法结构，并开始将表示意图的短语关联起来，开发出许多自然语言处理工具，如 SYSTRAN、METEO 等，这些工具在翻译、信息检索中被大量使用。

20 世纪 90 年代是统计语言处理时代，在大多数基于自然语言处理的系统中，使用了许多新的处理数据的方法，例如使用语料库进行语言处理或使用基于概率和分类的方法处理语言数据。

21 世纪初，在相关会议上，报告了许多有趣的自然语言处理研究，例如分块、命名实体识别等。在此期间，一系列相关研究成果诞生，如约书亚·本吉奥（Yoshua Bengio）提出的神经语言模型可以通过查找表来预测单词。随后提出的许多基于递归神经网络和长短期记忆网络的模型被广泛使用。其中帕宾（Papineni）提出的双语评估模型直到今天仍被作为机器翻译的度量标准。

随后出现的基于序列学习的通用神经网络模型，由编码器神经网络处理输入序列，由解码器神经网络根据输入序列状态和当前输出状态来预测输出。该模型在机器翻译和问题解答方面都取得了不错的应用效果。

3. 深度学习与语音识别

深度学习在语音识别领域也取得了突破性的成绩。2009 年，深度学习模型被引入语音识别领域，并对该领域产生了巨大的影响。在 TIMIT（The DARPA TIMIT Acoustic-Phonetic Continuous Speech Corpus）数据集上基于传统混合高斯模型（Gaussian Mixed Model，GMM）的错误率为 21.7%，而使用深度学习模型后错误率降低到 17.9%。如此大的下降幅度很快引起了社会的广泛关注。从 2010 年到 2014 年，在语音识别领域的两大学术会议 IEEE ICASSP 和 INTERSPEECH 上，与深度学习相关的文章数量呈现出逐年递增的趋势。

在工业界，包括 Google、Apple、Microsoft、IBM、百度等在内的国内外大型信息技术公司都提供了语音识别相关产品。2009 年，Google 启动语音识别的应用时，使用的是混合高斯模型。2012 年，基于深度学习的语音识别模型取代了混合高斯模型，并将 Google 语音识别的错误率降低了 20%。基于深度学习的语音识别在各种系统中得到了应用，例如 Apple 公司推出的 Siri。Siri 可以对用户的语音输入进行识别并完成相应的操作，在很大程度上提升了用户的使用体验。目前，Siri 支持包括汉语在内的多种语言。Google 也在安卓（Android）操作系统上推出了与 Siri 类似的 Google 语音搜索（Voice Search）。

另外一个成功应用语音识别的系统是微软公司的同声传译系统。在 2012 年的微软亚洲研究院（Microsoft Research Asia，MSRA）"21 世纪的计算"学术研讨会上，微软公司现场演示了其开发的从英语到汉语的同声传译系统。同声传译系统不仅要求计算机能够对输入的语音进行识别，而且要求计算机将识别出来的结果翻译成另外一门语言，还要将翻译好的结果通过语音合成的方式输出。在深度学习诞生之前，完成同声传译系统中的任意一个部分都是非常困难的。而随着深度学习的出现和发展，语音识别、机器翻译以及语音合成都实现了巨大的技术突破。

4. 深度学习与机器学习

图 1-16 很好地展示了深度学习（Deep Learning，DL）和机器学习（Machine Learning，ML）之间的关系。深度学习是机器学习的一个子领域，它除了可以学习特征和任务之间的关联，还能自动从简单特征中提取更加复杂的特征。

机器学习是人工智能（Artificial Intelligence，AI）的一个子领域。与人工智能一样，机器学习不是一种替代技术，而是对传统程序的补充。机器学习是根据输入和输出编写程序，最终获得一套规则，而传统程序是根据输入编写一套规则，从而获得理想的输出。传统程序和机器学习的流程对比，如图 1-17 所示。

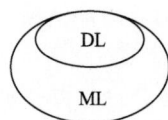

图 1-16　深度学习和机器学习之间的关系　　图 1-17　传统程序和机器学习的流程对比

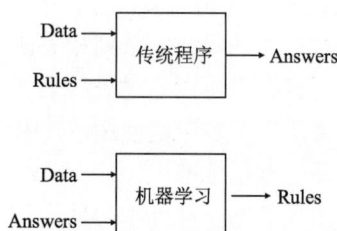

影响机器学习效果的一个重要环节是特征工程，数据科学家需要花费大量时间来构建合适的特征，使机器学习算法能够正常执行且取得令人满意的效果。但某些领域（如计算机视觉领域和自然语言处理领域）的特征工程则面临着高维度问题的挑战。对于计算机视觉领域的特征工程中面临的高维度问题，使用传统的机器学习技术（例如线性回归、随机森林等）来解决就非常具有挑战性。例如一个尺寸为 224 像素×224 像素×3（"3"表示彩色图像中红色、绿色和蓝色 3 个颜色通道）的图像，该图像维度达到了 224×224×3=150528，如果使用传统机器学习技术进行处理，其特征工程的计算成本将会非常大。

传统的机器学习算法通过手动提取特征的方法来训练算法，而深度学习算法能够自动提取特征进行训练。例如，利用深度学习算法来预测图像是否包含面部特征，实现对面部特征的提取。其中深度学习网络的第一层网络检测边缘，第二层网络检测形状，最后一层网络检测面部形状或更复杂的结构。每层网络都基于上一层网络的数据表示进行训练。

随着图形处理单元（Graphics Processing Unit，GPU）、大数据，以及诸如 Torch、TensorFlow、Caffe 和 PyTorch 等深度学习框架的兴起，深度学习的研究得到了极大的发展。

5. 深度学习与人工智能

人工智能是计算机科学的一个分支，它旨在了解智能的本质，并生产一种新的、能以与人类智能相似的方式做出反应的智能机器，对模拟、延伸和扩展人的智能的理论、方法和技术进行研究与开发，是一门技术科学。

人工智能目前分为弱人工智能、强人工智能和超人工智能。

（1）弱人工智能（Artificial Narrow Intelligence，ANI）只专注于完成某个特定的任务（例如语音识别、图像识别和机器翻译等），是擅长于某一方面的人工智能，是为了解决特定的、具体的问题而存在的。由于弱人工智能只能处理较为单一的问题，且并没有达到模拟人脑思维的程度，因此弱人工智能仍然属于"工具"的范畴，与传统的"产品"在本质上并无区别。

（2）强人工智能（Artificial General Intelligence，AGI）属于人类级别的人工智能，在各方面都能和人类比肩，它具备抽象思维能力，能够思考、计划、解决问题、理解复杂理念、快速学习和从经验中学习等。

（3）超人工智能（Artificial Super Intelligence，ASI）在几乎所有领域都比人脑聪明许多，具备科学创新、认知和社交等技能。在超人工智能阶段，人工智能的计算和思维能力远超人脑。超人工智能已经不是人类可以理解和想象的，它将打破人脑受到的维度限制，引起巨大的社会变革。

可以说，人工智能的根本在于智能，而机器学习则是实现人工智能的计算方法，深度学习是实现机器学习的一种技术。

6. 深度学习与大语言模型

大语言模型通常指的是使用深度学习技术构建的、能够理解和生成自然语言的复杂模型。这些模型通常包含数亿甚至数十亿个参数，需要使用大量的计算资源和数据进行训练。相较于一般的深度学习模型，大语言模型具有更强的表达能力和泛化能力，可以在更广泛的任务和数据集上发挥更好的作用。

大语言模型的特点主要表现为以下 3 点。

（1）大语言模型的规模庞大，参数数量可达数百 GB，这为其提供了强大的表达和学习能力。这些模型通常在大规模数据集上进行预训练，从而学习到广泛的知识和模式。预训练完成后，只需微调即可支持各类应用。

（2）大语言模型具备多任务学习能力，能够同时处理多个任务，从而学习到更广泛的知识和技能。大语言模型架构和技术多样，可根据任务需求选择合适的架构和技术来提高精度和效率。

（3）参数优化对于大语言模型至关重要，通过使用优化算法和正则化技术，可以提高模型的精度和效率。此外，大语言模型需要处理大量数据以学习广泛的知识和模式，因此需要使用大规模且多样化的数据集。

深度学习为大语言模型的训练提供了理论基础和方法支持，而大语言模型则进一步推动了深度学习的发展。大语言模型的出现使得深度学习能够在更多领域取得突破。同时，大语言模型的训练和应用也促进了计算资源的进步，推动了硬件和算法的发展。

任务实现

1.1.3 基于图像分类的拍照识图

拍照识图即通过拍照的方式识别图像中的内容，是一种基于图像分类技术的应用。用户可以通过拍照来识别商品、文字、植物、动物等，快速获取相关信息，如商品的价格、植物的种类、动物的习性等。通过将拍照识图与增强现实（Augmented Reality，AR）技术相结合，可以为用户提供更加丰富和立体的体验。用户可以通过拍照识别现实世界中的物体，然后在手机屏幕上看到与之相关的虚拟信息或进行交互。通过拍照识别商品，系统会提供该商品的详细信息、用户评价等，帮助用户做出购买决策。

按识别的对象类型，拍照识图还能细分为植物识别、动物识别、车型识别、地标识别和品牌 Logo 识别等。目前已有许多开放平台实现了拍照识图的功能，并开放了试用 demo 和应用程序接口（Application Program Interface，API）。例如，用户可以通过网页上传图片实现果蔬识别，如图 1-18 所示。

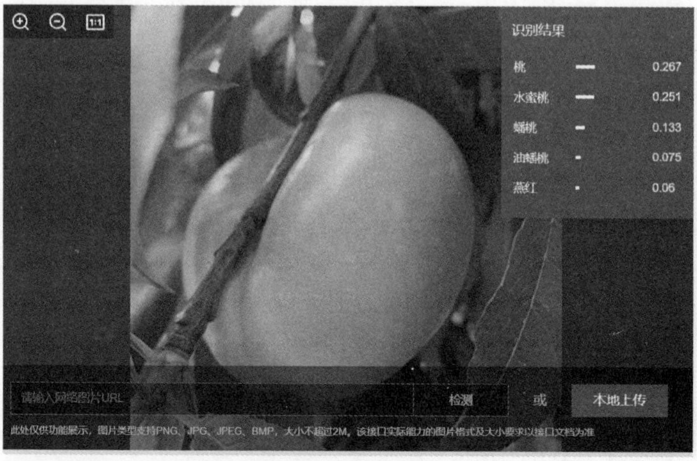

图 1-18　果蔬识别

任务 1.2　搭建 TensorFlow 2 环境

任务描述

2015 年，Google 宣布推出全新的机器学习开源工具——TensorFlow。TensorFlow 基于深度学习基础框架 DistBelief 构建而成，主要被用于机器学习和深度神经网络的研究，一经推出就深受用户欢迎。本任务需要使用 pip 命令安装 TensorFlow 2 的 CPU 版本，为后续的任务提供基本的环境。

知识准备

1.2.1　各深度学习框架对比

目前，常用的深度学习框架主要有 TensorFlow、Caffe、Keras、Torch、CNTK 等。这些深度学习框架被应用于计算机视觉、自然语言处理、语音识别、机器学习等多个领域。

各类框架的特点如表 1-1 所示。

表 1-1　各类框架的特点

框架	开发者	支持语言	优点	缺点
Caffe	BVLC	Python/C++	通用性好，性能优异，几乎全平台支持	不够灵活，文档非常贫乏，安装比较困难，需要安装大量的依赖包

续表

框架	开发者	支持语言	优点	缺点
Keras	Francois Chollet	Python	语法明晰，文档友好，使用简单，入门较容易	不够灵活，使用受限，用户绝大多数时间是在调用接口，很难深入学习深度学习的内容
Torch	Facebook	Lua	拥有大量训练好的模型，语法简单、易懂	系统移植性较差，依赖的外部库较多，数据格式转换比较麻烦，需要通过 MAT 等格式中转；使用较为冷门的语言 Lua
CNTK	Microsoft	C++	通用、跨平台，支持多机、多 GPU 分布式训练，训练效率高，部署简单，性能突出，擅长语音方面的相关研究	目前不支持 ARM 架构，限制了其在移动设备上的发挥，社区不够活跃
TensorFlow	Google	Python/C++/Go	设计的神经网络代码简洁，分布式深度学习算法的执行效率高，部署模型便利，迭代更新速度快，社区活跃程度高	非常底层，需要编写大量的代码，入门比较困难。系统设计过于复杂

1. Caffe

Caffe（Convolutional Architecture for Fast Feature Embedding，快速特征嵌入卷积结构）是一个高效的深度学习框架，支持命令行、Python 和 MATLAB 接口，既可以在 CPU（Central Processing Unit，中央处理单元）上运行，又可以在 GPU（Graphics Processing Unit，图形处理单元）上运行。

Caffe 的优点之一是拥有大量训练好的经典模型（如 AlexNet、VGG），以及其他先进的模型（如 ResNet）。Caffe 知名度较高，被广泛地应用于前沿的工业界和学术界，许多提供源码的深度学习的论文都使用 Caffe 作为实现模型的工具。Caffe 在计算机视觉领域中的应用尤其多，可以用于人脸识别、图像分类、位置检测、目标追踪等任务。虽然 Caffe 主要面向学术界和研究者，但它的程序运行稳定性较高，代码质量也较高，所以也很适合对稳定性要求严格的生产环境，可以算是较为主流的工业级深度学习框架。

Caffe 的优点主要是支持全平台且性能优异，缺点是相关说明文档尚不完善。Caffe 开发时间较早，在业界的知名度较高。2017 年，Facebook 推出了 Caffe 的升级版本 Caffe2，目前 Caffe2 已经加入 PyTorch 第三方库中。

2. Keras

Keras 由 Python 编写而成，是深度学习框架中较容易使用的一种框架。Keras 在代码结构上使用面向对象的方法，完全模块化并具有可扩展性，其运行机制和说明文档考虑到了用户体验和使用难度，并试图降低复杂算法的实现难度。Keras 支持现代人工智能领域的主流算法，包括前馈结构和递归结构的神经网络，也可以通过封装参与构建统计学习模型。

13

对于常见的应用，使用 Keras 开发的效率非常高。但 Keras 做了多层封装，导致用户无法深入了解深度学习的内在结构，大部分时间用于调用各种接口。简而言之，Keras 入门门槛低，但灵活性不足、功能有限。

3．Torch

Torch 是一个科学计算框架，基于 Lua 编程语言开发。Torch 在构建算法的过程中具有较强的灵活性和较快的速度，同时使算法构建过程变得简单。Torch 的核心是易于使用的神经网络和优化库，在实现复杂的神经网络拓扑结构方面具有较强的灵活性。

Torch 在 CPU 上的计算会使用 OpenMP、SSE 进行优化，在 GPU 上的计算会使用 CUDA、cutorch、cunn、cuDNN 进行优化。Torch 还有很多第三方的扩展库可以支持 RNN，因此它基本支持所有主流的神经网络。Torch 中新的层依然需要用户自己实现，可以使用 C++或 CUDA 来实现。

4．CNTK

CNTK 是一个通用的、跨平台的深度学习框架，在语音识别领域的应用尤其广泛。CNTK 拥有丰富的神经网络组件，用户不需要编写底层的 C++或 CUDA 代码就能通过组合这些组件实现新的、复杂的网络层。

同样，CNTK 也支持 CPU 和 GPU 两种开发模式。CNTK 以计算图的形式描述结构，叶子节点代表输入或者网络参数，其他节点代表计算步骤。CNTK 也拥有较高的灵活度，支持通过配置文件定义网络结构，支持通过命令行执行训练，支持构建任意计算图，支持 AdaGrad、RmsProp 等优化方法。

1.2.2 了解 TensorFlow

TensorFlow 是一个采用数据流图、用于数值计算的开源软件库，其数据流如图 1-19 所示，节点表示数学操作，线则表示节点间相互联系的多维数据数组，即张量。TensorFlow 可用于机器学习和深度神经网络方面的研究。

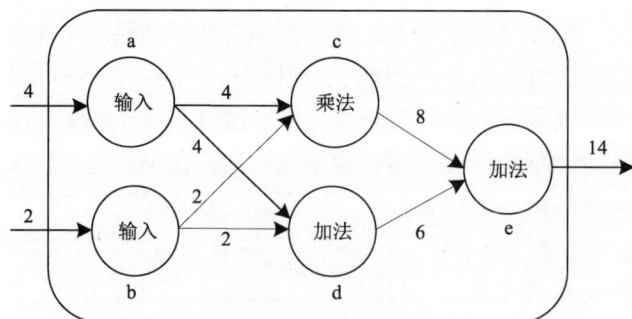

图 1-19　数据流

1．TensorFlow 生态

TensorFlow 被广泛应用于各种机器学习算法的编程实现，拥有包括 TensorFlow Hub、TensorFlow Extended、TensorFlow Probability、TensorFlow Lite 等在内的多个项目以及各类 API，具体介绍如下。

（1）TensorFlow Hub

TensorFlow Hub 是一个允许用户发布、共享和使用 TensorFlow 模块的库开发项目。用户可以将 TensorFlow 数据流图或其部分，使用 Hub 进行封装并移植到其他问题中再次利用。TensorFlow Hub 页面列出了由 Google 和 DeepMind 提供的封装模型，其主题包括字符嵌入、视频分类和图像处理等。

（2）TensorFlow Extended

TensorFlow Extended（TFX）是 Google 基于 TensorFlow 开发的产品级机器学习平台，其目标是对产品开发中的模型实现、分析验证和业务化操作进行整合，利用实时数据完成机器学习产品的标准化生产。TFX 包括 3 个算法库，分别是 TensorFlow Data Validation、TensorFlow Transform 和 TensorFlow Model Analysis。其中 TensorFlow Data Validation 可用于对机器学习数据进行统计描述和验证；TensorFlow Transform 可用于对模型数据进行预处理；TensorFlow Model Analysis 可用于对机器学习模型进行分析，提供表现评分。

（3）TensorFlow Probability

TensorFlow Probability（TFP）是在 TensorFlow Python API 基础上开发的统计学算法库，其目标是便于用户将概率模型和深度学习模型结合使用。TFP 包括大量概率分布的生成器，支持构建深度网络的概率层，提供变分贝叶斯推断和马尔可夫链蒙特卡罗方法，以及一些特殊的优化器，包括 Nelder-Mead 算法（一种求解多元函数局部最小值的算法）、BFGS（Broyden-Fletcher-Goldfarb-Shanno）算法和 SGLD（Stochastic Gradient Langevin Dynamics，随机梯度郎之万动力学）采样算法。

（4）TensorFlow Lite

TensorFlow Lite 可为移动和嵌入式设备运行机器学习代码的问题提供解决方案。TensorFlow Lite 包含优化算法，可以提升 Android、iOS 等操作系统下机器学习模型运行的效率。Google 内部的许多移动端产品，包括 Google 相册、Google 邮箱客户端、Google 键盘等都使用 TensorFlow Lite 部署了人工智能算法。

2. TensorFlow 特性

在众多深度学习框架中，TensorFlow 的更新频率远超其他框架，是如今使用较为频繁的深度学习框架之一。TensorFlow 主要包含以下特性。

（1）多环境支持

TensorFlow 可以在 CPU、GPU 和 TPU（Tensor Processing Unit，张量处理单元）上，以及台式计算机、服务器、移动端、云端服务器等各种终端上运行，同时能够很好地在移动平台（如 Android、iOS、树莓派等）上运行。

（2）多语言支持

TensorFlow 有一个 C++使用界面，还有一个易用的 Python 使用界面来帮助用户构建和运行各种计算图。可以直接编写 Python 或 C++程序来调用 TensorFlow。TensorFlow 提供了 Python、C++、Java 接口来构建用户的程序，但其核心部分是用 C++实现的。

（3）自动求微分

基于梯度的机器学习算法受益于 TensorFlow 自动求微分的能力。只需要定义预测模型的结构，将这个结构和目标函数结合在一起并输入数据，TensorFlow 就能自动完成相关微分导数的计算。

3. TensorFlow 的改进

2019 年，Google 推出 TensorFlow 2 正式版本，以动态计算图机制的模式运行，避免了 TensorFlow 1（主要用于处理静态计算图）的许多问题（如频繁变动的接口使得系统向后兼容性大打折扣，也间接出现了 bug、功能设计冗余、符号式编码开发和调试非常困难等问题），获得了业界的广泛认可。

TensorFlow 2 可以在程序调试阶段使用动态计算图，快速建立模型、调试程序；在部署阶段采用静态计算图机制，从而提高模型的性能、部署能力以及执行效率。

在 TensorFlow 2 中，计算图的性能很强大，用户可以使用装饰器 tf.function 将功能块作为单个计算图运行，这是通过 TensorFlow 2 强大的 Autograph 功能完成的，用户可以优化功能并增加可移植性。

TensorFlow 2 是一个与 TensorFlow 1 使用体验完全不同的框架。TensorFlow 2 不兼容 TensorFlow 1 的代码，同时在编程风格、函数接口设计等方面也大相径庭。相较于 TensorFlow 1，TensorFlow 2 主要有以下 4 点变化。

（1）清理 API

许多 API 在 TensorFlow 2 中已经消失或变更，清理这些 API 可以使 API 调用更加一致（统一 RNN、统一优化器），并应用动态计算图模式更好地集成接口。例如，删除 tf.app、tf.flags 等 API，支持现在开源的 absl-py，重新安置 tf.contrib 中的项目，并清理主要的 tf.* 命名空间，将不常用的函数移动到与 tf.math 类似的子包中。

（2）动态计算图模式

在 TensorFlow 1 中，代码的编写分为两个部分：构建静态计算图和创建 Session 以运行计算图，这使得编写代码较为麻烦。TensorFlow 2 默认的动态计算图模式下不需要创建 Session 来运行静态计算图，也不需要创建 Session 查看代码结果。

动态计算图模式的一个值得注意的地方是不再需要 tf.control_dependencies，因为所有代码都按顺序执行（在 tf.function 中，代码按写入的顺序执行）。

（3）全局变量管理

TensorFlow 1 严重依赖于隐式全局命名空间，当调用 tf.Variable 时，它会被放入默认图形中。若要恢复 tf.Variable，需要先知道变量的创建名称。如果用户无法控制变量的创建过程，那么 tf.Variable 将难以被正确恢复。因此，框架引入了多种机制来帮助用户管理变量，例如，变量作用域、全局集合以及辅助方法（如 tf.get_global_step、tf.global_variables_initializer）。同时，优化器也会隐式计算所有可训练变量的梯度。TensorFlow 2 通过 Variables 2.0 RFC 文档取消了这些复杂机制，采用默认机制（跟踪变量）来管理变量。

（4）函数功能

session.run 调用就像一个函数调用：指定输入和要调用的函数，然后返回一组输出。

在 TensorFlow 2 中，可以使用 tf.function 来装饰 Python 函数，将其标记为 JIT（Just-In-Time，即时）编译，以便 TensorFlow 2 将其作为单个模块运行。该功能可以导出或重新导入模块（SavedModel 2.0 RFC），允许用户重用和共享模块化 TensorFlow。

任务实现

1.2.3 安装 TensorFlow 2 CPU 版本

TensorFlow 2 和其他 Python 库的安装方法一样，使用 pip install tensorflow 命令即可安装。

安装 TensorFlow 2 CPU 版本

TensorFlow 2 CPU 版本的安装较为简单，可以直接通过 pip 命令进行安装。为了处理各种不同的数据类型，在进行逻辑判断时，CPU 会引入大量的分支跳转和中断等，这些使得其内部结构异常复杂。当计算量大时，CPU 的计算功能也相对较弱。

使用 pip 命令安装库时，可能会出现下载速度缓慢甚至网络连接断开的情况，配置国内镜像源可以提高 pip 下载的速度，即在 pip install 命令后面加上"- i 源地址"参数。例如，使用阿里源云镜像安装 pandas 库，首先打开 Anaconda Prompt，执行如下命令即可自动下载并安装 pandas 库。

```
pip install pandas -i https://mirrors.aliyun.com/pypi/simple
```

安装 TensorFlow 2 CPU 版本常用的方法有以下 2 种。

1. 方法 1

用户在默认情况下下载 TensorFlow 速度较慢或使用其他镜像源没有 TensorFlow 对应版本时，可以更换默认源后，再进行下载安装，步骤如下。

（1）打开 Anaconda Prompt，执行如下命令，更换默认源为阿里云镜像源。

```
pip config set global.index-url https://mirrors.aliyun.com/pypi/simple
```

（2）执行如下命令下载安装 TensorFlow CPU 版本。

```
pip install tensorflow==2.16.1
```

更换默认源并安装 TensorFlow 2 CPU 版本的安装界面如图 1-20 所示。

图 1-20 更换默认源并安装 TensorFlow 2 CPU 版本的安装界面

2. 方法 2

这是较为简单的，也是最为常用的方法：直接使用 pip install 命令并带上"- i 源地址"参数进行 TensorFlow 2 CPU 版本的下载安装。打开 Anaconda Prompt，执行如下命令进行下载安装。

```
pip install tensorflow==2.16.1 -i https://mirrors.aliyun.com/pypi/simple
```

直接在 pip install 命令后加"- i 源地址"对 TensorFlow 2 CPU 版本进行安装的界面如图 1-21 所示。

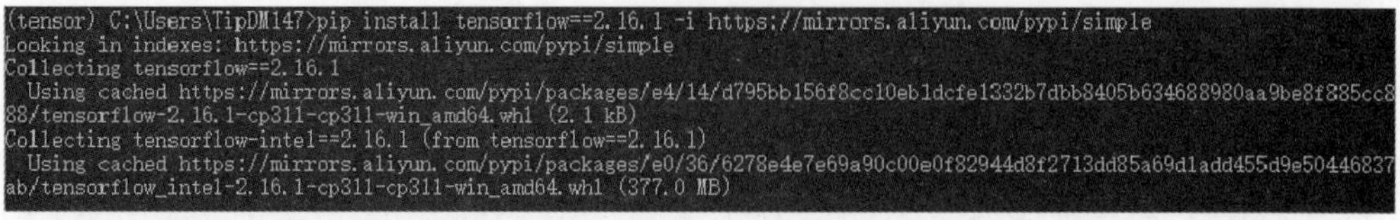

图 1-21　直接在 pip install 命令后加 "-i 源地址" 对 TensorFlow 2 CPU 版本进行安装的界面

TensorFlow 2 CPU 版本安装完成后可以验证其是否安装成功，具体验证步骤如下。

（1）打开 Anaconda Prompt，执行 "python" 命令，进入 IPython 交互式终端。

（2）在 IPython 交互式终端中执行代码 "import tensorflow as tf"。验证 TensorFlow 2 CPU 版本是否安装成功，如图 1-22 所示。

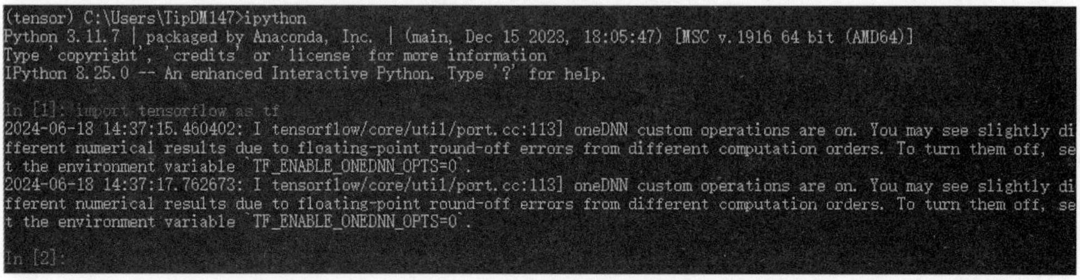

图 1-22　验证 TensorFlow 2 CPU 版本是否安装成功

知识拓展

　　前文仅介绍了 TensorFlow 2 CPU 版本的安装方法。安装 TensorFlow 2 GPU 版本，可以通过以下步骤实现。

　　（1）安装 CUDA

　　打开 CUDA 的官网下载与本机显卡适配的 CUDA 版本（可以通过驱动程序查看本机显卡适配的 CUDA 版本），之后运行下载的 CUDA 安装程序即可安装 CUDA。

　　（2）安装 cuDNN

　　CUDA 并不是专门针对神经网络的 GPU 加速库，它面向各种需要并行计算的应用。针对神经网络应用加速，需要额外安装 cuDNN 库。需要注意的是，cuDNN 库并不是运行程序，下载 cuDNN 文件并解压到指定位置，配置 cuDNN 的环境变量即可完成安装。

　　（3）安装 TensorFlow 2 GPU 版本

　　与安装 TensorFlow 2 CPU 版本的过程基本一致，只需要将 pip 命令更换为 "pip install tensorflow-gpu"。如需安装指定版本，则在后面使用 "==" 指定，如 "pip install tensorflow-gpu==2.12.2"。

项目小结

　　本项目首先介绍了深度学习的基本定义及其常见应用（包括物体检测、视觉定位、物体测量、物体分拣、图像分割、图像标题生成等）；然后分别介绍了深度学习与计算机视觉、自然语言处理、语音识别、机器学习和人工智能等的关系；最后介绍了常用的深度学习框架以及 TensorFlow 的生态和特性。

课后习题

选择题

（1）有关深度学习，以下说法错误的是（　　）。

    A. 深度学习是机器学习的一个分支

    B. 深度学习指的是基于深层神经网络实现的模型或算法

    C. 物体检测要求机器快速、准确地找到被测物体并确认其位置

    D. 在生成图像标题时常用 NIC 模型来处理

（2）卷积神经网络在（　　）年成功应用于识别手写邮政编码。

    A. 1987   B. 1989   C. 1998   D. 1990

（3）以下说法错误的是（　　）。

    A. Google 的 Google Now、Microsoft 的 Xbox、Apple 的 Siri 均基于深度学习算法

    B. 2012 年 Google 的同声传译系统实现了从汉语到英语的同声传译

    C. 人工智能目前分为弱人工智能、强人工智能和超人工智能 3 种

    D. 机器学习是人工智能的一个子领域

（4）以下不属于深度学习框架的是（　　）。

    A. TensorFlow   B. Keras   C. Torch   D. Android

（5）以下有关 TensorFlow 特性的说法错误的是（　　）。

    A. TensorFlow 具有高度的灵活性

    B. TensorFlow 仅能在 CPU 和 GPU 上运行

    C. TensorFlow 支持 Python、C++、Java 等多种语言

    D. TensorFlow 可以高度优化硬件资源

项目 ② TensorFlow 2 快速入门

由于 TensorFlow 1 接口频繁变动、功能设计冗余等诸多缺陷，Google 正式推出以 Eager Execution 模式运行的 TensorFlow 2。本项目将对 TensorFlow 2 深度学习的通用流程、TensorFlow 2 的基本数据类型和线性模型的训练过程进行介绍。

思维导图

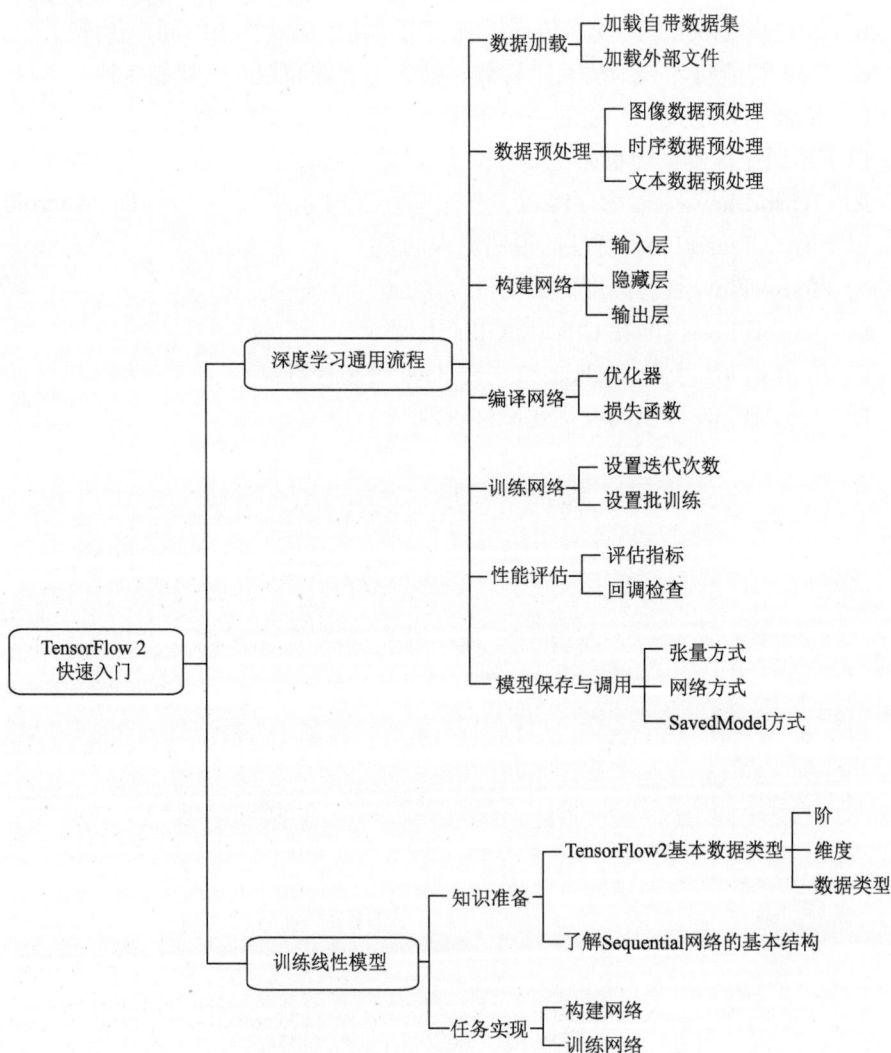

学习目标

（1）掌握 TensorFlow 2 深度学习的通用流程。

（2）了解 TensorFlow 2 的基本数据类型。

（3）熟悉利用 TensorFlow 2 训练线性模型的过程。

素质目标

（1）通过学习 TensorFlow 2 深度学习的通用流程，能够建立起对深度学习项目从数据加载到模型保存与调用的各个环节的完整认知，并理解它们之间的关系和重要性。

（2）通过编写代码的方式，掌握 TensorFlow 2 的常用 API 和功能，提升编程实践能力。

任务 2.1   TensorFlow 2 深度学习通用流程

知识准备

2.1.1   深度学习通用流程

深度学习作为神经网络研究的新兴技术，以其标志性的多隐藏层结构在众多领域取得了显著的成果。相较于传统机器学习算法，其具有数据量大、计算能力较强、网络规模较大等特点。TensorFlow 2 深度学习的通用流程为数据加载、数据预处理、构建网络、编译网络、训练网络、性能评估以及模型保存与调用，如图 2-1 所示。

TensorFlow 2 深度学习通用流程

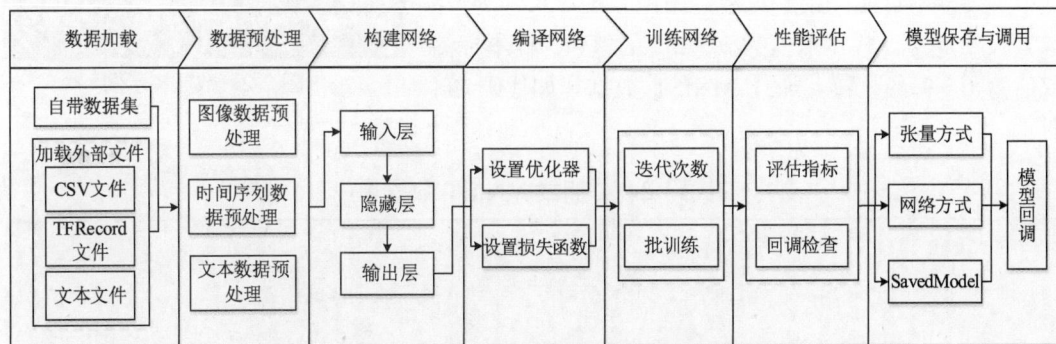

图 2-1 TensorFlow 2 深度学习的通用流程

本任务将以对 MNIST 数据集的手写数字图像进行分类为例，对 TensorFlow 2 深度学习的通用流程进行介绍。图像分类的主要步骤如下。

（1）读取 MNIST 数据集（训练集为 60000 个样本，测试集为 10000 个样本）。

（2）对 MNIST 数据集进行数据预处理。

（3）构建、编译和训练 Sequential 网络。

（4）对模型进行性能评估。

（5）保存训练好的模型，并调用保存好的模型对 testimages 文件夹中的 30 个新样本进行预测。

2.1.2　数据加载

深度学习需要用大量的数据训练深度神经网络。如果数据以原始图像的形式提供，且同一类图像存放在一个文件夹中，那么需要保存图像和标签，并对图像、标签进行预处理。

在 TensorFlow 2 中，除了能够加载其自带的数据集，还可以加载 CSV 文件、TFRecord 文件、文本文件、文件集中的数据等。

1．加载自带数据集

在 TensorFlow 2 中，datasets 模块为常用经典数据集提供了自动下载、管理、加载和转换功能，并且提供了 tf.data.Dataset 数据集对象，实现了多线程（Multithreading）、预处理（Preprocessing）、随机打散（Shuffe）和批训练（Training on Batch）等处理数据集的常用功能。TensorFlow 2 中包含的常用经典数据集有 CIFAR-10/CIFAR-100 和 MNIST/Fashion_MNIST 等。

在机器学习或深度学习的研究与学习过程中，对于新提出的算法，一般会优先在经典数据集上进行测试，再尝试迁移到更大规模、更复杂的数据集上。可以通过 datasets.xxx.load_data 函数进行经典数据集的自动加载，其中"xxx"表示数据集的名称，如 MNIST 等。

TensorFlow 2 会默认将数据缓存到用户目录下的.keras/datasets 文件夹中。以加载 MNIST 数据集到对应文件夹为例，该数据集包括 60000 个用于训练的样本和 10000 个用于测试的样本，数据集示例如图 2-2 所示，其中每个样本都是一幅手写数字图像，图像尺寸为 28 像素 × 28 像素，样本取值为 0～255 的整数，样本标签取值为 0～9 的整数。加载 MNIST 数据集如代码 2-1 所示。

图 2-2　数据集示例

代码 2-1　加载 MNIST 数据集

```
import tensorflow as tf
import pandas as pd
from tensorflow.keras import datasets  # 导入经典数据集

# 加载 MNIST 数据集
(x, y), (x_test, y_test) = datasets.mnist.load_data()
print('x:', x.shape, 'y:', y.shape, 'x_test:', x_test.shape, 'y_test:',
y_test.shape)
```

运行代码 2-1 得到的结果如下。

```
x: (60000, 28, 28) y: (60000,) x_test: (10000, 28, 28) y_test: (10000,)
```

将数据加载到内存后，需要使之转换为 Dataset 对象，才能利用 TensorFlow 2 提供的各种便捷功能。Dataset 是一个可包含任何数据类型的结构，它是可嵌套的，即它的元素可为 Dataset 类型。通过 Dataset.from_tensor_slices 函数将图像数据 x、x_test 和标签 y、y_test 都转换为 Dataset 对象，如代码 2-2 所示。

代码 2-2　转换为 Dataset 对象

```
# 将加载的数据转换为 Dataset 对象
train = tf.data.Dataset.from_tensor_slices((x, y))
test = tf.data.Dataset.from_tensor_slices((x_test, y_test))
```

2. 加载外部文件

TensorFlow 2 除了可以加载其自带数据集，还可以加载外部文件。常见的外部文件有 CSV 文件、TFRecord 文件、文本文件和文件集等。

（1）CSV 文件

CSV 是一种常用的格式，用于以纯文本格式存储表格数据。以泰坦尼克号乘客数据集为例，其主要字段包括 survived（是否幸存）、sex（性别）、age（年龄）、n_siblings_ spouses（兄弟姐妹/配偶个数）、parch（父母/小孩个数）、fare（船票价格）等。采用 pandas 库中的 read_csv 函数将 CSV 文件中的数据加载到内存中，并使用 Pataset.from_tensor_slices 函数将数据转换为 Dataset 对象实例，加载和转换操作如代码 2-3 所示。

代码 2-3　加载和转换操作

```
titanic_file = pd.read_csv('../data/titanic_file.csv')
titanic_slices = tf.data.Dataset.from_tensor_slices(dict(titanic_file))
for feature_batch in titanic_slices.take(1):
                                        # 采用 take 函数在列轴上的位置 1 处取值
  for key, value in feature_batch.items():     # 返回遍历的键和值
    print('{!r:20s}: {}'.format(key, value))   # 打印键与值
```

运行代码 2-3 得到的结果如下。

```
'survived'          : 0
'sex'               : b'male'
'age'               : 22.0
'n_siblings_spouses': 1
'parch'             : 0
'fare'              : 7.25
'class'             : b'Third'
'deck'              : b'unknown'
'embark_town'       : b'Southampton'
'alone'             : b'n'
```

另一种更具可扩展性的方法是根据需要从本地磁盘进行加载，即使用 make_csv_dataset 函数加载数据。CSV 文件中的每列都有一个列名，Dataset 对象的构造函数会自动识别这些列名。Dataset 对象中的每个条目（根据列名将数据按舱位、乘客、船票和地域等维度进行划分，每个维度即为一个条目）都是一个批次，用一个元组（多个样本，多个标签）表示。样本中的数据组织形式是以列为主的张量，数据中包含的元素个数（列名个数）就是批量大小。如果使用的文件的第一行不包含列名，那么需要将列名通过字符串列表传给 column_names 参数。make_csv_dataset 函数的基本语法格式如下。

```
tf.data.experimental.make_csv_dataset(file_pattern,batch_size,column_names=
None,column_defaults=None,label_name=None,select_columns=None,field_delim=
```

```
',',use_quote_delim=True,na_value='',header=True,num_epochs=None,shuffle=
True,shuffle_buffer_size=10000,shuffle_seed=None,prefetch_buffer_size=None,
num_parallel_reads=None,sloppy=False,num_rows_for_inference=100,compression
_type=None,ignore_errors=False,encoding='utf-8')
```

make_csv_dataset 函数的常用参数及其说明如表 2-1 所示。

表 2-1　make_csv_dataset 函数的常用参数及其说明

常用参数	参数说明
file_pattern	接收 list 或 str 类型的值。表示包含 CSV 记录的文件列表或文件路径。无默认值
batch_size	接收 int 类型的值。表示在单个批处理中合并的记录数。无默认值
column_names	接收 str 类型的值。表示按顺序对应 CSV 列的可选字符串列表，如果未提供，那么从记录的第一行推断列名。默认为 None
label_name	接收 str 类型的值。表示与列对应的可选字符串。默认为 None
select_columns	接收 int 或 str 类型的值。表示用于指定要选择的 CSV 列的子集。默认为 None
field_delim	接收 str 类型的值。表示字符分隔符，用于分隔记录中的字段。默认为','

以泰坦尼克号乘客数据集为例，加载数据集并查看数据，如代码 2-4 所示。

代码 2-4　加载泰坦尼克号乘客数据集并查看数据

```
titanic_batches = tf.data.experimental.make_csv_dataset('../data/titanic_
file.csv', batch_size=4, label_name='survived')
for feature_batch, label_batch in titanic_batches.take(1):
 print('survived: {}'.format(label_batch))
 print('features:')
 for key, value in feature_batch.items():
  print('{!r:20s}: {}'.format(key, value))
```

运行代码 2-4 得到的结果如下。

```
survived: [0 0 0 0]
features:
'sex'               : [b'male' b'male' b'male' b'male']
'age'               : [32. 19. 26. 25.]
'n_siblings_spouses' : [0 0 0 0]
'parch'             : [0 0 0 0]
'fare'              : [ 7.8958 10.1708  7.775   7.05  ]
'class'             : [b'Third' b'Third' b'Third' b'Third']
'deck'              : [b'unknown' b'unknown' b'unknown' b'unknown']
'embark_town'        : [b'Southampton' b'Southampton' b'Southampton'
                        b'Southampton']
'alone'             : [b'y' b'y' b'y' b'y']
```

函数在加载数据时，由于每一次运行所得的批数据可能不同，输出结果也可能不同。

（2）TFRecord 文件

TFRecord 文件是一种将图像数据和标签统一存储的二进制文件，能更好地利用内存，并在 TensorFlow 中快速地复制、移动、读取、存储等。TFRecordDataset 函数可以使一个或多个 TFRecord 文件中的内容流到输入管道中，并作为输入管道的一部分。TFRecordDataset 函数的基本语法格式如下。

```
tf.data.TFRecordDataset(filenames, compression_type=None, buffer_size=None,
num_parallel_reads=None, name=None)
```

TFRecordDataset 函数的常用参数及其说明如表 2-2 所示。

表 2-2　TFRecordDataset 函数的常用参数及其说明

常用参数	参数说明
filenames	接收 str 类型的值。表示 TFRecord 文件名。无默认值
compression_type	接收 str 类型的值。表示标量值为'ZLIB'或'GZIP'。默认为 None
buffer_size	接收 int 类型的值。表示读取缓冲区中的字节数。默认为 None
num_parallel_reads	接收 int 类型的值。表示要并行读取的文件数。默认为 None

以 FSNS（French Street Name Sign，法国街道名称标志）数据集为例，TFRecordDataset 的 filenames 参数可以是一个字符串、一个字符串列表或一个 tf.Tensor 字符串。因此，如果拥有两组用于训练和验证的文件，可以通过定义接口创建方法来生成数据集，让子类决定实例化哪一个类，该方法将类的实例化延迟到其子类。将文件名作为输入参数，加载 FSNS 数据集并查看数据，如代码 2-5 所示。

代码 2-5　加载法国街道名称标志数据集并查看数据

```
dataset = tf.data.TFRecordDataset(filenames = ['../data/fsns.tfrec'])
print(dataset)
```

运行代码 2-5 得到的结果为：

```
<TFRecordDatasetV2 element_spec=TensorSpec(shape=(), dtype=tf.string, name=None)>。
```

许多 TensorFlow 项目在 TFRecord 文件中使用序列化的记录，因此需要先对 TFRecord 进行解码，再对其进行检查，如代码 2-6 所示。

代码 2-6　解码并检查

```
raw_example = next(iter(dataset))
parsed = tf.train.Example.FromString(raw_example.numpy())
                                                # 对 TFRecord 进行解码
print(parsed.features.feature['image/text'])    # 输出检查
```

运行代码 2-6 得到的结果如下。

```
bytes_list {
  value: "Rue Perreyon"
}
```

（3）文本文件

许多数据集以一个或多个文本文件的形式进行存储，此时 TextLineDataset 函数提供了一种从一个或多个文本文件中提取行的简便方法。采用 TextLineDataset 函数加载文本数据并查看，如代码 2-7 所示。

代码 2-7　加载文本数据并查看

```
cowper = tf.data.TextLineDataset('../data/cowper.txt')
for line in cowper.take(5):
  print(line.numpy())
```

运行代码 2-7 得到的结果如下。

```
b"\xef\xbb\xbfAchilles sing, O Goddess! Peleus' son;"
b'His wrath pernicious, who ten thousand woes'
b"Caused to Achaia's host, sent many a soul"
b'Illustrious into Ades premature,'
b'And Heroes gave (so stood the will of Jove)'
```

（4）文件集

在图像分类问题中，原始数据通常是一些图片文件，并且同一类别的图片保存在同一文件夹中。以花卉数据集（flower_photos）中的玫瑰花数据集和向日葵数据集为例，其中所有的数据都存放在 flower_photos 目录下，每一个子目录（如 roses）存放的都是同一类别的图片，采用 pathlib 库的 Path 类获取 flower_photos 的绝对路径，然后获取所有图片路径并查看，如代码 2-8 所示。

代码 2-8　获取 flower_photos 的绝对路径，然后获取所有图片路径并查看

```
import random
import pathlib

data_path = pathlib.Path('../data/flower_photos')
all_image_paths = list(data_path.glob('*/*'))
all_image_paths = [str(path) for path in all_image_paths]  # 所有图片路径的列表
random.shuffle(all_image_paths)  # 打散数据

image_count = len(all_image_paths)
print('数据大小: ', image_count)
# 查看 5 张图片
print('5 张图片', all_image_paths[: 5])
```

运行代码 2-8 得到的结果如下。（由于随机打散数据，因此这里 5 张图片的输出结果可能不同。）

```
数据大小: 1340
5 张图片
['..\\data\\flower_photos\\sunflowers\\5043404000_9bc16cb7e5_m.jpg',
'..\\data\\flower_photos\\roses\\6280787884_141cd7b382_n.jpg',
'..\\data\\flower_photos\\roses\\5487945052_bcb8e9fc8b_m.jpg',
'..\\data\\flower_photos\\roses\\466486216_ab13b55763.jpg',
'..\\data\\flower_photos\\sunflowers\\8038712786_5bdeed3c7f_m.jpg']
```

读取图片的同时，需要将图片与标签对应，并创建一个对应的列表来存放图片标签。注意这里所说的标签不是 roses、sunflowers 等具体分类名，而是类别编号。在建模时，标签值一般都是整型数据。创建一个字典，建立分类名与标签的对应关系，进而将图片与标签对应，如代码 2-9 所示。

代码 2-9 图片与标签对应

```
# 提取分类名
label_names = sorted(item.name  for  item  in  data_path.glob('*/')  if
item.is_dir())
print('分类名', label_names)

# 创建标签
label_to_index = dict((name, index) for index, name in enumerate(label_names))
print('标签', label_to_index)

# 将图片与标签对应
all_image_labels = [label_to_index[pathlib.Path(path).parent.name] for path
in all_image_paths]
for image, label in zip(all_image_paths[: 5], all_image_labels[: 5]):
print(image, ' ---> ', label)
```

运行代码 2-9 得到的结果如下。

```
分类名 ['roses', 'sunflowers']
标签 {'roses': 0, 'sunflowers': 1}
..\data\flower_photos\sunflowers\5043404000_9bc16cb7e5_m.jpg --->  1
..\data\flower_photos\roses\6280787884_141cd7b382_n.jpg --->  0
..\data\flower_photos\roses\5487945052_bcb8e9fc8b_m.jpg --->  0
..\data\flower_photos\roses\466486216_ab13b55763.jpg --->  0
..\data\flower_photos\sunflowers\8038712786_5bdeed3c7f_m.jpg --->  1
```

将图片成功加载到内存后，使用 Dataset.from_tensor_slices 函数将加载后的图片转化为 Dataset 对象，如代码 2-10 所示。

代码 2-10 将加载后的图片转化为 Dataset 对象

```
ds = tf.data.Dataset.from_tensor_slices((all_image_paths, all_image_labels))
```

2.1.3 数据预处理

数据预处理通常是指对图像数据、时间序列数据、文本数据等进行预处理。

（1）图像数据预处理

使用图像数据训练神经网络时，通常需要将图像尺寸转换为更为通用的尺寸，因此可将图像批量处理为固定的尺寸。以加载文件集数据中的花卉图像数据为例，首先重建花卉数据集，然后自定义预处理函数将图像尺寸转换为统一的尺寸并解码图像数据，最后调用函数对其中一幅图像进行测试，如代码 2-11 所示。

代码 2-11 自定义预处理函数并对其中一幅图像进行测试

```
# 图像数据预处理
# 从指定的 URL 下载数据集
flowers_root = tf.keras.utils.get_file('flower_photos','https://storage.
googleapis.com/download.tensorflow.org/ example_images/flower_photos.tgz',
untar=True)
flowers_root = pathlib.Path(flowers_root)
# 获取每个分类下的文件数据
list_ds = tf.data.Dataset.list_files(str(flowers_root/'*/*'))
```

```
# 自定义函数用于操作数据集元素
def parse_image(filename):
    # 分割数据
    parts = tf.strings.split(filename, os.sep)
    label = parts[-2]
    # 读取并输出输入文件名对应的文件内容
    image = tf.io.read_file(filename)
    # 编码解码处理
    image = tf.image.decode_jpeg(image)
    # 转换为 float 类型
    image = tf.image.convert_image_dtype(image, tf.float32)
    # 调整尺寸
    image = tf.image.resize(image, [128, 128])
    return image, label

# 测试函数是否有效
file_path = next(iter(list_ds))
image, label = parse_image(file_path)

# 自定义函数绘制图像
plt.figure()
plt.imshow(image)
plt.title(label.numpy().decode('utf-8'))
plt.axis('off')
plt.show()
```

运行代码 2-11 得到的结果如图 2-3 所示。（由于随机选取图片，输出的图像可能不同。）

根据自定义的数据预处理函数 parse_image，采用 map 方法处理所有文件数据中的一条，如代码 2-12 所示。

代码 2-12　调用预处理函数

```
# 采用 map 方法对文件数据进行预处理
images_ds = list_ds.map(parse_image)
for image, label in images_ds.take(1):
    plt.figure()
    plt.imshow(image)
    plt.title(label.numpy().decode('utf-8'))
    plt.axis('off')
    plt.show()
```

运行代码 2-12 得到的结果如图 2-4 所示。（由于随机选取图片，输出的图像可能不同。）

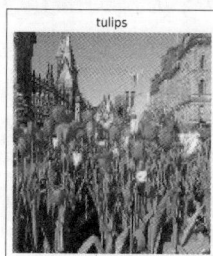

图 2-3　运行代码 2-11 得到的结果　　　图 2-4　运行代码 2-12 得到的结果

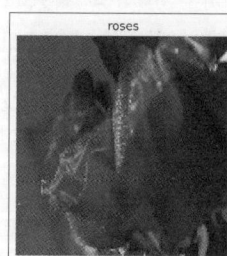

（2）时间序列数据预处理

在使用 RNN 及其变体神经网络时，通常使用的是时间序列数据。RNN 要求输入的数据是三维张量，即(samples,time_steps,features)，中间的 time_steps 体现了时间。为了将数据转换成三维张量的格式，可以使用 timeseries_dataset_from_array 函数。

timeseries_dataset_from_array 函数的基本语法格式如下。

```
tf.keras.preprocessing.timeseries_dataset_from_array(data, targets, sequence_
length, sequence_stride=1, sampling_rate=1, batch_size=128, shuffle=False, seed=None,
start_index=None, end_index=None)
```

timeseries_dataset_from_array 函数的常用参数及其说明如表 2-3 所示。

表 2-3 timeseries_dataset_from_array 函数的常用参数及其说明

常用参数	参数说明
data	接收 int、float 类型的值。表示要转换的原始的时间序列数据。无默认值
targets	接收 int、float 类型的值。表示目标值，和 data 长度一样。无默认值
sequence_length	接收 int 类型的值。表示输出序列的长度。无默认值
sequence_stride	接收 int 类型的值。表示连续输出序列的周期。默认为 1
sampling_rate	接收 int 类型的值。表示序列中连续的时间步之间的时间间隔。默认为 1
batch_size	接收 int 类型的值。表示每个批次中的时间序列样本数。默认为 128
shuffle	接收 bool 类型的值。表示是随机输出样本，还是按时间顺序输出样本。默认为 False
seed	接收 int 类型的值。表示随机种子。默认为 None
start_index	接收 int 类型的值。表示数据点早于 start_index 不输出。默认为 None
end_index	接收 int 类型的值。表示数据点晚于 end_index 不输出。默认为 None

timeseries_dataset_from_array 函数在以数组形式提供的时间序列数据集上创建滑动窗口。此函数接收以相等间隔收集的一系列数据点，以及时间序列参数（如序列或窗口的长度，两个序列或窗口之间的间隔等），以生成一批时间序列输入值和目标值。timeseries_dataset_from_array 函数返回 tf.data.Dataset 实例。如果函数传递了 targets 参数，那么数据集将产生元组(batch_of_sequences, batch_of_targets)；如果未传递，那么数据集仅产生 batch_of_sequences。

例如，对于集合[0,1,…,97]，设置参数 sequence_length=10、sampling_rate=2、sequence_stride=3、shuffle=False，将产生由以下索引组成的批次序列。

```
First sequence:  [0 2 4 6 8 10 12 14 16 18]
Second sequence: [3 5 7 9 11 13 15 17 19 21]
Third sequence:  [6 8 10 12 14 16 18 20 22 24]
...
Last sequence:   [78 80 82 84 86 88 90 92 94 96]
```

可以发现，最后有数据点被丢弃。这是因为无法生成包含它们的完整序列（下一个序列将从索引 81 开始，其最后一步生成的序列中将包含 99，而 99 不属于该集合）。

（3）文本数据预处理

使用 text_dataset_from_directory 函数可以从目录的文本文件中生成一个 tf.data.Dataset 对象，该函数的基本语法格式如下。

```
tf.keras.preprocessing.text_dataset_from_directory(directory, labels='inferred',
label_mode='int', class_names=None, batch_size=32, max_length=None, shuffle=True,
seed=None, validation_split=None, subset=None, follow_links=False, verbose=True)
```

text_dataset_from_directory 函数的常用参数及其说明如表 2-4 所示。

表 2-4　text_dataset_from_directory 函数的常用参数及其说明

常用参数	参数说明
directory	接收 str 类型的值。表示数据所在的目录，如果 labels 的值为'inferred'，那么子目录表示类别。无默认值
labels	接收 int 类型的值。表示对应每个图像文件的标签。默认为'inferred'
label_mode	接收 str 类型的值。表示标签的编码类型。默认为'int'
class_names	接收 str 类型的值。表示与子目录的名称一致，用于控制类别的顺序。默认为 None
batch_size	接收 int 类型的值。表示批量大小。默认为 32
max_length	接收 int 类型的值。表示文本字符串的最大长度，超过此长度的文本将被截断。默认为 None
shuffle	接收 bool 类型的值。表示是否随机排列数据。默认为 True
seed	接收 int 类型的值。表示随机种子。默认为 None
validation_split	接收 float 类型的值。表示验证集比例。默认为 None

main_directory 文件的目录结构如下。

```
main_directory/
...class_a/
......a_text_1.txt
......a_text_2.txt
...class_b/
......b_text_1.txt
......b_text_2.txt
```

调用 text_dataset_from_directory(main_directory, labels='inferred')将返回 tf.data.Dataset 对象，从子目录 class_a 产生批处理文本 class_b，以及标签 0 和 1（0 对应 class_a、1 对应 class_b）。

深度学习模型不会接收原始文本作为输入，它只能处理数值张量。文本向量化（Vectorize）是指将文本转换为数值张量的过程。为达到文本向量化的目的，需要构建文本与整数的映射关系。

以 cowper.txt 文件数据为例，将数据进行文本向量化处理，如代码 2-13 所示。

代码 2-13　将数据进行文本向量化处理

```
# 文本数据预处理
import tensorflow_datasets as tfds
# 分割数据
tokenizer = tfds.deprecated.text.Tokenizer()
# 自定义空集合
vocabulary_set = set()
```

```
# 循环获取词汇
for text_tensor in cowper:
  some_tokens = tokenizer.tokenize(text_tensor.numpy())
  vocabulary_set.update(some_tokens)
# 查看词汇表大小
vocab_size = len(vocabulary_set)
print('词汇表大小: ', vocab_size)
# 构建编码器
encoder = tfds.deprecated.text.TokenTextEncoder(vocabulary_set)
# 输出查看词汇样式
example_text = next(iter(cowper)).numpy()
print('样式: ', example_text)
# 样式编码
encoded_example = encoder.encode(example_text)
print('样式编码: ', encoded_example)
```

运行代码 2-13 得到的结果如下。

```
词汇表大小: 11500
样式: b"\xef\xbb\xbfAchilles sing, O Goddess! Peleus' son;"
样式编码: [101, 4583, 6047, 6508, 1162, 8416]
```

（4）MNIST 数据集预处理

将数据转换成 Dataset 对象后，通常情况下会再进行预处理操作，如随机打散、按批加载等操作。接下来以 MNIST 数据集为例，介绍如何对数据集进行预处理。

为防止每次训练时数据按固定顺序输入，使得模型学习到与顺序相关的"伪特征"，可以通过 Dataset.shuffle(buffer_size)工具设置 Dataset 对象，以随机打散数据。其中，buffer_size 参数用于指定缓冲池的大小，一般设置为一个较大的常数即可，如代码 2-14 所示。

代码 2-14　随机打散数据

```
train = train.shuffle(10000)  # 随机打散数据
```

从 datasets 模块直接加载的数据集的格式可能无法满足模型的输入需求，因此，用户需要自定义预处理逻辑。Dataset 对象通过 map 方法，可以非常方便地调用用户自定义的预处理逻辑。

从 datasets 模块中加载的图像大小为[28,28]，像素使用 0～255 的整数表示，标签为 0～1。在实际的输入过程中，一般需要将图像数据标准化至[0,1]或[-1,1]等区间，同时根据神经网络的设置，需要将输入图像大小调整为[28,28]。对于标签信息，可以在预处理时进行独热编码，也可以在计算误差时进行独热编码。

将图像数据映射到[0,1]，图像尺寸调整为 28 像素×28 像素。对于标签数据，选择在预处理时进行独热编码，调用自定义预处理函数完成对手写数字图像样本的预处理操作，如代码 2-15 所示。

代码 2-15　调用自定义预处理函数完成对手写数字图像样本的预处理操作

```
# 自定义预处理函数
def train_preprocess(x, y):
    # 调用此函数时会自动传入 x、y 对象
    # 标准化
```

31

```
x = tf.cast(x, dtype=tf.float32) / 255.
x = tf.reshape(x, [-1, 28 * 28])
y = tf.cast(y, dtype=tf.int32)  # 转换成整型张量
# one_hot 接收的输入为 int32，输出为 float32
y = tf.one_hot(y, depth=10)
# 返回的 x、y 将替换传入的 x、y 参数，从而实现数据的预处理操作
return x, y


def test_preprocess(x_test, y_test):
    x_test = tf.cast(x_test, dtype=tf.float32) / 255.
    y_test = tf.cast(y_test, dtype=tf.int32)
    return x_test, y_test

# 调用 preprocess 函数中实现预处理
train = train.map(train_preprocess)
test = test.map(test_preprocess)
```

2.1.4　构建网络

构建网络非常重要，如果网络太简单，则无法学习到足够丰富的特征，生成模型的性能也无法满足需求；如果网络太复杂，则容易导致过拟合、训练时间过长等问题。对于不同类型的数据，要选择合适的网络结构才能取得较好的结果。

在深度学习中，构建网络通常是指构建一个完整的神经网络结构。神经网络是一种模仿大脑突触连接结构进行信息处理的算法。神经网络已经被用于解决分类、回归等问题，同时被运用在机器视觉、语音识别等应用领域中。

神经网络能够模拟生物神经系统对真实世界的交互反应。将多个神经元按一定的层次结构连接起来，就能得到一个神经网络。使用神经网络时，需要确定网络连接的拓扑结构、神经元的特征和学习规则等。图 2-5 所示的是常见的神经网络的层级结构，每层神经元与下一层的神经元相互连接，同层神经元之间不存在连接关系。

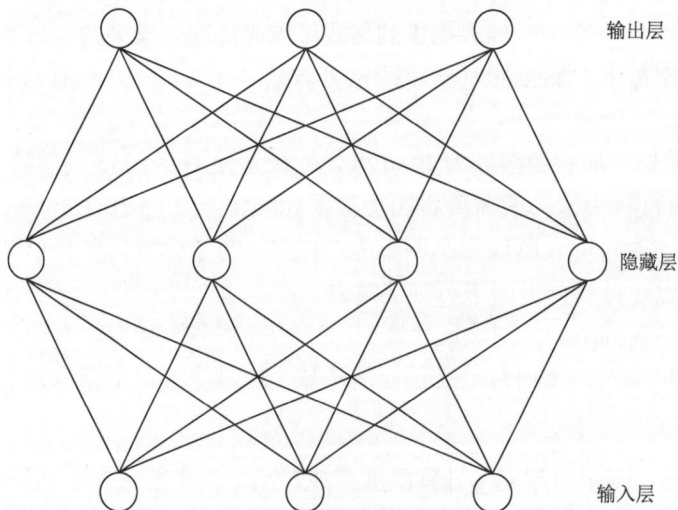

图 2-5　常见的神经网络的层级结构

图 2-5 中，输入层神经元接收信号，最终输出结果由输出层神经元输出。输入层神经

元只是接收输入，不进行函数处理。隐藏层与输出层包含功能神经元。值得注意的是，如果单个隐藏层网络不能满足实际生产需求，那么可在网络中设置多个隐藏层。

1. 输入层

输入层将所需要的数据直接输入网络。在大多情况下，可以通过 Dense 构建网络输入层，但是，由于本项目的手写数字图像分类案例主要通过 Input 函数构建输入层，因此重点介绍 Input 函数。通过 Dense 构建输入层的相关知识将在后文进行介绍。Input 函数向模型中输入数据，并指定数据的形状、数据类型等信息。Input 函数的基本语法格式如下。

```
tf.keras.Input(shape=None, batch_size=None, dtype=None, sparse=False, batch_shape=
None,name=None,tensor=None)
```

Input 函数的常用参数及其说明如表 2-5 所示。

表 2-5   Input 函数的常用参数及其说明

常用参数	参数说明
shape	接收 int 类型的值。表示一个形状元组（整数），不包括批量大小。默认为 None
batch_size	接收 int 类型的值。表示批量大小。默认为 None
dtype	接收 int、float 等数据类型。表示期望的数据类型。默认为 None
sparse	接收 bool 类型的值。表示创建的占位符是否稀疏。默认为 False
name	接收 str 类型的值。表示层的名称。默认为 None

运用 Input 函数构建网络的输入层，如代码 2-16 所示。

代码 2-16   运用 Input 函数构建网络的输入层

```
x = tf.keras.Input(shape=(32, ))
y = tf.keras.layers.Dense(16, activation='softmax')(x)
model = tf.keras.Model(x, y)
print(model)
```

除了用 Input 函数构建输入层，还可以运用 layers 模块下的 Flatten 函数展平输入，即将数据展平为一维数据。Flatten 函数的基本语法格式如下。

```
tf.keras.layers.Flatten(data_format=None, **kwargs)
```

Flatten 函数的常用参数及其说明如表 2-6 所示。

表 2-6   Flatten 函数的常用参数及其说明

常用参数	参数说明
data_format	接收 str 类型的值。表示输入中尺寸的顺序，对应具有形状的输入。默认为 None

运用 Flatten 函数对数据进行展平，如代码 2-17 所示。

代码 2-17   运用 Flatten 函数对数据进行展平

```
model = tf.keras.Sequential()
# 展平为一维数组
model.add(tf.keras.layers.Flatten(input_shape=(28, 28)))
model.add(tf.keras.layers.Dense(10, activation='softmax'))
```

2. 隐藏层

隐藏层是神经网络的一个重要概念，它是指除了输入层、输出层之外的中间层。输入层和输出层是对外可见的，也被称为可视层。而中间层不直接暴露出来，是模型的"黑箱"部分。

在深度学习中，隐藏层主要包括卷积层、全连接层、池化层等，接下来将重点介绍全连接层。全连接层的每一个节点都与上一层的所有节点相连，用于将前面提取到的特征综合起来。在一般情况下，全连接层的参数是相对较多的。使用 layers 模块下的 Dense 函数构建全连接层，其基本语法格式如下。

```
tf.keras.layers.Dense(units, activation=None, use_bias=True, kernel_initializer
='glorot_uniform', bias_initializer='zeros', kernel_regularizer=None, bias_
regularizer=None, activity_regularizer=None, kernel_constraint=None, bias_
constraint=None, lora_rank=None, **kwargs)
```

Dense 函数的常用参数及其说明如表 2-7 所示。

表 2-7　Dense 函数的常用参数及其说明

常用参数	参数说明
units	接收 int 类型的值。表示输出节点。无默认值
activation	接收函数。表示激活函数，如果未指定任何内容，那么不会应用任何激活函数。默认为 None
use_bias	接收 bool 类型的值。表示层是否使用偏差矢量。默认为 True
kernel_initializer	接收 str 类型的值。表示权重矩阵的初始化方法。默认为'glorot_uniform'
bias_initializer	接收 str 类型的值。表示偏置向量的初始化器。默认为'zeros'
kernel_regularizer	接收函数。表示应用于 kernel 权重矩阵的正则化函数。默认为 None
bias_regularizer	接收函数。表示应用于偏置向量的正则化函数。默认为 None

运用 Dense 函数构建具有单个全连接层的神经网络，如代码 2-18 所示。

代码 2-18　运用 Dense 函数构建具有单个全连接层的神经网络

```
# 构建单个全连接层
model = tf.keras.models.Sequential()
# 输入矩阵的大小为 (None, 16)
model.add(tf.keras.Input(shape=(16, )))
model.add(tf.keras.layers.Dense(32, activation='relu'))
# 输出的大小为 (None, 32)
print('输出大小: ', model.output_shape)
```

Dense 函数除了可以构建单个全连接层，还可以构建多个全连接层。通过代码 2-19 可以构建一个简单的、具有两个全连接层的神经网络，且输入和输出都只有一个数。

代码 2-19　构建一个简单的、具有两个全连接层的神经网络

```
model = tf.keras.models.Sequential()
# 输入矩阵的大小为 (None, 1)
model.add(tf.keras.Input(shape=(1, )))
# 定义第一个全连接层
model.add(tf.keras.layers.Dense(5, activation='sigmoid'))
```

```
# 定义第二个全连接层
model.add(tf.keras.layers.Dense(1, activation='sigmoid'))
```

3. 输出层

网络最后一层和所有的隐藏层一样,能够完成维度变换、特征提取,还可以作为输出层使用,根据输出值的范围进行分类。常见的输出类型和范围如下。

(1)普通实数,如函数值趋势的预测问题、年龄的预测问题等。

(2)输出值在[0,1]区间内,如图像的像素值的范围一般为[0,1],或二分类问题的概率(如硬币为正面或反面的概率)。输出层可以只设置一个输出节点,表示某个事件 A 发生的概率(如硬币为正面的概率),x 为网络输入。单输出节点的二分类网络结构如图 2-6 所示。

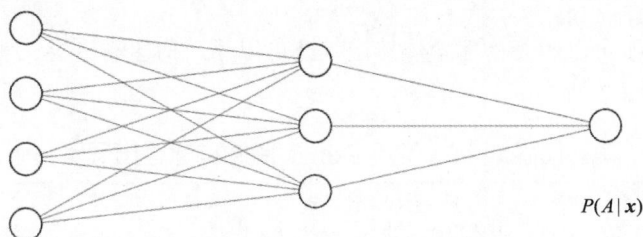

$P(A|\boldsymbol{x})$

图 2-6 单输出节点的二分类网络结构

对于二分类任务,除了可以使用单输出节点表示事件 A 发生的概率,还可以分别预测事件 A(硬币为正面)和事件 A 的对立事件(硬币为反面)发生的概率,两个输出节点的二分类网络结构如图 2-7 所示。

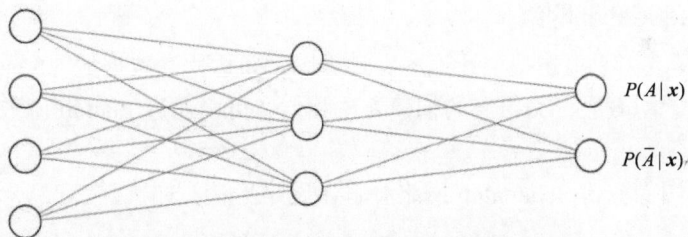

$P(A|\boldsymbol{x})$

$P(\bar{A}|\boldsymbol{x})$

图 2-7 两个输出节点的二分类网络结构

对于多分类任务,输出层的每个输出节点代表一个类别,图 2-8 所示的多分类网络结构用于处理三分类(类别 A、B、C)任务,3 个节点的输出值分别代表样本属于类别 A、类别 B 和类别 C 的概率,且概率之和为 1。考虑多分类任务中的样本只可能属于所有类别中的某一个,因此满足所有类别概率之和为 1 的约束。如 MNIST 手写数字图像识别,10 个类别的概率之和为 1。

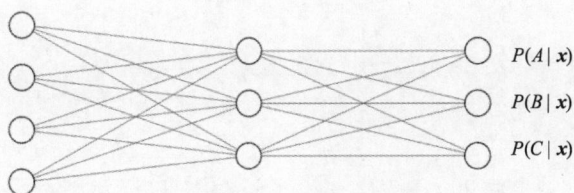

$P(A|\boldsymbol{x})$

$P(B|\boldsymbol{x})$

$P(C|\boldsymbol{x})$

图 2-8 多分类网络结构

（3）输出值在[−1,1]区间内。

如果输出值的范围为[−1,1]，可以使用 tanh 激活函数，如代码 2-20 所示。

代码 2-20　使用 tanh 激活函数

```
x = tf.linspace(-6., 6., 10)
tf.tanh(x)  # tanh 激活函数
```

运行代码 2-20 得到的结果如下。

```
<tf.Tensor: shape=(10,), dtype=float32,
numpy=array([-0.99998784, -0.99982315, -0.9974579 , -0.9640276 , -0.58278286,
      0.58278316,  0.9640276 ,  0.99745804,  0.99982315,  0.99998784],
      dtype=float32)>
```

Dense 函数除了可以用于构建全连接层，还可以用于构建输出层，使用 Dense 函数构建输出层，如代码 2-21 所示。

代码 2-21　使用 Dense 函数构建输出层

```
model = tf.keras.models.Sequential()
model.add(tf.keras.Input(shape=(10, )))
# 定义全连接层
model.add(tf.keras.layers.Dense(12, activation='relu'))
# 输出层
model.add(tf.keras.layers.Dense(1, activation='softmax'))
```

输出层的构建具有一定的灵活性，可以根据实际的应用场景自行构建。

4．构建 Sequential 网络

Sequential 网络用于构建一个计算图，计算图每条边代表数据流。Sequential 网络的构建方法与输入层、隐藏层、输出层的构建方法相似。可以通过 Flatten 函数、Dense 函数构建 Sequential 网络。

为手写数字图像构建 Sequential 网络并输出网络形状，如代码 2-22 所示。

代码 2-22　为手写数字图像构建 Sequential 网络并输出网络形状

```
# 构建 Sequential 网络
import numpy as np
# 读取文件数据
data = np.load('../data/mnist.npz')
# 查看数据集合
print(data.files)
train_images, train_labels, test_images, test_labels = data['x_train'], data[
'y_train'], data['x_test'], data['y_test']

# 构建网络
model = tf.keras.models.Sequential()
# 添加特征并将其展平为一维数组
model.add(tf.keras.layers.Flatten(input_shape=(28, 28)))
# 定义第一层
model.add(tf.keras.layers.Dense(128, activation='relu'))
# 定义第二层
model.add(tf.keras.layers.Dense(10, activation='softmax'))
```

```
# 输出网络形状
print(model.summary())
```

运行代码 2-22 得到的结果如下。

```
['x_test', 'x_train', 'y_train', 'y_test']
Model: "sequential_4"

_____
 Layer (type)              Output Shape              Param #
===============================================================
 flatten_1 (Flatten)       (None, 784)               0

 dense_7 (Dense)           (None, 128)               100480

 dense_8 (Dense)           (None, 10)                1290


===============================================================
 Total params: 101770
 Trainable params: 101770
Non-trainable params: 0
None
```

注意，代码 2-22 运行结果中 flatten_1、dense_7、dense_8 表示自动生成的层的名称。

2.1.5 编译网络

网络构建完成后还不能直接将数据放入其中进行训练，还需指定优化器、损失函数等相关参数。上述过程一般在网络编译环节完成。

1. 设置优化器

常见的优化器有以下几种。

（1）SGD 优化器

SGD（Stochastic Gradient Descent，随机梯度下降）优化器的定义如下。

```
tf.keras.optimizers.SGD(learning_rate=0.01, momentum=0.0, nesterov=False,
weight_decay=None, clipnorm=None, clipvalue=None, global_clipnorm=None, use_ema=
False, ema_momentum=0.99, ema_overwrite_frequency=None, loss_scale_ factor=
None, gradient_accumulation_steps=None, name='SGD', **kwargs)
```

SGD 优化器的常用参数及其说明如表 2-8 所示。

表 2-8　SGD 优化器的常用参数及其说明

常用参数	参数说明
learning_rate	接收 float 类型的值。表示学习率。默认为 0.01
momentum	接收 float 类型的值。表示在相关方向上加速梯度下降并抑制振荡。默认为 0.0
nesterov	接收 bool 类型的值。表示是否应用动量。默认为 False
name	接收 str 类型的值。表示创建操作的可选名称前缀。默认为'SGD'

当 nesterov=False 时，更新规则如下（g 为损失函数对 w 的梯度）。

```
velocity = momentum * velocity - learning_rate * g
w = w + momentum * velocity - learning_rate * g
```

（2）RMSProp 优化器

RMSprop 优化器是实现了 RMSprop 算法的优化程序，其定义如下。

```
tf.keras.optimizers.RMSprop(learning_rate=0.001, rho=0.9, momentum=0.0, epsilon=
1e-07, centered=False, weight_decay=None, clipnorm=None, clipvalue= None,
global_clipnorm=None, use_ema=False, ema_momentum=0.99, ema_overwrite_ frequency=
None, loss_scale_factor=None, gradient_accumulation_steps=None, name='rmsprop',
**kwargs)
```

RMSprop 优化器的常用参数及其说明如表 2-9 所示。

表 2-9　RMSprop 优化器的常用参数及其说明

常用参数	参数说明
learning_rate	接收 float 类型的值。表示学习率。默认为 0.001
rho	接收 float 类型的值。表示衰减因子。默认为 0.9
momentum	接收 float 类型的值。表示在相关方向上加速梯度下降并抑制振荡。默认为 0.0
name	接收 str 类型的值。表示创建操作的可选名称前缀。默认为'rmsprop'

RMSprop 优化器的核心机制是计算梯度平方的指数加权平均值，再通过二阶矩估计来实现自适应的学习率。RMSprop 优化器的实现使用的是标准动量，而不是 Nesterov 动量。

（3）Adagrad 优化器

Adagrad 优化器是实现了 Adagrad 算法的优化程序，其定义如下。

```
tf.keras.optimizers.Adagrad(learning_rate=0.001, initial_accumulator_value=
0.1, epsilon=1e-07, weight_decay=None, clipnorm=None, clipvalue=None, global_
clipnorm=None, use_ema=False, ema_momentum=0.99, ema_overwrite_ frequency=
None, loss_scale_factor=None, gradient_accumulation_steps=None, name='adagrad',
**kwargs)
```

Adagrad 优化器的常用参数及其说明如表 2-10 所示。

表 2-10　Adagrad 优化器的常用参数及其说明

参数名称	参数说明
learning_rate	接收 float 类型的值。表示学习率。默认为 0.001
initial_accumulator_value	接收 float 类型的值。表示累加器的起始值必须为非负值。默认为 0.1
name	接收 str 类型的值。表示创建操作的可选名称前缀。默认为'adagrad'

Adagrad 优化器能够在训练中自动对学习率进行调整，对于出现频率较低的参数采用较大的学习率进行更新。反之，对于出现频率较高的参数采用较小的学习率进行更新。

（4）Adam 优化器

Adam 是实现了 Adam 算法的优化器，其定义如下。

```
tf.keras.optimizers.Adam(learning_rate=0.001, beta_1=0.9, beta_2=0.999, epsilon=
```

```
1e-07, amsgrad=False, weight_decay=None, clipnorm=None, clipvalue= None,
global_clipnorm=None, use_ema=False, ema_momentum=0.99, ema_overwrite_frequency=
None, loss_scale_factor=None, gradient_accumulation_steps=None, name='adam',
**kwargs)
```

Adam 优化器的常用参数及其说明如表 2-11 所示。

表 2-11 Adam 优化器的常用参数及其说明

常用参数	参数说明
learning_rate	接收 float 类型的值。表示学习率。默认为 0.001
beta_1	接收 float 类型的值。表示第一时刻的指数衰减率估算值。默认为 0.9
beta_2	接收 float 类型的值。表示第二时刻的指数衰减率估算值。默认为 0.999
name	接收 str 类型的值。表示创建操作的可选名称前缀。默认为'adam'

Adam 是一种基于随机估计的、同时考虑一阶矩和二阶矩的 SGD 方法，该方法有计算效率高、内存需求少等特点。

2．设置损失函数

损失函数（Loss Function）是深度学习中重要的内容，它用于度量模型输出值与目标值的差异，是评估模型效果的一个重要指标。损失值越小，表明模型的效果越好。

常用的内置损失函数如表 2-12 所示。

表 2-12 常用的内置损失函数

常用的内置损失函数	TensorFlow 形式	说明
MAE 函数	tf.keras.losses.MeanAbsoluteError() tf.keras.losses.MAE()	用于回归问题
MSE 函数	tf.keras.losses.MeanSquaredError() tf.keras.losses.MSE()	用于回归问题
Huber 损失函数	tf.keras.losses.Huber() tf.keras.losses.huber()	用于回归问题，只有类实现形式，介于平均绝对值误差和均方误差之间
合页损失函数	tf.keras.losses.Hinge() tf.keras.losses.hinge()	用于二分类问题，常作为支持向量机的损失函数
二元交叉熵损失函数	tf.keras.losses.BinaryCrossentropy() tf.keras.losses.binary_crossentropy()	用于二分类问题
类别交叉熵损失函数	tf.keras.losses.CategoricalCrossentropy() tf.keras.losses.categorical_crossentropy()	用于多分类问题，要求标签为独热编码形式
稀疏类别交叉熵损失函数	tf.keras.losses.SparseCategoricalCrossentropy() tf.keras.losses.sparse_categorical_crossentropy()	用于多分类问题，要求标签为序号编码形式

接下来将对常用的内置损失函数进行简单的介绍。注意，在 TensorFlow 2 中，设置损失函数是在 losses 模块下进行的，而计算模型评估指标（见 2.1.7 小节）是在 metrics 模块下进行的。

（1）MAE 函数

MAE（Mean Absolute Error，平均绝对误差）计算公式如式（2-1）所示。

$$\text{MAE} = \frac{1}{n}\sum_{i=1}^{n}|E_i| = \frac{1}{n}\sum_{i=1}^{n}|Y_i - \hat{Y}_i| \tag{2-1}$$

式（2-1）中，MAE 表示平均绝对误差，E_i 表示第 i 个真实值与预测值的误差，Y_i 表示第 i 个真实值，$\hat{Y}_i$ 表示第 i 个预测值。由于预测误差有正有负，为了避免正负相抵消，因此取误差的绝对值进行综合并取其平均数。误差的值越小，即损失函数越小，模型的效果也就越好。

在 Tensorflow 2 中使用 MeanAbsoluteError 函数计算真实值和预测值之间的绝对差的平均值，其基本语法格式如下。

```
tf.keras.losses.MeanAbsoluteError(reduction='sum_over_batch_size', name='mean_
absolute_error')
```

MeanAbsoluteError 函数的常用参数及其说明如表 2-13 所示。

表 2-13　MeanAbsoluteError 函数的常用参数及其说明

常用参数	参数说明
reduction	接收 str 类型的值。表示应用于损失的缩减类型。可选项为'sum'、'sum_over_batch_size' 和 None，大部分情况下选用'sum_over_batch_size'。默认为'sum_over_batch_size'
name	接收 str 类型的值。表示操作的可选名称。默认为 "mean_absolute_error"

运用 MeanAbsoluteError 函数计算绝对差的平均值，如代码 2-23 所示。

代码 2-23　运用 MeanAbsoluteError 函数计算绝对差的平均值

```
y_true = [[0., 0.], [0., 1.]]
y_pred = [[1., 0.], [1., 1.]]
mae = tf.keras.losses.MeanAbsoluteError()
print(mae(tf.constant(y_true), tf.constant(y_pred)).numpy())
```

运行代码 2-23 所得结果为 0.5。

除了 MeanAbsoluteError 函数，还可以运用 MAE 函数计算平均绝对误差。MAE 函数的基本语法格式如下。

```
tf.keras.losses.MAE(y_true, y_pred)
```

MAE 函数的常用参数及其说明如表 2-14 所示。

表 2-14　MAE 函数的常用参数及其说明

常用参数	参数说明
y_true	接收 int、float 类型的值。表示真实值。无默认值
y_pred	接收 int、float 类型的值。表示预测值。无默认值

运用 MAE 函数计算平均绝对误差，如代码 2-24 所示。

代码 2-24　运用 MAE 函数计算平均绝对误差

```
y_true = np.random.randint(0, 2, size=(2, 3))
y_pred = np.random.random(size=(2, 3))
loss = tf.keras.losses.MAE(y_true, y_pred)
print(loss(y_true, y_pred).numpy())
```

运行代码 2-24 所得结果为 0.5523769。由于 y_true 和 y_pred 是随机产生的，因此计算结果可能不同。

（2）MSE 函数

MSE（Mean Square Error，均方误差），可以反映一个数据集的离散程度，计算公式如式（2-2）所示。

$$\text{MSE} = \frac{1}{n}\sum_{i=1}^{n} E_i^2 = \frac{1}{n}\sum_{i=1}^{n}(Y_i - \hat{Y}_i)^2 \tag{2-2}$$

式（2-2）中，MSE 表示均方误差，E_i 表示第 i 个真实值与预测值的误差，Y_i 表示第 i 个真实值，$\hat{Y}_i$ 表示第 i 个预测值。

均方误差是误差平方之和的平均数，它解决了正负误差不能相加的问题，且可用于还原平方失真程度。均方误差越小，即损失函数越小，模型的性能就越好。

在 Tensorflow 2 中使用 MeanSquaredError 函数设置均方误差损失函数，计算标签和预测之间的误差平方的均值，其基本语法格式如下。

```
tf.keras.losses.MeanSquaredError(reduction='sum_over_batch_size',name='mean_squared_error')
```

MeanSquaredError 函数的常用参数及其说明如表 2-15 所示。

表 2-15 MeanSquaredError 函数的常用参数及其说明

常用参数	参数说明
reduction	接收 str 类型的值。表示应用于损失的缩减类型。可选项为'sum'、'sum_over_batch_size' 和 None，大部分情况下选用'sum_over_batch_size'。默认为'sum_over_batch_size'
name	接收 str 类型的值。表示操作的可选名称。默认为'mean_squared_error'

运用 MeanSquaredError 函数计算误差平方的均值，如代码 2-25 所示。

代码 2-25 运用 MeanSquaredError 函数计算误差平方的均值

```
y_true = [[0., 1.], [0., 0.]]
y_pred = [[1., 1.], [1., 0.]]
mse = tf.keras.losses.MeanSquaredError()
print(mse(tf.constant(y_true), tf.constant(y_pred)).numpy())
```

运行代码 2-25 所得结果为 0.5。

除了 MeanSquaredError 函数，还可以运用 MSE 函数计算均方误差，其基本语法格式如下。

```
tf.keras.losses.MSE(y_true, y_pred)
```

MSE 函数的常用参数及其说明如表 2-16 所示。

表 2-16 MSE 函数的常用参数及其说明

常用参数	参数说明
y_true	接收 int、float 类型的值。表示真实值。无默认值
y_pred	接收 int、float 类型的值。表示预测值。无默认值

运用 MSE 函数计算均方误差，如代码 2-26 所示。

代码 2-26　运用 MSE 函数计算均方误差

```
y_true = np.random.randint(0, 2, size=(2, 3))
y_pred = np.random.random(size=(2, 3))
loss = tf.keras.losses.MSE(y_true, y_pred)
print(loss(y_true, y_pred).numpy())
```

运行代码 2-26 所得结果为 0.738565。由于 y_true 和 y_pred 是随机产生的，因此均方误差计算结果可能不同。

（3）二元交叉熵损失函数

交叉熵（Cross Entropy）主要用于度量两个概率分布间的差异。交叉熵可在神经网络（深度学习）中作为损失函数，p 表示真实标签的分布，q 表示训练后的模型的预测标签分布，交叉熵损失函数可以衡量 p 与 q 的相似性。使用交叉熵损失函数的一个好处是可以结合 Sigmoid 函数解决在梯度下降时均方误差损失函数学习率降低的问题，因为学习率可以被输出的误差所控制。交叉熵公式如式（2-3）所示。

$$H(p,q) = -\sum_{i=1}^{n} p(x_i)\log(q(x_i)) \tag{2-3}$$

式（2-3）中，$p(x_i)$ 表示样本的真实分布，$q(x_i)$ 表示模型所预测的分布。

当问题属于二分类时，常用的损失函数为二元交叉熵损失函数，采用 binary_crossentropy 函数计算二进制交叉熵损失。

binary_crossentropy 函数的基本语法格式如下。

```
tf.keras.losses.binary_crossentropy(y_true, y_pred, from_logits=False, label_smoothing=0.0, axis=-1)
```

binary_crossentropy 函数的常用参数及其说明如表 2-17 所示。

表 2-17　binary_crossentropy 函数的常用参数及其说明

常用参数	参数说明
y_true	接收 int、float 类型的值。表示真实值。无默认值
y_pred	接收 int、float 类型的值。表示预测值。无默认值
from_logits	接收 bool 类型的值。表示是否预期为 logits 张量。默认情况下，假设对概率分布进行编码。默认为 False
label_smoothing	接收 float 类型的值。表示是否使标签光滑。默认为 0.0

运用 binary_crossentropy 函数计算二进制交叉熵损失，如代码 2-27 所示。

代码 2-27　运用 binary_crossentropy 函数计算二进制交叉熵损失

```
y_true = [[0, 1], [0, 0]]
y_pred = [[0.6, 0.4], [0.4, 0.6]]
loss = tf.keras.losses.binary_crossentropy(y_true, y_pred)
assert loss.shape == (2, )
print(loss.numpy())
```

运行代码 2-27 所得结果为[0.91629076 0.7135582]。

（4）稀疏类别交叉熵损失函数

如果类别标签过多（例如与文本词袋相关的分类问题，标签有上千个），那么进行独热编码将不利于标签的存储和运算。在类别标签过多的情况下，通常先考虑使用稀疏类别交叉熵，在深度学习中可以直接使用 sparse_categorical_crossentropy 函数来计算。

sparse_categorical_crossentropy 函数的基本语法格式如下。

```
tf.keras.losses.sparse_categorical_crossentropy(y_true, y_pred, from_logits =
False, axis=-1)
```

sparse_categorical_crossentropy 函数的常用参数及其说明如表 2-18 所示。

表 2-18　sparse_categorical_crossentropy 函数的常用参数及其说明

常用参数	参数说明
y_true	接收 int、float 类型的值。表示真实值。无默认值
y_pred	接收 int、float 类型的值。表示预测值。无默认值
from_logits	接收 bool 类型的值。表示是否预期为 logits 张量。默认情况下，假设对概率分布进行编码。默认为 False
axis	接收 int 类型的值。表示计算熵的维度。默认为-1

运用 sparse_categorical_crossentropy 函数计算稀疏类别交叉熵损失，如代码 2-28 所示。

代码 2-28　运用 sparse_categorical_crossentropy 函数计算稀疏类别交叉熵损失

```
y_true = [1, 2]
y_pred = [[0.05, 0.95, 0], [0.1, 0.8, 0.1]]
y_true = tf.constant(y_true)
y_pred = tf.constant(y_pred)
loss = tf.keras.losses.sparse_categorical_crossentropy(y_true, y_pred)
assert loss.shape == (2, )
print(loss.numpy())
```

运行代码 2-28 所得结果为[0.05129344 2.3025851]。

3. 编译 Sequential 网络

完成网络构建后，在训练前必须对网络进行编译，否则在调用 fit 或 evaluate 方法时会抛出异常。keras 模块提供了 compile 方法来编译网络，其基本语法格式如下。

```
tf.keras.Model.compile(optimizer='rmsprop', loss=None, loss_weights=None, metrics=
None, weighted_metrics=None, run_eagerly=False, steps_per_execution=1, jit_
compile='auto', auto_scale_loss=True)
```

在 compile 方法中最常用到的 3 个参数为 optimizer、loss 和 metrics，其说明如下。

• optimizer：优化器对象。通过比较预测函数和损失函数来优化输入权重。

• loss：损失函数，用于发现学习过程中的偏差。在网络编译过程中需要损失函数，所有损失函数都需要接收 y_true、y_pred 这两个参数。

• metrics：评估指标，用于评估模型的性能。它类似于损失函数，但在训练过程中未使用。可选评估指标为'accuracy'、'binary_accuracy'、'categorical_accuracy'、'cosine_proximity'等。与损失函数类似，评估指标需要接收 y_true、y_pred 这两个参数，相关评估指标将在后文进行介绍。

对构建好的 Sequential 网络进行编译，将其中优化器对象设置为 Adam 优化器，损失函数设置为稀疏类别交叉熵损失函数（sparse_categorical_crossentropy），评估指标设置为 'accuracy'，如代码 2-29 所示。

代码 2-29　对构建好的 Sequential 网络进行编译

```
model.compile(optimizer='adam', loss='sparse_categorical_crossentropy',
metrics=['accuracy'])
```

2.1.6　训练网络

构建和编译网络完成后，即可将训练样本传入网络进行训练。在训练网络的过程中，可通过调整 epochs（迭代次数）、batch_size（批量大小）等参数的值，对网络训练过程进行优化。

1. 迭代次数

训练网络时，通过设置 epochs 参数调整训练中网络的迭代次数，epochs 的值表示所有训练样本传入网络后训练的轮次（如 epochs 为 1，表示所有训练样本传入网络后训练 1 轮）。当迭代次数的值设置得过小时，训练得到的模型效果较差，可以适当增大迭代次数，从而优化模型的效果。但是，当迭代次数的值设置得过大时（数据特征有限），可能会出现模型过拟合、训练时间过长等问题。用户可以根据自身的情况设置合适的迭代次数。

在迭代训练的过程中，损失值会随迭代次数的变化而变化。在迭代次数增大的过程中，损失值可能会呈现波动变化。如果达到一定的迭代次数后，损失值基本稳定在一个值附近，此时继续训练可能会导致过拟合。用户可以根据回调检查得到损失值和准确率的变化趋势适当调整迭代次数，当变化趋势表现为逐渐平稳时，表明迭代次数的值设置得较为合理。

2. 批训练

为了更好地利用 GPU 的计算资源，一般在网络的训练过程中会同时计算多个样本，这种训练方式被称为批训练，批训练主要有以下优点。

（1）内存利用率较高，大矩阵乘法的并行化效率较高。

（2）遍历数据集所需的迭代次数较少，对相同数据量的处理速度较快。

（3）在合理的范围内，训练中使用的批量大小越大，其确定的下降方向越准确，引起的训练震荡越小。

用户可以根据自己的需求设置 batch_size（一般根据 GPU 显存资源来设置）。若设置的值过大，当显存不足时，可能会导致训练终止；若设置的值过小，没有充分利用 GPU 计算资源，训练速度较慢。

3. 训练 Sequential 网络

构建好网络之后，需要使用大量的数据对网络进行训练。fit 方法是较为常见的一种训练网络的方法，以给定轮次进行训练，并返回一个 History 对象。fit 方法的基本语法格式如下。

```
tf.keras.Model.fit(x=None, y=None, batch_size=None, epochs=1, verbose='auto',
callbacks=None, validation_split=0.0, validation_data=None, shuffle=True, class_
weight=None, sample_weight=None, initial_epoch=0, steps_per_epoch=None, validation_
steps=None, validation_batch_size=None, validation_freq=1)
```

fit 方法的常用参数及其说明如表 2-19 所示。

表 2-19　fit 方法的常用参数及其说明

常用参数	参数说明
x	接收数组、列表或字典。表示训练数据的 NumPy 数组（模型只有一个输入）或 NumPy 数组的列表（模型有多个输入）。若模型中的输入层被命名，则可以传递一个字典，将输入层名称映射到 NumPy 数组。默认为 None
y	接收数组、列表。表示目标(标签)数据的 NumPy 数组（模型只有一个输出）或 NumPy 数组的列表（模型有多个输出）。如果模型中的输出层被命名，那么可以传递一个字典，将输出层名称映射到 NumPy 数组。默认为 None
batch_size	接收 int 类型的值。表示批训练中每次梯度更新的样本数。默认为 None
epochs	接收 int 类型的值。表示训练模型迭代轮次。默认值为 10。注意，与 initial_epoch 一起使用时,epochs 被理解为"最终轮次",模型并不是训练了 epochs 轮,而是到第 epochs 轮停止训练，此时默认值为 1
verbose	接收'auto'、0、1、2。表示日志显示模式，0 为不显示，1 为显示进度条，2 为每轮迭代显示一行，大多数情况下'auto'会选择 1。默认为'auto'
validation_split	接收 float 类型的值。表示用作验证集的训练数据的比例。默认为 0.0
validation_data	接收元组。用于评估损失，以及在每轮结束时的任何模型评估指标。默认为 None
shuffle	接收 bool 类型的值。表示处理 HDF5 数据限制的特殊选项，对一个 batch 内部的数据进行混洗。默认为 True

对神经网络进行训练通常有以下步骤。

（1）传入训练数据，包括训练集特征 x 和训练集标签 y。

（2）训练网络关联图片和标签。

（3）网络对测试集特征 x_test 做预测，并用测试集标签 y_test 验证预测结果。

使用 fit 方法对编译好的 Sequential 网络进行训练，其中 epochs 设置为 20，即对所有训练数据进行 20 轮迭代，batch_size 设置为 128，如代码 2-30 所示。

代码 2-30　使用 fit 方法对编译好的 Sequential 网络进行训练

```
model.fit(train_images, train_labels, verbose=1, epochs=20, batch_size=128,
validation_data=(test_images, test_labels))
```

运行代码 2-30 得到的结果如下。

```
Epoch 1/20
469/469 ———————————————— 3s 3ms/step - accuracy: 0.7969 - loss:
13.7423 - val_accuracy: 0.9031 - val_loss: 1.2596
Epoch 2/20
469/469 ———————————————— 1s 2ms/step - accuracy: 0.9147 - loss:
0.8534 - val_accuracy: 0.9081 - val_loss: 0.5655
```

45

```
Epoch 3/20
469/469 ─────────────────────────── 1s 2ms/step - accuracy: 0.9257 - loss:
0.3849 - val_accuracy: 0.9201 - val_loss: 0.4406
...
Epoch 18/20
469/469 ─────────────────────────── 1s 2ms/step - accuracy: 0.9760 - loss:
0.0897 - val_accuracy: 0.9567 - val_loss: 0.2727
Epoch 19/20
469/469 ─────────────────────────── 1s 2ms/step - accuracy: 0.9762 - loss:
0.0870 - val_accuracy: 0.9565 - val_loss: 0.2704
Epoch 20/20
469/469 ─────────────────────────── 1s 3ms/step - accuracy: 0.9773 - loss:
0.0870 - val_accuracy: 0.9595 - val_loss: 0.2444
```

2.1.7　性能评估

计算 AUC（Area Under the Curve，曲线下面积）、准确率、精度、平均绝对误差、均方误差等评估指标的值，即进行性能评估，以便调整模型从而取得更好的效果。

1. 评估指标

训练网络时，需要观察损失和分类准确率等评估指标的变化，以便调整网络，使得模型取得更好的效果。常用的性能评估指标如表 2-20 所示。

表 2-20　常用的性能评估指标

常用的性能评估指标	TensorFlow 形式	说明
AUC	tf.keras.metrics.AUC()	计算 AUC
准确率	tf.keras.metrics.Accuracy()	计算预测与标签匹配的频率
精度	tf.keras.metrics.Precision()	计算有关标签的预测精度
二进制准确率	tf.keras.metrics.BinaryAccuracy()	计算预测与二进制标签匹配的频率
二进制交叉熵	tf.keras.metrics.BinaryCrossentropy()	计算标签和预测之间的交叉熵损失
分类准确率	tf.keras.metrics.CategoricalAccuracy()	计算预测与独热编码标签匹配的频率
类别交叉熵	tf.keras.metrics.CategoricalCrosssentropy()	计算标签和预测之间的交叉熵损失
余弦相似度	tf.keras.metrics.CosineSimilarity()	计算标签和预测之间的余弦相似度
假阴性	tf.keras.metrics.FalseNegatives()	计算假阴性的数量
平均绝对误差	tf.keras.metrics.MeanAbsoluteError()	计算标签和预测之间的平均绝对误差
均方误差	tf.keras.metrics.MeanSquaredError()	计算标签和预测之间的均方误差

（1）AUC

AUC 的上限为 1、下限为 0。在深度学习中，模型的 AUC 一般会大于 0.5，如果模型的 AUC 远远小于 0.5，那么可能是标签不对应导致的。AUC 越大，模型就越精确。通常使用 metrics 模块的 AUC 函数，通过黎曼和求出近似 AUC。

AUC 函数的基本语法格式如下。

```
tf.keras.metrics.AUC(num_threshold=200, curve='ROC', summation_method='interpolation',
name=None, dtype=None, thresholds=None, multi_label=False, num_labels=None,
label_weights=None, from_logits=False)
```

AUC 函数的常用参数及其说明如表 2-21 所示。

表 2-21　AUC 函数的常用参数及其说明

常用参数	参数说明
num_thresholds	接收 int 类型的值。表示生成 ROC（Receiver Operator Characteristic，受试者操作特征）曲线时对模型预测概率进行划分的阈值数，阈值数必须大于 1。默认为 200
curve	接收 str 类型的值。表示指定要计算的曲线的名称。默认为'ROC'
summation_method	接收 str 类型的值。表示指定计算 AUC 的数值积分方法。默认为'interpolation'
name	接收 str 类型的值。表示度量标准实例的字符串名称。默认为 None
dtype	接收 int、float 等数据类型。表示度量标准结果的数据类型。默认为 None
thresholds	接收 float 类型的值。表示自定义的阈值列表。默认为 None
multi_label	接收 bool 类型的值。表示指示是否处理多标签分类。默认为 False
label_weights	接收列表、数组或张量。表示用于计算多标签数据的 AUC 的权重。默认为 None

AUC 函数创建 4 个局部变量来计算 AUC：true_positives（TP），即被正确预测的正样本；true_negatives（TN），即被正确预测的负样本；false_positives（FP），即被错误预测的正样本；false_negatives（FN），即被错误预测的负样本。ROC 曲线的横坐标是假正率（False Positive Rate），纵坐标是真正率（True Positive Rate），相应的，还有真负率（True Negative Rate）和假负率（False Negative Rate）。

单独运用 metrics 模块的 AUC 函数计算 AUC 的例子如代码 2-31 所示。

代码 2-31　单独运用 metrics 模块的 AUC 函数计算 AUC

```
m = tf.keras.metrics.AUC(num_thresholds=3)
m.update_state([0, 0, 1, 1], [0, 0.5, 0.3, 0.9])
print(m.result().numpy())
```

运行代码 2-31 所得结果为 0.75。

除了可以单独使用 AUC 函数计算 AUC，还可以结合 compile 方法计算 AUC。compile 方法中带有一个 metrics 参数，该参数即评估指标，计算的评估指标值将在模型使用 fit 训练时显示。本项目主要通过计算准确率对手写数字识别分类模型进行模型评估，此处仅介绍其代码样式，无运行结果，如代码 2-32 所示。

代码 2-32　结合 compile 方法计算 AUC 的代码样式

```
model.compile(optimizer='adam',    loss='sparse_categorical_crossentropy',
metrics=[tf.keras.metrics.AUC()])
model.fit(train_images, train_labels, verbose=1, epochs=20, batch_size=128,
validation_data=(test_images, test_labels))
```

（2）准确率

准确率（Accuracy）为预测正确的结果占总样本的百分比。如果为二分类问题，可以运用 metrics 模块的 BinaryAccuracy 函数计算模型的准确率，其基本语法格式如下。

```
tf.keras.metrics.BinaryAccuracy(name='binary_accuracy', dtype=None, threshold=0.5)
```

BinaryAccuracy 函数的常用参数及其说明如表 2-22 所示。

表 2-22　BinaryAccuracy 函数的常用参数及其说明

常用参数	参数说明
name	接收 str 类型的值。表示度量标准实例的字符串名称。默认为'binary_accuracy'
dtype	接收 int、float 等数据类型。表示度量标准结果的数据类型。默认为 None

运用 metrics 模块的 BinaryAccuracy 函数计算准确率的例子如代码 2-33 所示。

代码 2-33　运用 metrics 模块的 BinaryAccuracy 函数计算准确率

```
m = tf.keras.metrics.BinaryAccuracy()
m.update_state([[1], [1], [0], [0]], [[0.98], [1], [0], [0.6]])
print(m.result().numpy())
```

运行代码 2-33 所得结果为 0.75。

除了单独使用 BinaryAccuracy 函数计算准确率，还可以和 compile 方法一起使用。与计算 AUC 的方式相似，计算其他评估指标也可以使用相同的方法，只是 metrics 参数的值不同。由于手写数字识别是多分类问题，而 BinaryAccuracy 函数通常用于二分类问题，此处仅介绍其代码样式，没有运行结果，结合 compile 方法计算准确率的代码样式如代码 2-34 所示。

代码 2-34　结合 compile 方法计算准确率的代码样式

```
model.compile(optimizer='adam', loss='sparse_categorical_crossentropy', metrics=
[tf.keras.metrics.BinaryAccuracy()])
model.fit(train_images, train_labels, verbose=1, epochs=20, batch_size=128,
validation_data=(test_images, test_labels))
```

如果问题为多分类问题，那么可运用 metrics 模块的 CategoricalAccuracy 函数计算模型的准确率，其基本语法格式如下。

```
tf.keras.metrics.CategoricalAccuracy(name='categorical_accuracy', dtype=None)
```

CategoricalAccuracy 函数的常用参数及其说明如表 2-23 所示。

表 2-23　CategoricalAccuracy 函数的常用参数及其说明

常用参数	参数说明
name	接收 str 类型的值。表示度量标准实例的字符串名称。默认为'categorical_accuracy'
dtype	接收 int、float 等数据类型。表示度量标准结果的数据类型。默认为 None

运用 metrics 模块的 CategoricalAccuracy 函数计算准确率如代码 2-35 所示。

代码 2-35　运用 metrics 模块的 CategoricalAccuracy 函数计算准确率

```
m = tf.keras.metrics.CategoricalAccuracy()
m.update_state([[0, 0, 1], [0, 1, 0]], [[0.1, 0.9, 0.8], [0.05, 0.95, 0]])
print(m.result().numpy())
```

运行代码 2-35 所得结果为 0.5。

结合 compile 方法计算准确率，如代码 2-36 所示。

代码 2-36　结合 compile 方法计算准确率

```
model1 = tf.keras.models.Sequential()
model1.add(tf.keras.layers.Flatten(input_shape=(28, 28)))
model1.add(tf.keras.layers.Dense(128, activation='relu'))
model1.add(tf.keras.layers.Dense(10, activation='softmax'))
model1.compile(optimizer='adam',  loss='sparse_categorical_crossentropy',
metrics=[tf.keras.metrics.CategoricalAccuracy()])
model1.fit(train_images, train_labels, verbose=1, epochs=20, batch_size=128,
validation_data=(test_images, test_labels))
```

运行代码 2-36 得到的结果如下。

```
Epoch 1/20
469/469 ─────────────────────── 2s 3ms/step - categorical_accuracy:
0.0645 - loss: 11.6430 - val_categorical_accuracy: 0.0732 - val_loss: 1.0081
Epoch 2/20
469/469 ─────────────────────── 1s 2ms/step - categorical_accuracy:
0.0685 - loss: 0.7522 - val_categorical_accuracy: 0.0701 - val_loss: 0.5409
…
Epoch 19/20
469/469 ─────────────────────── 1s 3ms/step - categorical_accuracy:
0.0660 - loss: 0.0822 - val_categorical_accuracy: 0.0724 - val_loss: 0.2997
Epoch 20/20
469/469 ─────────────────────── 1s 3ms/step - categorical_accuracy:
0.0695 - loss: 0.0894 - val_categorical_accuracy: 0.0721 - val_loss: 0.2613
```

由代码 2-36 的运行结果可知，经过 20 次迭代后的平均准确率为 0.0695。计算 categorical_accuracy 指标，要求真实值为独热编码形式，预测值为向量形式，但 train_labels 和 test_labels 均为标量，这可能是平均准确率低的原因。

（3）精确率

精确率（Precision）表示所有被预测为正的样本中实际为正的概率。可以运用 metrics 模块的 Precision 函数计算有关标签的预测精确率，其基本语法格式如下。

```
tf.keras.metrics.Precision(thresholds=None, top_k=None, class_id=None, name=None,
dtype=None)
```

Precision 函数的常用参数及其说明如表 2-24 所示。

表 2-24　Precision 函数的常用参数及其说明

常用参数	参数说明
thresholds	接收 float 类型的值。表示将阈值与预测值进行比较，以确定预测的真值。默认为 None
top_k	接收 int 类型的值。表示计算精确率时要考虑的前 k 个预测。默认为 None
class_id	接收 int 类型的值。表示二进制指标的整数类 id。默认为 None
name	接收 str 类型的值。表示度量标准实例的字符串名称。默认为 None
dtype	接收 int、float 等数据类型。表示度量标准结果的数据类型。默认为 None

运用 metrics 模块的 Precision 函数计算精确率如代码 2-37 所示。

代码 2-37　运用 metrics 模块的 Precision 函数计算精确率

```
m = tf.keras.metrics.Precision()
m.update_state([0, 1, 1, 1], [1, 0, 1, 1])
print(m.result().numpy())
```

运行代码 2-37 所得结果为 0.6666667。

同样，此处仅介绍 Precision 函数结合 compile 方法计算精率的代码样式，如代码 2-38 所示。

代码 2-38　结合 compile 方法计算精确率的代码样式

```
model.compile(optimizer='adam', loss='sparse_categorical_crossentropy', metrics=
[tf.keras.metrics.Precision()])
model.fit(train_images, train_labels, verbose=1, epochs=20, batch_size=128,
validation_data=(test_images, test_labels))
```

（4）平均绝对误差

平均绝对误差表示真实值与预测值之间的误差的绝对值的平均值。可以运用 metrics 模块的 MeanAbsoluteError 函数计算平均绝对误差，其基本语法格式如下。

```
tf.keras.metrics.MeanAbsoluteError(name='mean_absolute_error', dtype=None)
```

metrics 模块的 MeanAbsoluteError 函数的常用参数及其说明如表 2-25 所示。

表 2-25　metrics 模块的 MeanAbsoluteError 函数的常用参数及其说明

常用参数	参数说明
name	接收 str 类型的值。表示度量标准实例的字符串名称。默认为'mean_absolute_error'
dtype	接收 int、float 等数据类型。表示度量标准结果的数据类型。默认为 None

运用 metrics 模块的 MeanAbsoluteError 函数计算平均绝对误差如代码 2-39 所示。

代码 2-39　运用 metrics 模块的 MeanAbsoluteError 函数计算平均绝对误差

```
m = tf.keras.metrics.MeanAbsoluteError()
m.update_state([[0, 1], [0, 0]], [[1, 1], [0, 0]])
print(m.result().numpy())
```

运行代码 2-39 所得结果为 0.25。

由于手写数字识别属于分类问题，而平均绝对误差主要用于评估回归模型，此处只介绍

MeanAbsoluteError 函数结合 compile 方法计算平均绝对误差的代码，如代码 2-40 所示。

代码 2-40　结合 compile 方法计算平均绝对误差的代码

```
model.compile(optimizer='adam', loss='sparse_categorical_crossentropy', metrics=
[tf.keras.metrics.MeanAbsoluteError()])
model.fit(train_images, train_labels, verbose=1, epochs=20, batch_size=128,
validation_data=(test_images, test_labels))
```

（5）均方误差

均方误差表示真实值与预测值之间的误差平方之和的平均数，它解决了正负误差不能相加的问题，可用于还原平方失真程度。可以运用 metrics 模块的 MeanSquaredError 函数计算模型的均方误差，其基本语法格式如下。

```
tf.keras.metrics.MeanSquaredError(name='mean_squared_error', dtype=None)
```

metrics 模块的 MeanSquaredError 函数的常用参数及其说明如表 2-26 所示。

表 2-26　metrics 模块的 MeanSquaredError 函数的常用参数及其说明

常用参数	参数说明
name	接收 str 类型的值。表示度量标准实例的字符串名称。默认为'mean_squared_error'
dtype	接收 int、float 等数据类型。表示度量标准结果的数据类型。默认为 None

运用 metrics 模块的 MeanSquaredError 函数计算均方误差，如代码 2-41 所示。

代码 2-41　运用 metrics 模块的 MeanSquaredError 函数计算均方误差

```
m = tf.keras.metrics.MeanSquaredError()
m.update_state([[0, 0], [0, 1]], [[1, 0], [1, 1]])
print(m.result().numpy())
```

运行代码 2-41 所得结果为 0.5。

同样，由于均方误差主要用于评估回归模型，此处只介绍 MeanSquaredError 函数结合 compile 方法计算均方误差的代码，如代码 2-42 所示。

代码 2-42　结合 compile 方法计算均方误差的代码

```
model.compile(optimizer='adam', loss='sparse_categorical_crossentropy',
metrics=tf.keras.metrics.MeanSquaredError())
model.fit(train_images, train_labels, verbose=1, epochs=20, batch_size=128,
validation_data=(test_images, test_labels))
```

另外，evaluate 方法也可用于模型评估，它在测试模式下返回模型的误差值和评估指标的值，计算是分批进行的。该方法返回表示测试误差的标量（模型只有一个输出且没有评估指标）或标量列表（模型具有多个输出或评估指标）。evaluate 方法的基本语法格式如下。

```
tf.keras.Model.evaluate(x=None, y=None, batch_size=None, verbose='auto', sample_
weight=None, steps=None, callbacks=None, return_dict=False, **kwargs)
```

evaluate 方法的常用参数及其说明如表 2-27 所示。

表 2-27　evaluate 方法的常用参数及其说明

常用参数	参数说明
x	接收数组、列表或字典。表示测试数据的 NumPy 数组（模型只有一个输入）或 NumPy 数组的列表（模型有多个输入）。如果模型中的输入层被命名，那么可以传递一个字典，将输入层名称映射到 NumPy 数组。默认为 None
y	接收数组、列表。表示目标（标签）数据的 NumPy 数组或 NumPy 数组的列表（模型有多个输出）。如果模型中的输出层被命名，那么可以传递一个字典，将输出层名称映射到 NumPy 数组。默认为 None
batch_size	接收 int 类型的值。表示每次评估的样本数。默认为 None
verbose	接收'auto'、0、1、2。表示日志显示模式，0 为不显示，1 为显示进度条，2 为每轮迭代显示一行，大多数情况下'auto'会选择 1。默认为'auto'
steps	接收 int 类型的值。表示声明评估结束之前的总步数（批次样本）。默认为 None

通过计算准确率对手写数字识别 Sequential 模型进行评估，如代码 2-43 所示。

代码 2-43　通过计算准确率对手写数字识别 Sequential 模型进行评估

```
test_loss, test_acc = model.evaluate(test_images, test_labels)
print('损失值为: ', test_loss)
print('准确率为: %.2f%%'% (test_acc * 100.0))
```

将运行代码 2-43 得到的模型评估结果整理为表格形式，如表 2-28 所示。

表 2-28　模型评估结果

损失值	准确率
0.24440346658229828	95.95%

由表 2-28 可知，模型的准确率为 95.95%，Sequential 模型的预测效果较好。

2. 回调检查

回调（Callback）检查可以在训练的各个阶段（例如，每次迭代的开始或结束、单个批训练之前或之后等）执行。执行后可以在每次批训练后生成 TensorBoard 日志，方便用户监控评估指标、定期将模型保存到磁盘、及时停止训练、在训练期间查看模型的内部状态和统计信息等。

常用 ModelCheckpoint、TensorBoard、EarlyStopping 和 LearningRateScheduler 等函数进行回调检查，接下来主要介绍 TensorBoard 函数的运用。

TensorBoard 是一个非常强大的工具，不仅可以帮助用户实现对神经网络训练过程中的各种参数的可视化，还可以帮助用户更好地调整网络模型、网络参数。

TensorBoard 函数的基本语法格式如下，该函数的常用参数及其说明如表 2-29 所示。

```
tf.keras.callbacks.TensorBoard(log_dir='logs', histogram_freq=0, write_graph
=True, write_images=False, write_steps_per_second=False, update_freq='epoch',
profile_batch=0, embeddings_freq=0, embeddings_metadata=None)
```

表 2-29　TensorBoard 函数的常用参数及其说明

常用参数	参数说明
log_dir	接收 str 类型的值。表示被 TensorBoard 分析的日志文件的存储路径。默认为'logs'
histogram_freq	接收 int 类型的值。表示模型中各个层计算激活值和模型权重直方图的频率。默认为 0
write_graph	接收 bool 类型的值。表示是否在 TensorBoard 中可视化图像。默认为 True
write_images	接收 bool 类型的值。表示是否在 TensorBoard 中将模型权重以图片的形式可视化。默认为 False
profile_batch	接收 int 类型的值。表示分析的批次以采样计算特征。默认为 0

运用 TensorBoard 函数进行回调检查，如代码 2-44 所示。

代码 2-44　运用 TensorBoard 函数进行回调检查

```
# TensorBoard 日志的路径要用 os.path.join 生成，不然在 Windows 下会报错
log_dir = os.path.join('../tmp/logs')
if not os.path.exists(log_dir):
    os.mkdir(log_dir)


from tensorflow.keras import callbacks
# 把训练过程需要可视化的数据保存在 log_dir 目录下
my_callbacks = [callbacks.TensorBoard(log_dir=log_dir), ]

# 拟合模型
model.fit(train_images, train_labels, validation_data=(test_images, test_labels),
batch_size=128, epochs=20, callbacks=my_callbacks)
```

训练结束之后，需要在命令行执行 TensorBoard，此时后台会生成一个网页，用户通过浏览器访问该网页，就可以看到 TensorBoard 可视化的结果。TensorBoard 可以通过命令 pip install tensorboard 安装。

在 Anaconda Prompt 命令行执行如下命令。

```
tensorboard --logdir=../tmp/logs
```

其中，logdir 参数的值就是代码 2-44 中设置的路径，TensorBoard 会从该路径中读入训练好的数据，并生成一个网页进行可视化。网页的 URL 地址可以在这个命令的输出结果的最后一行看到，如 http://localhost:6006/。在浏览器地址栏访问这个 URL 地址，可以看到可视化的结果，如图 2-9 和图 2-10 所示。TensorBoard 中有 SCALARS 面板和 GRAPHS 面板。GRAPHS 面板通过 write_graph=True 来设置。

SCALARS 面板中默认给出的是训练数据的 epoch_accuracy、epoch_learning_rate 等，如果有验证集，则还有验证集上的 epoch_accuracy、epoch_learning_rate 和 epoch_loss。本案例训练了 20 个 epochs，而且默认 update_freq='epoch'，图 2-9 中深色的曲线表示平滑后的数据，浅色的曲线表示原始的数据。

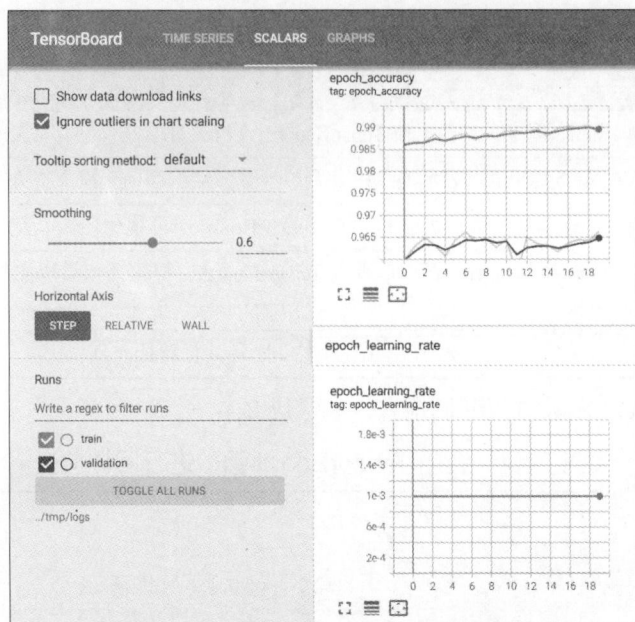

图 2-9　TensorBoard 可视化的 SCALARS 面板

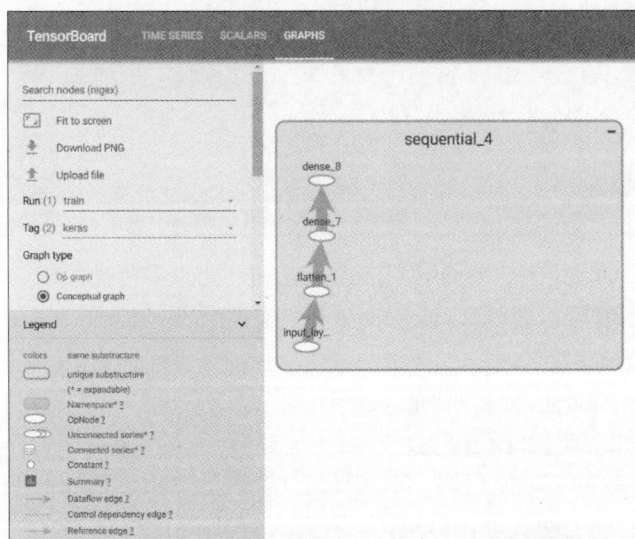

图 2-10　TensorBoard 可视化的 GRAPHS 面板

由图 2-10 可以看出，flatten_1 为输入层，dense_7 为全连接层，dense_8 为输出层。

2.1.8　模型保存与调用

神经网络的训练过程通常需要花费大量的时间与精力，一般不会临时构建的神经网络，而是提前将训练好的神经网络所生成的模型保存，以便再次使用。保存模型时除了可以保存模型中的权重，还可以将优化器和模型配置一起保存。

完整保存的模型有很多种加载运行的方式，如在浏览器中使用 TensorFlow.js 加载运行、在移动设备上使用 TensorFlow Lite 加载运行。模型保存的方式通常有张量方式、网络方式和 SavedModel 方式 3 种，下面将对这 3 种保存方式进行简单介绍。

1. 张量方式

神经网络的状态主要体现在网络结构和网络层内部的张量参数上，因此在拥有网络结构源文件的条件下，可以直接将网络参数保存到文件中。通过调用 model.save_weights 方法可将当前的网络参数保存到文件中。

为将保存在指定的模型文件中的张量写入当前网络参数，在进行网络训练时需要创建相同的网络结构，再调用网络对象中的 model.load_weights 方法。通过张量方式将模型保存并恢复，如代码 2-45 所示。

代码 2-45　通过张量方式将模型保存并恢复

```
# 保存参数到文件中
model.save_weights('../tmp/checkpoints/model.weights.h5')
# 重新创建相同的网络结构
model = tf.keras.models.Sequential()
model.add(tf.keras.layers.Flatten(input_shape=(28, 28)))
model.add(tf.keras.layers.Dense(128, activation='relu'))
model.add(tf.keras.layers.Dense(10, activation='softmax'))
model.compile(optimizer='adam', loss='sparse_categorical_crossentropy',
metrics=['accuracy'])
# 写入当前网络参数
model.load_weights('../tmp/checkpoints/model.weights.h5')
print(model.summary())
```

运行代码 2-45 得到的结果如下。

```
Model: "Sequential_6"


Layer (type)                    Output Shape                Param #
=================================================================
flatten_3 (Flatten)             (None, 784)                 0


dense_11 (Dense)                (None, 128)                 100480


dense_12 (Dense)                (None, 10)                  1290


=================================================================
Total params: 101770
Trainable params: 101770
Non-trainable params: 0
```

这种保存与加载网络的方式是轻量级的，文件中保存的仅是参数张量的数值，并无其他额外的结构参数。这种方式的局限之处在于需要使用相同的网络结构才能够恢复网络状态，通常在拥有网络源文件的情况下使用。

2. 网络方式

网络方式是一种不需要网络源文件，仅需要模型参数文件即可恢复网络状态的方式。通过 model.save 方法可以将模型中的网络结构和参数保存到文件中，通过 load_model 方法即可恢复网络结构和网络参数。通过网络方式将模型保存并恢复，如代码 2-46 所示。

代码 2-46　通过网络方式将模型保存并恢复

```
model.save('../tmp/model_mnist.h5')
# 调用模型
new_model = tf.keras.models.load_model('../tmp/model_mnist.h5')
new_model.summary()  # 查看模型基本信息
```

运行代码 2-46 得到的结果如下。

```
Model: "Sequential_6"


_____
Layer (type)                 Output Shape              Param #
=================================================================
flatten_3 (Flatten)          (None, 784)               0

dense_11 (Dense)             (None, 128)               100480

dense_12 (Dense)             (None, 10)                1290


=================================================================
Total params: 101772
Trainable params: 101770
Non-trainable params: 0
Optimizer params: 2
```

由代码 2-46 运行结果可以看出，model_mnist.h5 文件除了保存了模型参数，还保存了网络结构信息，不需要提前创建模型即可直接从文件中恢复。

3. SavedModel 方式

TensorFlow 之所以能够被业界人士青睐，除了优秀的神经网络层 API 的支持，还得益于它强大的生态系统，包括支持的移动端和网页端。当需要将模型部署到其他平台时，可以采用 TensorFlow 提出的 SavedModel 方式。

通过 Saved_model 方式即可将模型保存到文件中。用户无须关心文件的保存格式，只需要通过 load_model 方法即可恢复网络结构和网络参数，使各个平台能够连接训练好的网络模型。通过 SavedModel 方式将模型保存并恢复，如代码 2-47 所示。

代码 2-47　通过 SavedModel 方式将模型保存并恢复

```
import time
saved_model_path = '../tmp/saved_models/{}.h5'.format(int(time.time()))
tf.keras.models.save_model(model, saved_model_path)
# 调用模型
new_model = tf.keras.models.load_model(saved_model_path)
new_model.summary()  # 查看模型基本信息
```

运行代码 2-47 得到的结果如下。

```
Model: "Sequential_6"


_____
Layer (type)                 Output Shape              Param #
```

```
==============================================================
flatten_3 (Flatten)          (None, 784)              0

dense_11 (Dense)             (None, 128)              100480

dense_12 (Dense)             (None, 10)               1290

==============================================================
Total params: 101772
Trainable params: 101770
Non-trainable params: 0
Optimizer params: 2
```

由代码 2-47 运行结果可以看出，SavedModel 方式可以保存整个网络结构。

4. 调用模型

predict 方法为输入样本生成输出预测，计算也是分批进行的，返回预测的 NumPy 数组（或数组列表）。predict 方法的基本语法格式如下。

```
tf.keras.Model.predict(x, batch_size=None, verbose='auto', steps=None, callbacks=None )
```

predict 方法的常用参数及其说明如表 2-30 所示。

表 2-30　predict 方法的常用参数及其说明

常用参数	参数说明
x	接收数组、列表。表示输入的 NumPy 数组或 NumPy 数组的列表（模型有多个输入）。无默认值
batch_size	接收 int 类型的值。表示用于预测步骤的样本数。默认为 None
verbose	接收'auto'、0、1、2。表示日志显示模式，0 为不显示，1 为显示进度条，2 为每轮迭代显示一行，大多数情况下'auto'会选择 1。默认为'auto'
steps	接收 int 类型的值。表示声明预测结束之前的总步数（批次样本）。默认为 None

调用通过网络方式保存的模型，并运用 predict 方法对 testimages 文件夹中的 30 张手写数字图像进行预测。手写数字图像如图 2-11 所示，调用模型并对图像进行预测如代码 2-48 所示。

图 2-11　手写数字图像

代码 2-48　调用模型并对图像进行预测

```
for i in range(30):
    image = plt.imread('../data/testimages/'+str(i)+'.jpg')  # 读取图片
    image_new = image.reshape([1, 28, 28])  # 对图片进行维度转化
    result = new_model.predict(image_new)[0].argmax()  # 输出预测结果
    print('第', i, ' 张图片中的数字是: ', result)
```

运行代码 2-48 所得结果如下。

```
1/1 ──────────────────────── 0s 69ms/step
第 0  张图片中的数字是：3
1/1 ──────────────────────── 0s 20ms/step
第 1  张图片中的数字是：9
1/1 ──────────────────────── 0s 24ms/step
第 2  张图片中的数字是：9
1/1 ──────────────────────── 0s 26ms/step
第 3  张图片中的数字是：8
1/1 ──────────────────────── 0s 31ms/step
第 4  张图片中的数字是：4
1/1 ──────────────────────── 0s 26ms/step
第 5  张图片中的数字是：1
...
1/1 ──────────────────────── 0s 27ms/step
第 24  张图片中的数字是：2
1/1 ──────────────────────── 0s 24ms/step
第 25  张图片中的数字是：1
1/1 ──────────────────────── 0s 31ms/step
第 26  张图片中的数字是：9
1/1 ──────────────────────── 0s 28ms/step
第 27  张图片中的数字是：4
1/1 ──────────────────────── 0s 23ms/step
第 28  张图片中的数字是：3
1/1 ──────────────────────── 0s 23ms/step
第 29  张图片中的数字是：9
```

由代码 2-48 运行结果可以看到调用保存好的模型对 30 个新样本进行预测的结果，例如预测第 0 张图片中的数字是 3。

任务实现

2.1.9　设计果蔬识别的流程与步骤

以实现果蔬识别为例，设计出实现该应用的流程，如图 2-12 所示，具体步骤如下。

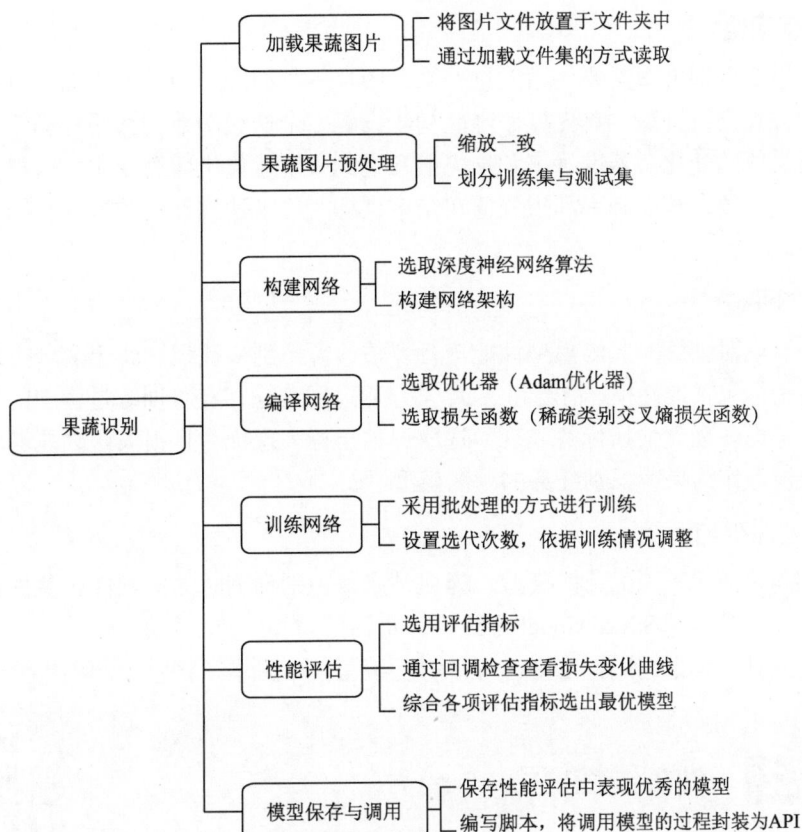

图 2-12 果蔬识别流程

1．加载果蔬图片

用于训练果蔬识别模型的果蔬图片通常是图片文件，将带有具体标签的果蔬图片放置在一个文件夹中，然后通过加载文件集的方式读取图片。

2．果蔬图片预处理

果蔬图片属于图像，需要采用图像预处理的方法进行预处理。考虑到果蔬图片的分辨率不同，需要将果蔬图片的大小调整一致。还需要将果蔬图片集划分为训练集和测试集，以便后续进行训练和模型性能评估。

3．构建网络

选取合适的深度神经网络模型用于实现果蔬识别，具体模型将在项目 3 进行讲解，可以考虑选取若干模型作为备选，后期按照性能评估的结果再确定实际使用的模型。选取模型后，需要依据选用的模型结构，按照"输入层→隐藏层→输出层"的顺序一层一层搭建网络。需要注意的是，输入层的输入尺寸需要与之前预处理中图片调整后的尺寸一致，输出层的输出类别需要与果蔬的类别匹配。

4．编译网络

为构建的网络选择合适的优化器和损失函数，考虑到果蔬识别属于多分类任务，且为了加快模型的计算效率和减少内存占用，可以选用 Adam 优化器和稀疏类别交叉熵损失函数。

5．训练网络

考虑到果蔬识别模型需要使用大量的果蔬图片进行训练，为了加快训练过程，可以采用批处理的方式进行训练。首先按照经验初步设置一个迭代次数，然后在训练过程中观察准确率和损失值的变化。若准确率和损失值在达到一定迭代次数后变化幅度很小，则可以适当减少迭代次数；若准确率和损失值在结束训练时仍未达到理想的数值，则需要考虑增加迭代次数。

6．性能评估

使用测试集对训练完成的模型性能进行评估，考虑到果蔬识别属于多分类任务，可以选用的评估指标包括准确率、精度和 AUC 等。通过回调检查查看训练过程中的损失变化曲线，并综合考虑各项评估指标的表现，选取评估指标表现优秀且损失函数能够较快收敛至稳定状态的模型作为果蔬识别任务的预测模型。

7．模型保存与调用

保存性能评估中表现优秀的模型，为提升果蔬识别预测时的便利性，免去创建模型结构这一步骤，可以通过 SavedModel 方式将完整的模型和参数一并保存。

调用模型时应考虑通用性准则，可以通过编写一个脚本，将整个调用模型的过程封装为 API。

任务 2.2　训练线性模型

任务描述

现存在一份包含 100 个样本的数据集，本任务需要根据这 100 个样本数据构建一个线性模型，找出合适的 w 和 b，使得 $y=wx+b$。数据的基本形式如表 2-31 所示。

训练线性模型

表 2-31　数据的基本形式

x	y
0.852103122	6.130257806
0.63092199	5.577304975
0.853299258	6.133248144
0.656236484	5.640591209
0.700692015	5.751730037

知识准备

2.2.1　TensorFlow 2 基本数据类型

在运用 TensorFlow 2 训练线性模型之前，需要了解 TensorFlow 2 的基本数据类型。在 TensorFlow 2 程序中，所有的数据类型都通过张量的形式来表示。张量是具有统一数据类型的 n 维数组或列表。所有张量都是不可变的，不能更新张量的内容，只能创建新的张量。例如，创建一个张量 b=[[1,2],[2,3]]，其阶数为 2，数据类型为整型。关于张量的阶、维度和数据类型的基本介绍如下。

1. 阶

从功能的角度上看，张量可以被简单理解为多维数组，其中零阶张量表示标量（Scalar），即单个数；一阶张量为向量（Vector），即为一维数组；n 阶张量可以理解为 n 维数组。但张量在 TensorFlow 2 中的实现并未直接采用数组的形式，而是对 TensorFlow 2 中的运算结果进行引用。张量中并没有真正保存数字，它保存的是得到这些数字的计算过程。在 TensorFlow 2 中，常用阶来表示张量的维数，张量的阶如表 2-32 所示。

表 2-32　张量的阶

阶	数学实例	Python 实例
0	标量（只有大小）	s = 483
1	向量（有大小和方向）	v = [1.1, 2.2, 3.3]
2	矩阵（数据表）	m = [[1, 2, 3], [4, 5, 6], [7, 8, 9]]
3	3 阶（立体数据）	t = [[[2], [4], [6]], [[8], [10], [12]], [[14], [16], [18]]]
…	…	…
n	n 阶	……

2. 维度

在张量中，维度这个属性描述了一个张量的维度信息，是张量很重要的属性。在 TensorFlow 2 中，描述张量维度的 3 种记号分别是阶、形状和维数，三者之间的关系如表 2-33 所示。

表 2-33　阶、形状和维数的关系

阶	形状	维数	实例
0	[ ]	零维	一个 0 维张量，即一个标量
1	[D0]	1 维	一个 1 维张量的形式[5]
2	[D0, D1]	2 维	一个 2 维张量的形式[[1, 1, 1], [2, 2, 2], [3, 3, 3]]
3	[D0, D1, D2]	3 维	一个 3 维张量的形式[[[1], [2], [3]], [[4], [5], [6]], [[7], [8], [9]]]
…	…	…	…
n	[D0, D1, ..., Dn]	n 维	一个 n 维张量的形式[D0, D1, ..., Dn]

3. 数据类型

除维度外，数据类型也是张量的属性，可以为张量指定任意数据类型，每个张量都有唯一的数据类型，张量的数据类型如表 2-34 所示。

表 2-34　张量的数据类型

数据类型	Python 类型	描述
DT_FLOAT	tf.float32	32 位浮点数
DT_DOUBLE	tf.float64	64 位浮点数
DT_INT64	tf.int64	64 位有符号整型
DT_INT32	tf.int32	32 位有符号整型
DT_INT16	tf.int16	16 位有符号整型

数据类型	Python 类型	描述
DT_INT8	tf.int8	8 位有符号整型
DT_UINT8	tf.uint8	8 位无符号整型
DT_STRING	tf.string	可变长度的字节数组类型，每一个张量元素都是一个字节数组
DT_BOOL	tf.bool	布尔型
DT_COMPLEX64	tf.complex64	由两个 32 位浮点数组成的复数、实数和虚数
DT_QINT32	tf.qint32	用于量化 Ops 的 32 位有符号整型
DT_QINT8	tf.qint8	用于量化 Ops 的 8 位有符号整型
DT_QUINT8	tf.quint8	用于量化 Ops 的 8 位无符号整型

2.2.2 了解 Sequential 网络的基本结构

Sequential 网络是函数式网络的简略版。Sequential 的网络结构如图 2-13 所示。

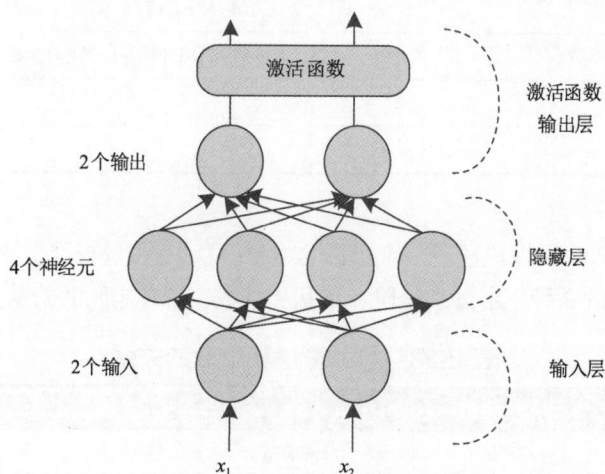

图 2-13 Sequential 的网络结构

图 2-13 中的激活函数表示一种映射关系，因此使用不同激活函数的神经元组成的神经网络理论上能够拟合任何函数。典型的激活函数如图 2-14 所示，其中 ReLU 函数和阶跃函数为线性激活函数，Sigmoid 函数和 tanh 函数为非线性激活函数。

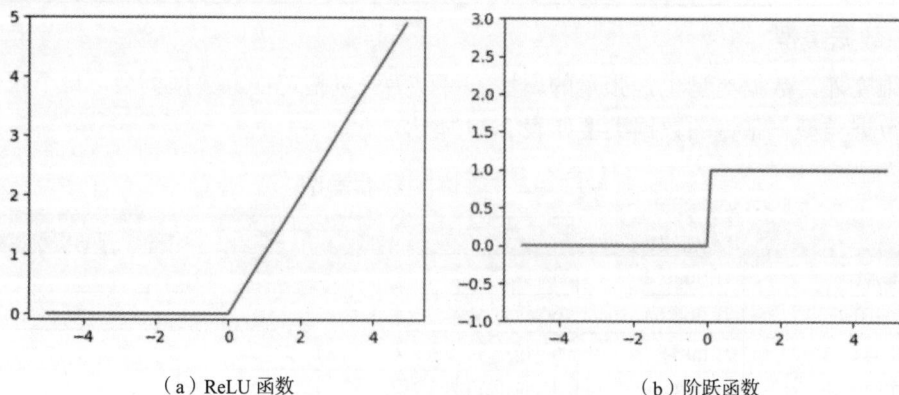

（a）ReLU 函数 　　　　　　　　　（b）阶跃函数

图 2-14 典型的激活函数

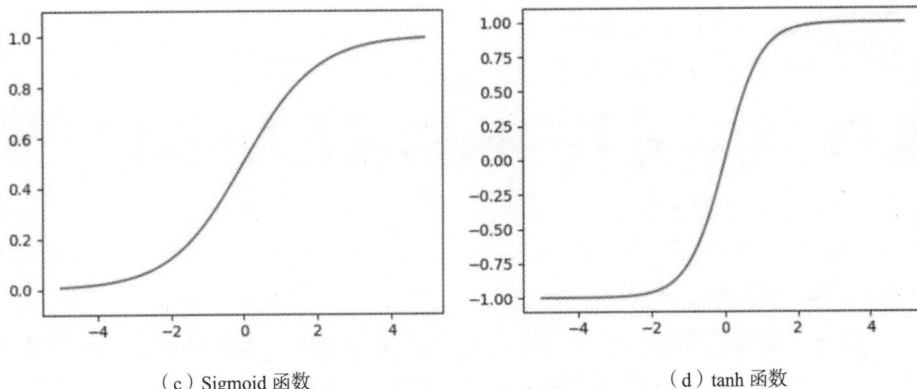

（c）Sigmoid 函数　　　　　　　　　　　（d）tanh 函数

图 2-14　典型的激活函数（续）

🖥 **任务实现**

2.2.3　构建网络

首先将样本划分为训练集和测试集，由于样本数据只有 *x* 和 *y*，在构建 Sequential 网络时只需设置一个输入和一个输出。然后训练构建好的网络并对测试集进行预测，最后计算测试集的均方误差并进行模型评估。

通过 pandas 库的 read_csv 函数读取 100 个样本的数据，分别取出样本的自变量和目标值，划分为训练样本和测试样本（训练样本为前 90 个，测试样本为后 10 个），构建一个 Sequential 网络并添加全连接层，如代码 2-49 所示。

代码 2-49　构建 Sequential 网络并添加全连接层

```
import tensorflow as tf
import pandas as pd
import numpy as np
import random
import pathlib
import os
import matplotlib.pylab as plt
import tensorflow_datasets as tfds
from tensorflow.keras import datasets  # 导入经典数据集
# 读取数据
data = pd.read_csv('../data/line_fit_data.csv').values
# 划分训练集和测试集
x = data[: -10, 0]
y = data[: -10, 1]
x_test = data[-10: , 0]
y_test = data[-10: , 1]

# 构建 Sequential 网络
model_net = tf.keras.models.Sequential()  # 实例化网络
model_net.add(tf.keras.layers.Dense(1, input_shape=(1, )))  # 添加全连接层
print(model_net.summary())
```

运行代码 2-49 得到的结果如下。

```
Model: "Sequential"
```

```
Layer (type)                  Output Shape              Param #
=================================================================
dense (Dense)                 (None, 1)                 2
=================================================================
Total params: 2
Trainable params: 2
Non-trainable params: 0
```

2.2.4　训练网络与性能评估

损失函数用于衡量模型输出值与样本真实值之间的差异。本例是典型的回归任务，可设置均方误差损失函数来衡量模型性能的好坏，如代码 2-50 所示。

代码 2-50　设置均方误差损失函数来衡量模型性能的好坏

```
model_net.compile(loss='mse', optimizer=tf.keras.optimizers.SGD(learning_
rate=0.5))
```

通过 fit 方法对构建好的 Sequential 网络进行训练，并对测试样本的自变量进行预测，如代码 2-51 所示。

代码 2-51　网络训练并预测

```
model_net.fit(x, y, verbose=1, epochs=20, validation_split=0.2)
pre = model_net.predict(x_test)
```

计算样本真实值和样本预测值之间的均方误差，如代码 2-52 所示。

代码 2-52　计算均方误差

```
y_test = pd.DataFrame(y_test)
pre = pd.DataFrame(pre)
mse = (sum(y_test - pre) ** 2) / 10
print('均方误差为: ', mse)
```

运行代码 2-52 可得均方误差为 0.0。由此可知，该模型的预测效果非常好。

至此，通过训练简单线性模型演示的基本工作，包括构建网络、编译网络、训练网络、性能评估已经全部完成。

项目小结

本项目主要介绍了 TensorFlow 2 的深度学习通用流程，包括数据加载、数据预处理、构建网络、编译网络、训练网络、性能评估以及模型保存与调用，并通过训练一个线性模型来演示 TensorFlow 的工作流程，其中介绍了 TensorFlow 2 的基本数据类型。

项目实训

实训 1　构建花卉分类模型

1. 训练要点

（1）掌握数据集的加载方法。

（2）掌握 TensorFlow 2 深度学习的通用流程。

2. 需求说明

Oxford 102 Flowers Dataset 数据集包含了 102 个类的数据，每个类由 40~258 张图像组成，共 8189 张图像。本实训将使用 Oxford 102 Flowers Dataset 数据集构建基于 ResNet50 网络的图像分类模型。

3. 实现思路及步骤

（1）加载 Oxford 102 Flowers Dataset 数据集。

（2）对图像数据进行预处理和增强操作。

（3）加载训练集、验证集和测试集，并创建对应的数据生成器。

（4）采用预训练的 ResNet50 模型作为基础架构，添加自定义层并构建新的模型。对新生成的模型进行编译与训练。

（5）保存训练好的模型，并借助测试数据集评估该模型的性能。

实训 2 使用飞桨深度学习平台实现花卉分类

1. 训练要点

（1）掌握数据集的加载方法。

（2）掌握飞桨深度学习平台的使用方法。

2. 需求说明

使用飞桨深度学习平台、Paddle 库和 VGG16 神经网络模型实现花卉分类。

3. 实现思路及步骤

（1）加载 Oxford 102 Flowers Dataset 数据集。

（2）对图像数据进行预处理和增强操作，具体包括调整图像大小、随机裁剪、水平翻转，并将图像转换为张量格式，进行归一化处理。

（2）加载训练集、测试集和验证集并创建对应的数据加载器。

（3）采用预训练的 VGG16 模型作为基础架构，保留预训练的特征提取层，更新原始模型的分类器。

（4）在飞桨深度学习平台上部署 VGG16 模型，并创建 Adam 优化器。

（5）实现完整的模型训练流程，在每个训练周期结束后，使用验证集评估模型性能，计算分类准确率。保存最优模型参数。

（6）保存训练好的模型，并借助测试数据集评估该模型的性能。

课后习题

1. 选择题

（1）以下有关 TensorFlow 2 的数据加载的说法错误的是（　　　）。

    A. TensorFlow 2 可以加载 CSV 文件、TFRecord 文件、文本文件和文件集等外部文件

    B. TensorFlow 2 自带数据集模块提供了自动下载、管理、加载和转换功能

C. 使用 Dataset.from_tensor_slices 函数可以将图片数据和标签转换为 Dataset 对象

D. 在加载 EMNIST 数据集时，无须进行数据预处理即可直接进行模型训练

（2）以下说法错误的是（　　　）。

A. 所有的数据类型都通过张量的形式来表示

B. [5]表示一维张量

C. 零阶张量表示标量

D. 张量的数据类型不能是布尔型

（3）以下说法正确的是（　　　）。

A. 手写数字图像数据集可用于回归任务

B. 可以运用 TFRecordDataset 函数加载文本文件

C. 可以运用 timeseries_dataset_from_array 函数处理时间序列数据

D. 神经网络中的隐藏层只能为一层

（4）以下不属于优化器的是（　　　）。

A. SGD 优化器　　　　　　　　　　　B. Adam 优化器

C. RMSprop 优化器　　　　　　　　　D. K-Means 优化器

（5）以下说法错误的是（　　　）。

A. TensorBoard 工具可以用于回调检查

B. 在 TensorFlow 2 中评估指标只有准确率、精度和均方误差

C. load_model 方法常用于恢复网络结构和网络参数

D. 损失值也是评估模型效果的一种重要指标

2. 操作题

concrete 数据集是某建筑公司为研究分析的不同成分的混凝土强度情况构建的数据集，包括水泥含量、矿渣含量、石灰含量、水含量等 8 个输入特征和 1 个混凝土抗压强度输出标签，将 concrete 数据集划分为训练集和测试集，基于划分后的数据集构建线性回归网络，并对构建好的网络进行编译以及训练。

项目 ③ 深度神经网络原理及实现

深度神经网络是深度学习领域中的一种技术。TensorFlow 深度学习框架拥有大量用于网络训练的高级接口，方便用户构建深度学习网络。本项目介绍如何使用 keras 模块实现常用的深度学习网络，包括卷积神经网络、循环神经网络和生成对抗网络。

思维导图

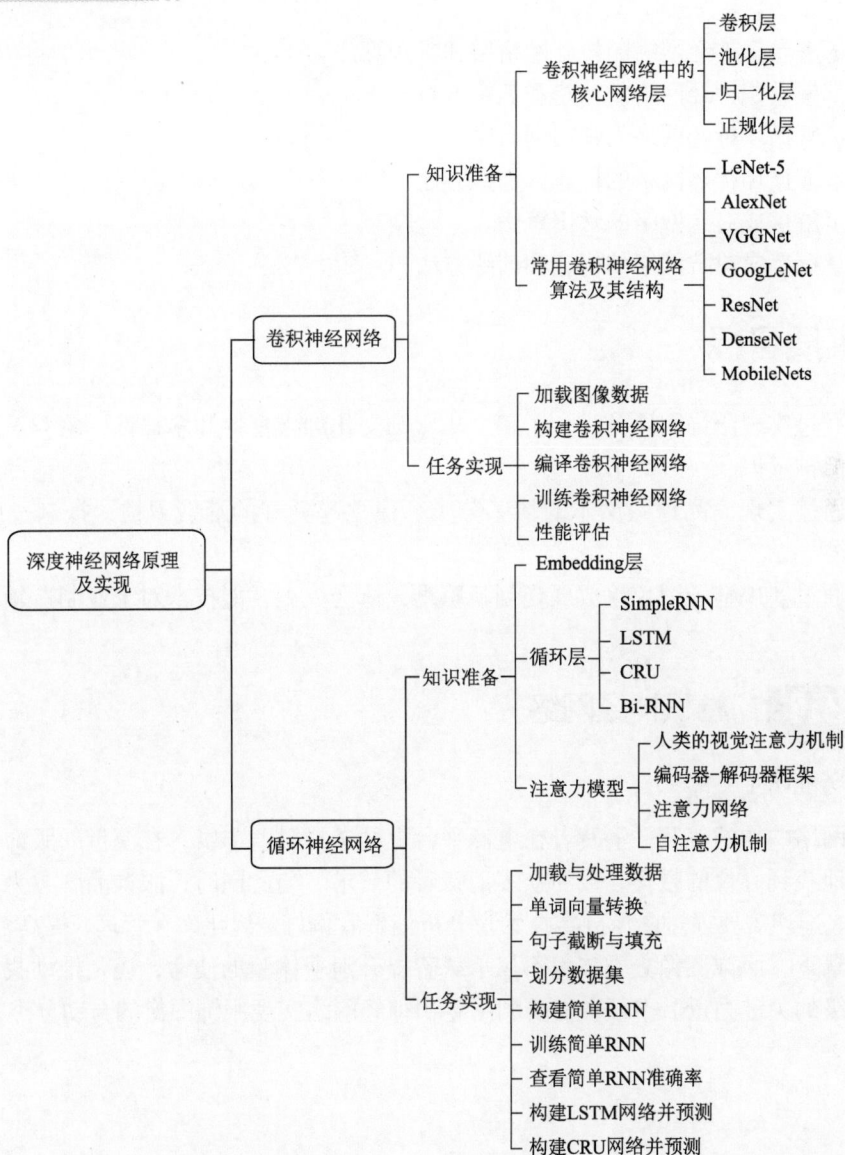

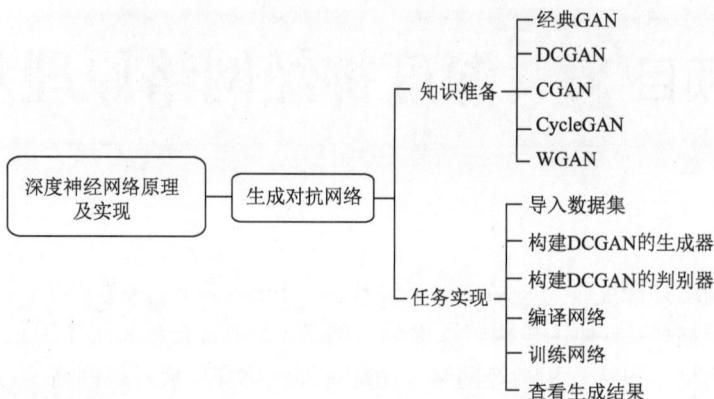

```
                                          ┌─ 经典GAN
                                          ├─ DCGAN
                              ┌─ 知识准备 ─┼─ CGAN
                              │           ├─ CycleGAN
                              │           └─ WGAN
  ┌──────────────┐  ┌──────────┐
  │深度神经网络原理│──│生成对抗网络│
  │   及实现      │  └──────────┘
  └──────────────┘          │           ┌─ 导入数据集
                              │           ├─ 构建DCGAN的生成器
                              └─ 任务实现 ─┼─ 构建DCGAN的判别器
                                          ├─ 编译网络
                                          ├─ 训练网络
                                          └─ 查看生成结果
```

学习目标

（1）了解卷积神经网络的核心网络层和常用算法。
（2）掌握卷积神经网络的构建和训练方法。
（3）了解循环神经网络的常用网络层。
（4）掌握循环神经网络的构建和训练方法。
（5）了解生成对抗网络的常用算法。
（6）掌握生成对抗网络的构建和训练方法。

素质目标

（1）通过实现服饰图像分类，了解中华服饰文化的丰富性和多样性，培养对服饰文化的尊重和保护意识。
（2）通过实现商品评论文本的情感分类，建立起良好的消费习惯，抵制过度消费等不良价值观。
（3）通过实现鞋子图片生成展现创新思维，体会人工智能技术对工业制造领域的正面影响。

任务 3.1　卷积神经网络

任务描述

随着网络购物的普及，消费者在电商平台上的选择日益丰富，在海量的服饰图片中快速、准确地找到心仪的款式，成为众多消费者的需求。与此同时，服饰品牌方为了提升市场竞争力，迫切需要通过图像分类技术来分析消费者偏好，优化库存管理，提高营销效率。在这一背景下，服饰图像分类技术不仅承载着提升消费体验的使命，还是推动我国服饰产业转型升级的关键力量。本任务需要利用卷积神经网络实现服饰图像的自动分类。

📶 知识准备

3.1.1 卷积神经网络中的核心网络层

卷积神经网络是一类包含卷积计算的前馈神经网络（Feedforward Neural Network，FNN），是深度学习的代表算法之一。

对卷积神经网络的研究始于 20 世纪 80 年代至 90 年代。进入 21 世纪后，随着深度学习理论的提出和数值计算设备的改进，卷积神经网络的相关技术得到了快速发展，并被应用于计算机视觉、自然语言处理等领域。

卷积神经网络模仿生物的视觉机制构建，可以进行监督学习和无监督学习。卷积神经网络与普通神经网络非常相似，它们都由具有可学习的权重和含有偏置常量的神经元组成。每个神经元对接收的输入进行点积计算再输出。普通神经网络里的一些计算技巧在卷积神经网络中依旧适用。

卷积神经网络中的核心网络层

卷积神经网络的结构示例如图 3-1 所示。

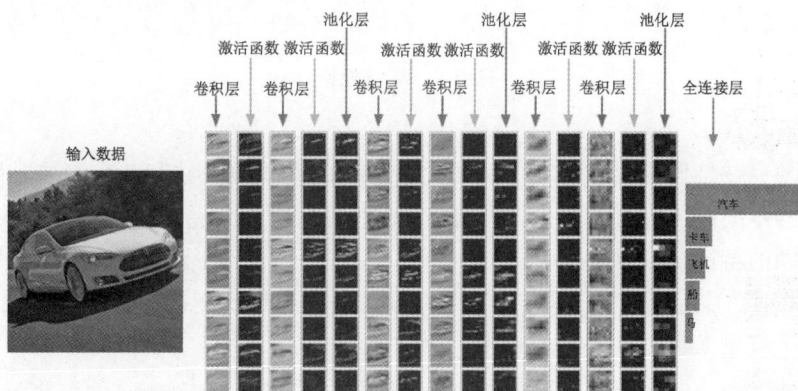

图 3-1 卷积神经网络的结构示例

图 3-1 所示的卷积神经网络用于判断给定图片中的物体是汽车、马、卡车、船还是飞机，然后输出判断结果。图的最左侧是输入层，在输入层中会对输入数据进行预处理，如将输入数据各个维度都中心化为 0，这样能够减小数据的分布偏差，或者进行把所有的数据都归一化到同样的取值范围中的操作。图的中间部分和右侧是网络层结构，如卷积层、池化层和全连接层等。

本小节主要介绍卷积神经网络中的核心网络层和相应的实现方法，这些核心网络层包括卷积层、池化层、归一化层和正则化层等。

1. 卷积层

卷积神经网络中每个卷积层由若干卷积单元组成，反向传播算法会对每个卷积单元的参数进行优化处理。卷积运算的目的是提取输入信息的不同特征，在第一个卷积层中只能提取一些简单的特征，如边缘、线条和角等，后续更深层的网络能从简单特征中迭代提取更为复杂的特征。接下来先介绍卷积层的两个基本特性，分别是局部连接和权重共享，再介绍卷积的实现过程。

（1）局部连接

局部连接就是卷积层的节点仅和其前一层的部分节点相连，只用来学习局部特征。局部连接的构思理念源于动物视觉的神经结构（动物视觉的神经元在感知外界物体的过程中只有一部分神经元起作用）。在计算机视觉中，图像某一块区域像素之间的相关性与像素之间的距离有关，距离较近的像素相关性强，距离较远的则相关性较弱。因此，可以采用部分神经元接收图像信息，再通过综合全部的图像信息达到增强图像信息的目的。

局部连接如图 3-2 所示，第 $n+1$ 层的每个节点只与第 n 层的 3 个节点相连，而非与该层的 5 个节点相连，这样原本需要 15（5×3=15）个权重参数，现在只需要 9（3×3=9）个，减少了 40%的参数数量。

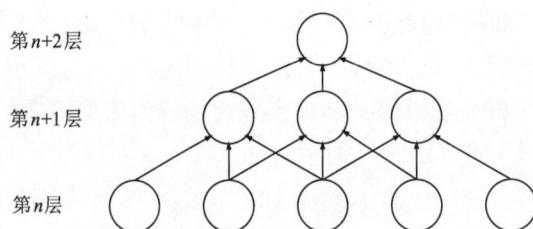

图 3-2　局部连接

（2）权重共享

卷积层的另一特性是权重共享。例如一个 3×3 的卷积核，共有 9 个参数，该卷积核会和输入图像的不同区域进行卷积，以检测相同的特征。不同的卷积核对应不同的权重参数，用于检测不同的特征。权重共享如图 3-3 所示，一共只有 3 组不同的权重，如果只用局部连接的方式相连，共需要 12（3×4=12）个权重参数，在局部连接的基础上引入权重共享，便仅需要 3 个权重参数，这进一步减少了参数数量。

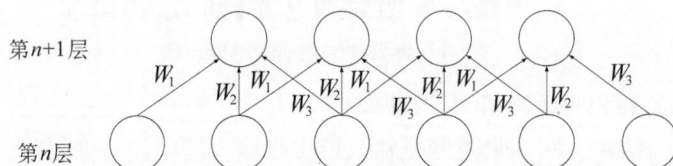

图 3-3　权重共享

（3）卷积的实现过程

在局部连接和权重共享的基础上，网络中每一层的计算操作是输入层和权重的卷积，卷积神经网络的名字由此而来。

假设有一个大小为 5×5 的图像和一个 3×3 的卷积核，这里的卷积核共有 9 个参数，记为 $\theta = \left[\theta_{ij}\right]_{3\times 3}$。在这种情况下，卷积核实际上有 9 个神经元，它们的输出又组成了一个 3×3 的矩阵，称为特征图。第一个神经元连接到图像的第一个 3×3 的局部区域，第二个神经元则连接到第二个 3×3 的局部区域，卷积的实现过程如图 3-4 所示。

（4）构建卷积层的函数

TensorFlow 2 框架中常用的用于构建卷积层的函数如下。

① Conv2D

Conv2D（二维卷积，又称滤波）是图像处理的一个常用操作，可以提取图像的边缘特征、去除噪声等。离散 Conv2D 的公式如式（3-1）所示。

$$S(i,j)=(I \cdot W)(i,j)=\sum_m \sum_n I(i+m,j+n)W(m,n) \tag{3-1}$$

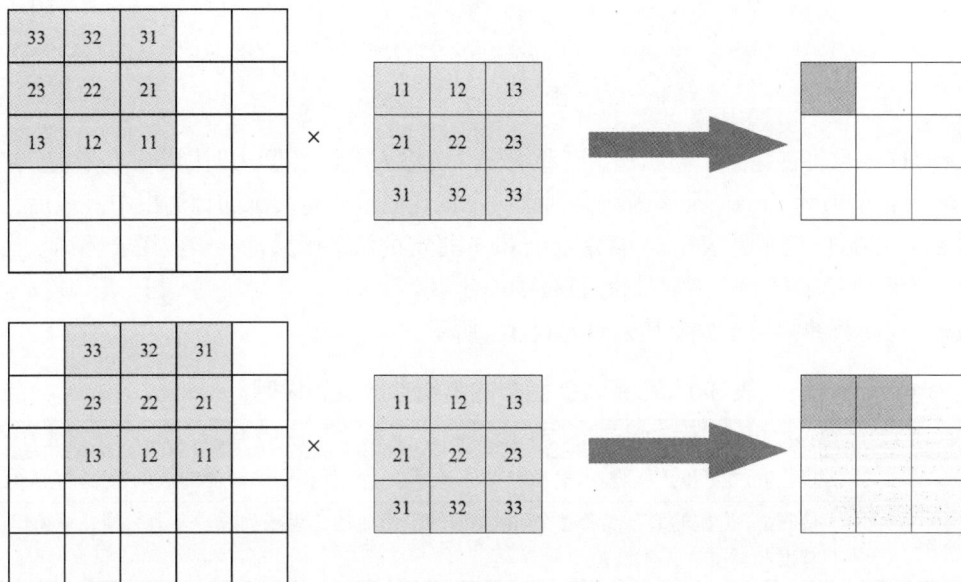

图 3-4　卷积的实现过程

其中，I 为二维输入图像，W 为卷积核，$S(i,j)$ 为得到的卷积结果在坐标 (i,j) 处的数值。遍历 m 和 n 时，$(i+m,j+n)$ 可能会超出图像 I 的边界，所以要对图像 I 进行边界延拓，或者限制 i 和 j 的范围。

Conv2D 的计算过程如图 3-5 所示。其中，原始图片大小为 5 像素×5 像素，卷积核是一个大小为 3×3 的矩阵 $\begin{bmatrix} 1 & 0 & 1 \\ 0 & 1 & 0 \\ 1 & 0 & 1 \end{bmatrix}$，所得到的卷积结果的大小为 3 像素×3 像素。卷积核从左到右、从上到下依次对图片中相应的 3 像素×3 像素的区域做内积，每次滑动一个像素。例如，卷积结果中的方框标记的"2"是通过求原始图片中 3 像素×3 像素的深灰色区域的像素值和卷积核的内积得到的，即 0×1+0×0+1×1+0×0+0×1+1×0+0×1+1×0+1×1=2。

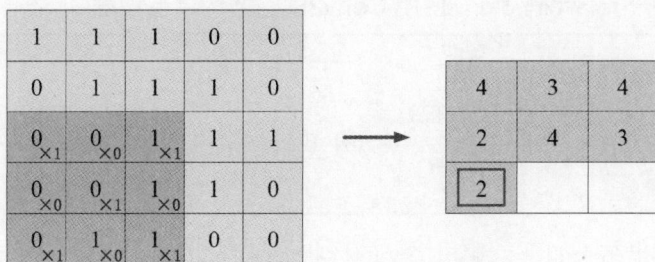

图 3-5　Conv2D 的计算过程

Conv2D 函数的语法格式如下。

```
tf.keras.layers.Conv2D(
    filters, kernel_size, strides=(1, 1), padding='valid',
    data_format=None, dilation_rate=(1, 1), groups=1, activation=None,
    use_bias=True, kernel_initializer='glorot_uniform',
    bias_initializer='zeros', kernel_regularizer=None,
    bias_regularizer=None,activity_regularizer=None, kernel_constraint=None,
    bias_constraint=None, **kwargs
)
```

Conv2D 函数将创建一个卷积核，该卷积核对层输入进行卷积，以生成输出张量。如果参数 use_bias 的值为 True，则该函数会创建一个偏置向量并将其添加到输出中。最后，如果参数 activation 的值不是 None，参数 activation 指定的激活函数也会被应用于输出。当使用该层作为网络第一层时，需要提供 input_shape 参数。

Conv2D 函数的常用参数及其说明如表 3-1 所示。

表 3-1　Conv2D 函数的常用参数及其说明

常用参数	说明
filters	接收 int 类型的值。表示输出数据的通道数量（卷积中滤波器的数量）。无默认值
kernel_size	接收 int 类型的值，或者 2 个 int 类型的值组成的元组或列表。表示二维卷积窗口的宽度和高度。无默认值
strides	接收 int 类型的值，或者 2 个 int 类型的值组成的元组或列表。表示卷积沿宽度和高度方向的步长，默认为(1,1)
data_format	接收 str 类型的值。表示输入中维度的顺序。默认为 Keras 配置文件 ~/.keras/keras.json 中找到的 image_data_format 的值
dilation_rate	接收 int 类型的值，或者 2 个 int 类型的值组成的元组或列表。表示扩张（空洞）卷积的膨胀率。默认为(1,1)
activation	接收函数。表示要使用的激活函数。默认为 None
use_bias	接收 bool 类型的值，表示是否使用偏置向量。默认为 True
padding	接收 str 类型的值，可选项为'valid'或'same'。'valid'表示不进行边界延拓，会导致卷积后的通道尺寸变小。'same'表示进行边界延拓，使得卷积后的通道尺寸不变。默认为'valid'

使用 Conv2D 函数构建卷积层如代码 3-1 所示。

代码 3-1　使用 Conv2D 函数构建卷积层

```
import tensorflow as tf
input_shape = (4, 28, 28, 3)
x = tf.random.normal(input_shape)
y = tf.keras.layers.Conv2D(2, 3, activation='relu', input_shape=input_shape
[1:])(x)
print(y.shape)
```

代码 3-1 的输出结果如下，卷积层 y 的形状为(4,26,26,2)。

```
(4, 26, 26, 2)
```

② SeparableConv2D

深度方向的 SeparableConv2D（可分离二维卷积）的操作包括两个部分。首先执行深度方向的空间卷积（分别作用于每个输入通道），如图 3-6 所示。

图 3-6 深度方向的空间卷积

然后将所得输出通道混合在一起进行逐点卷积，如图 3-7 所示。

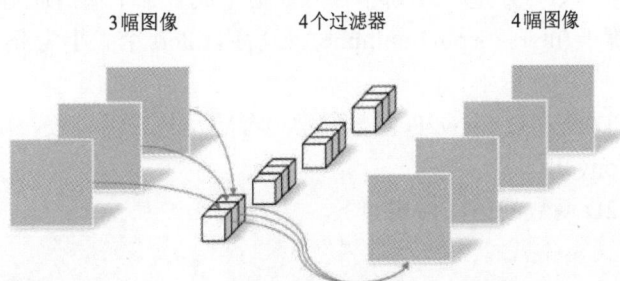

图 3-7 逐点卷积

可分离的卷积可以理解为一种将一个卷积核分解成多个较小的卷积核的方法，SeparableConv2D 的计算过程如图 3-8 所示。

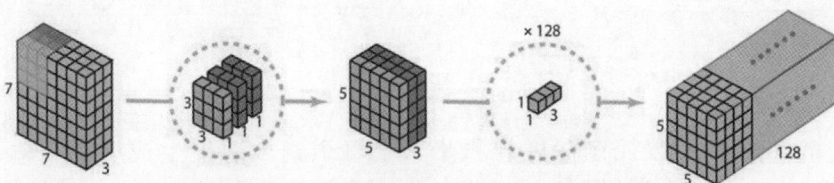

图 3-8 SeparableConv2D 的计算过程

假设输入层的数据的大小是 7×7×3（高×宽×通道）。在第一步中，并不会将 Conv2D 中 3 个 3×3 的卷积算子作为一个卷积核，而是分开使用 3 个卷积算子，每个卷积算子的大小为 3×3。一个大小为 3×3 的卷积算子与输入层的一个通道（仅一个通道，而非所有通道）做卷积运算，得到 1 个大小为 5×5 的映射图。然后将这些映射图堆叠在一起，得到一个 5×5×3 的中间数据。

在 SeparableConv2D 的第二步中，为了扩展深度，使用 1 个大小为 1×1 的卷积核，每个卷积核有 3 个 1×1 的卷积算子，对 5×5×3 的中间数据进行卷积，可得到 1 个大小为 5×5 的输出通道。用 128 个 1×1 的卷积核，则可以得到 128 个输出通道。

SeparableConv2D 可以显著降低 Conv2D 中参数的数量。因此，对于较小的网络，如果用 SeparableConv2D 替代 Conv2D，网络的性能可能会显著下降。但是，如果使用得当，

SeparableConv2D 能在不降低网络性能的前提下实现效率的提升。

SeparableConv2D 函数的语法格式如下。

```
tf.keras.layers.SeparableConv2D(
    filters, kernel_size, strides=(1, 1), padding='valid',
    data_format=None, dilation_rate=(1, 1), depth_multiplier=1, activation= None,
    use_bias=True, depthwise_initializer='glorot_uniform',
    pointwise_initializer='glorot_uniform',
    bias_initializer='zeros', depthwise_regularizer=None,
    pointwise_regularizer=None, bias_regularizer=None, activity_regularizer=
None,
    depthwise_constraint=None, pointwise_constraint=None, bias_constraint=
None, **kwargs
)
```

depth_multiplier 参数表示卷积中每个输入通道生成多少个输出通道，而深度方向卷积输出通道的总数将等于 filters×depth_multiplier，最后用 filters 个大小为 1×1 的卷积得到 filters 个输出通道。

SeparableConv2D 函数与 Conv2D 函数的常用参数及其说明一致。

③ DepthwiseConv2D

DepthwiseConv2D 函数的语法格式如下。

```
tf.keras.layers.DepthwiseConv2D(
    kernel_size, strides=(1, 1), padding='valid', depth_multiplier=1,
    data_format=None, dilation_rate=(1, 1), activation=None, use_bias=True,
    depthwise_initializer='glorot_uniform',
    bias_initializer='zeros', depthwise_regularizer=None,
    bias_regularizer=None, activity_regularizer=None, depthwise_constraint=
None,
    bias_constraint=None, **kwargs
)
```

depth_multiplier 参数控制深度卷积步骤中每个输入通道生成多少个输出通道。DepthwiseConv2D 的参数类似 SeparableConv2D，只是少了参数 filters，因为输出通道的数量等于输入通道的数量乘 depth_multiplierr 的值。

DepthwiseConv2D 函数与 Conv2D 函数的常用参数及其说明一致。

④ Conv2DTranspose

Conv2DTranspose（转置二维卷积）常被用于在卷积神经网络中对特征图进行上采样。Conv2DTranspose 对普通卷积操作中的卷积核做转置处理，将普通卷积的输出作为转置卷积的输入，而将转置卷积的输出作为普通卷积的输入。转置卷积形式上和卷积层的反向梯度的计算相同。

普通卷积的计算过程如图 3-9 所示。

图 3-9 中的卷积核在虚线框位置时输出元素 1，在实线框位置时输出元素 2。输入元素 a 仅和输出元素 1 有运算关系，而输入元素 b 和输出元素 1、2 均有关系。同理，c 只和元

素 2 有关，而 d 和 1、2、3、4 这 4 个元素都有关。

Conv2DTranspose 的计算过程如图 3-10 所示。

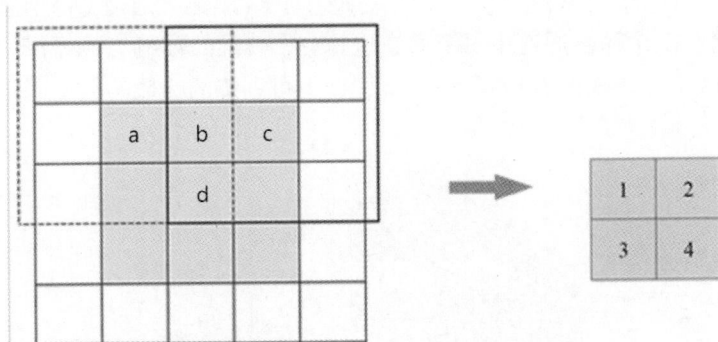

图 3-9 普通卷积的计算过程

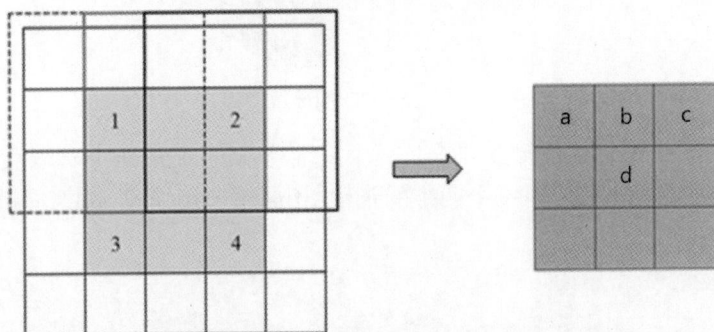

图 3-10 Conv2DTranspose 的计算过程

需要将图 3-10 中左侧的特征图作为输入，右侧的特征图作为输出，并且保证连接关系不变。即 a 只和 1 有关，b 和 1、2 两个元素有关，其他以此类推。先用数值 0 给左侧的特征图做插值，使相邻两个元素的间隔为卷积的步长值，即插值的个数，同时边缘也需要补与插值数量相等的 0。这时卷积核的滑动步长就不再是 2，而是 1。步长值体现在了插值补 0 的过程中。

Conv2DTranspose 函数的语法格式如下。

```
tf.keras.layers.Conv2DTranspose(
    filters, kernel_size, strides=(1, 1), padding='valid',
    data_format=None, dilation_rate=(1, 1), activation= None,
    use_bias=True, kernel_initializer='glorot_uniform',
    bias_initializer='zeros', kernel_regularizer=None,
    bias_regularizer=None, activity_regularizer=None, kernel_constraint= None,
    bias_constraint=None, **kwargs
)
```

其中，padding 用于接收 1 个整数或 2 个整数表示的元组或列表，以指定沿输出张量的高度和宽度的填充量。沿给定维度的输出填充量必须低于沿同一维度的步长。如果接收的值为 None（默认值），输出尺寸将自动推理出来。

Conv2DTranspose 函数与 Conv2D 函数的常用参数及其说明一致。

⑤ Conv3D

Conv3D（三维卷积）的计算过程如图 3-11 所示。注意，这里只有一个输入通道、一个输出通道、一个三维的卷积算子（3×3×3）。如果有 64 个输入通道（每个通道是一个三维的数组），要得到 32 个输出通道（每个通道也是一个三维的数组），则需要 32 个卷积核，每个卷积核有 64 个 3×3×3 的卷积算子。Conv3D 中可训练的参数的数量通常远远多于普通的 Conv2D。

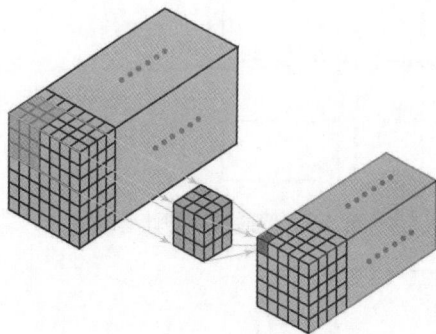

图 3-11　Conv3D 的计算过程

值得注意的是，Conv3D 的输入要求是一个五维的张量：[batch_size,长度,宽度,高度,通道数]。而 Conv2D 的输入要求是一个四维的张量：[batch_size,宽度,高度,通道数]。

Conv3D 函数的语法格式如下。

```
tf.keras.layers.Conv3D(
    filters, kernel_size, strides=(1, 1, 1), padding='valid',
    data_format=None, dilation_rate=(1, 1, 1), groups=1, activation=None,
    use_bias=True, kernel_initializer='glorot_uniform',
    bias_initializer='zeros', kernel_regularizer=None,
    bias_regularizer=None, activity_regularizer=None, kernel_constraint= None,
    bias_constraint=None, **kwargs
)
```

Conv3D 函数与 Conv2D 函数的常用参数及其说明一致。

使用 Conv3D 函数构建卷积层如代码 3-2 所示。

代码 3-2　使用 Conv3D 函数构建卷积层

```
import tensorflow as tf
input_shape =(4, 28, 28, 28, 1)
x = tf.random.normal(input_shape)
y = tf.keras.layers.Conv3D(2, 3, activation='relu', input_shape=input_shape
[1:])(x)
print(y.shape)
```

代码 3-2 的输出结果如下。

```
(4, 26, 26, 26, 2)
```

2. 池化层

在卷积层中，可以通过调节步长参数来达到减小输出尺寸的目的。池化层同样基于局部相关性的思想，在局部相关的一组元素中进行采样或信息聚合，从而得到新的元素值。例如最大池化（Max Pooling）层返回局部相关元素集中最大的元素值，平均池化（Average Pooling）层返回局部相关元素集中元素的平均值。

池化即下采样（Downsample），目的是减小特征图的尺寸。池化操作对每个卷积后的特征图是独立进行的，池化窗口规模一般为 2×2，相对卷积层进行卷积运算。池化层进行的运算一般有以下几种。

（1）最大池化。取 4 个元素的最大值。这是较常用的池化方法。

（2）平均池化。取 4 个元素的平均值。

（3）高斯池化。借鉴高斯模糊的方法。不常用。

如果池化层的输入单元大小不是 2 的整数倍，一般采取边缘补零（Zero-Padding）的方式补成 2 的整数倍后再池化。

（1）MaxPooling2D

MaxPooling2D（二维最大池化）的计算过程如图 3-12 所示，其中 pool_size=(2,2)，strides=(2,2)，由一个大小为 4×4 的区域下采样得到一个大小为 2×2 的区域。

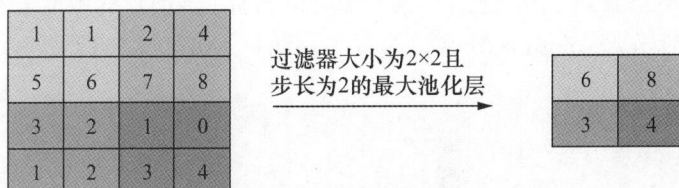

图 3-12　MaxPooling2D 的计算过程

MaxPooling2D 函数的语法格式如下。

```
tf.keras.layers.MaxPooling2D(
    pool_size=(2, 2), strides=None, padding='valid', data_format=None,
    **kwargs
)
```

通过 pool_size 沿由特征轴上的每个维度定义的窗口取最大值，对输入进行下采样。窗口在每个维度上以 strides 为单位移动一次。padding 值为'valid'时，输出的形状为 output_shape=(input_shape-pool_size+1)/strides。padding 值为'same'时，输出的形状为 output_shape=input_shape/strides。

MaxPooling2D 函数的常用参数及其说明如表 3-2 所示。

表 3-2　MaxPooling2D 函数的常用参数及其说明

常用参数	说明
pool_size	接收 int 类型的值。表示池化窗口的大小。默认为(2,2)
strides	接收 int 类型的值，或者 2 个 int 类型的值组成的元组或列表。表示卷积沿宽度和高度方向的步长。默认为 None
padding	接收 str 类型的值，可选项为'valid'或'same'。'valid'表示不进行边界延拓，会导致卷积后的通道尺寸变小。'same'表示进行边界延拓，使得卷积后的通道尺寸不变。默认认为'valid'

使用 MaxPooling2D 函数构建池化层如代码 3-3 所示。

代码 3-3　使用 MaxPooling2D 函数构建池化层

```
x = tf.constant([[1., 2., 3.], [4., 5., 6.], [7., 8., 9.]])
x = tf.reshape(x, [1, 3, 3, 1])
max_pool_2d = tf.keras.layers.MaxPooling2D(pool_size=(2, 2), strides=(1, 1),
padding='valid')
max_pool_2d(x)
```

代码 3-3 的输出结果如下。

```
<tf.Tensor: shape=(1, 2, 2, 1), dtype=float32, numpy=
array([[[[5.],
         [6.]],
        [[8.],
         [9.]]]], dtype=float32)>
```

（2）AveragePooling2D

针对输出的每一个通道的特征图的所有像素计算一个平均值，经过全局平均池化（Global Average Pooling，GAP）之后得到一个特征向量（该向量的维度表示类别数），然后将其直接输入激活函数（Softmax）层。全局平均池化示意如图 3-13 所示。

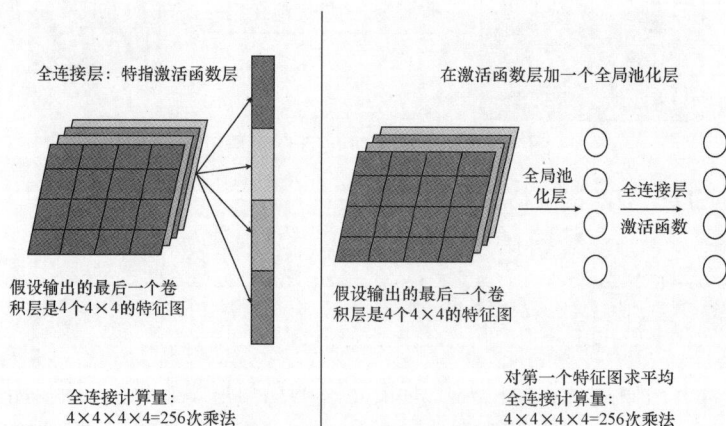

图 3-13　全局平均池化示意

全局平均池化可代替全连接层接收任意尺寸的图像。

全局平均池化的优点如下。

① 可以更好地将类别与最后一个卷积层的特征图对应起来（每一个通道对应一个类别，这样每一个特征图都可以看成该类别对应的类别置信图）。

② 全局平均池化层没有参数，可防止在该层过拟合。

③ 整合了全局空间信息，对于输入图片的空间翻译（Spatial Translation），鲁棒性更强。

AveragePooling2D（二维平均池化）函数的语法格式如下。

```
tf.keras.layers.AveragePooling2D(
    pool_size=(2,2), strides=None, padding='valid', data_format=None,
    name=None, **kwargs
)
```

AveragePooling2D 函数的常用参数及其说明如表 3-3 所示。

表 3-3 AveragePooling2D 函数的常用参数及其说明

常用参数	说明
pool_size	接收 int 类型的值。表示池化窗口的大小。默认为(2,2)
strides	接收 int 类型的值，或者 2 个 int 类型的值组成的元组或列表。表示卷积沿宽度和高度方向的步长。默认为 None
padding	接收 str 类型的值，可选项为'valid'或'same'。'valid'，表示不进行边界延拓，会导致卷积后的通道尺寸变小。'same'表示进行边界延拓，使得卷积后的通道尺寸不变。默认为'valid'
data_format	接收 str 类型的值。表示输入中维度的排序。默认为'channels_last'

3. 归一化层

对于浅层网络，随着网络训练的进行，当每层中的参数更新时，靠近输出层的输出较难出现剧烈变化。但对深层神经网络来说，即使输入数据已进行标准化，训练中模型参数的更新依然很容易造成靠近输出层输出的剧烈变化。这种计算数值的不稳定性会导致操作者难以训练出有效的深度网络。

归一化层利用小批量上的均值和标准差，不断调整网络的中间输出，从而使整个网络在各层的中间输出的数值更稳定，提高训练网络的有效性。

归一化层目前主要有 5 种：批归一化（Batch Normalization，BN）、层归一化（Layer Normalization，LN）、实例归一化（Instance Normalization，IN）、组归一化（Group Normalization，GN）和可切换归一化（Switchable Normalization，SN）。

深度神经网络中的数据维度格式一般是[N,C,H,W]或者[N,H,W,C]，N 是批量大小，H/W 是特征的高/宽，C 是特征的通道，压缩 H/W 至一个维度。4 种归一化（除可切换归一化）的三维表示如图 3-14 所示。

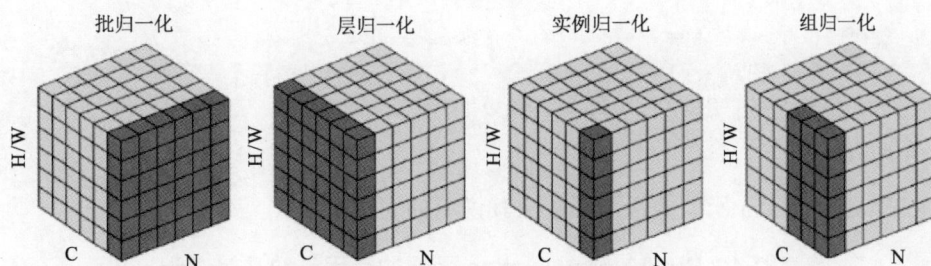

图 3-14 4 种归一化的三维表示

（1）批归一化的特性与作用

① 批归一化的计算方式是将每个通道的 N、H、W 单独拿出来进行归一化处理。

② N 越小，批归一化的表现越不好，因为计算过程中所得到的均值和方差不能代表全局。

（2）层归一化的特性与作用

① 层归一化的计算方式是将 C、H、W 单独拿出来进行归一化处理，不受 N 的影响。

② 常用在循环神经网络中，如果输入的特征区别很大，则不建议使用层归一化进行归

一化处理。

（3）实例归一化的特性与作用

① 实例归一化的计算方式是将 H、W 单独拿出来进行归一化处理，不受 C 和 N 的影响。

② 常用在风格化迁移中，如果特征图可以用到通道之间的相关性，则不建议使用实例归一化进行归一化处理。

（4）组归一化的特性与作用

① 组归一化的计算方式是首先将 C 分成 G 组，然后把 C、H、W 单独拿出来进行归一化处理，最后把 G 组归一化之后的数据合并。

② 组归一化层介于层归一化层和实例归一化层之间，如 G 的大小可以为 1 或者为 C。

（5）可切换归一化的特性与作用

① 将批归一化、层归一化和实例归一化结合，分别为它们赋予权重，让网络自己去学习归一化应该使用什么方法。

② 结合了多种归一化，所以训练复杂。

在深度学习中，批归一化是一种常用的规范化技术，接下来将对批归一化进行详细介绍。

批归一化通过对每一层的输入数据进行特征级的标准化处理，使每个特征上的均值保持在 0 左右，将标准差保持在 1 左右。这种变换能够将可能逐渐向非线性激活函数（如 Sigmoid 函数）取值的极限饱和区靠拢的分布，强制拉回到均值为 0、方差为 1 的标准正态分布，使得规范化后的输出落入下一层神经元比较敏感的区域，从而避免出现梯度消失问题。如果梯度始终保持比较大的状态，那么神经网络参数的调整效率会比较高，即向损失函数最优值"迈动的步子"更大，可以加快收敛速度。

BatchNormalization 函数的语法格式如下。

```
tf.keras.layers.BatchNormalization(
    axis=-1, momentum=0.99, epsilon=0.001, center=True, scale=True,
    beta_initializer='zeros', gamma_initializer='ones',
    moving_mean_initializer='zeros',
    moving_variance_initializer='ones', beta_regularizer=None,
    gamma_regularizer=None, beta_constraint=None, gamma_constraint=None,
    synchronized=False, **kwargs
)
```

BatchNormalization 函数的常用参数及其说明如表 3-4 所示。

表 3-4　BatchNormalization 函数的常用参数及其说明

常用参数	说明
axis	接收 int 类型的值。表示应规范化的轴。默认为-1
momentum	接收 float 类型的值。表示移动平均值的动量。默认为 0.99
epsilon	接收 float 类型的值。表示加在方差上的小浮点数。默认为 0.001
center	接收 bool 类型的值。表示是否将 beta 的偏移量添加到标准化张量。默认为 True
scale	接收 bool 类型的值。表示是否需要乘以 gamma。默认为 True

续表

常用参数	说明
beta_initializer	接收 str 类型的值。表示 beta 权重的初始值设定项。默认为'zeros'
gamma_initializer	接收 str 类型的值。表示 gamma 权重的初始值设定项。默认为'ones'
moving_mean_initializer	接收 str 类型的值。表示移动平均值的初始值设定项。默认为'zeros'
moving_variance_initializer	接收 str 类型的值。表示移动方差的初始值设定项。默认为'ones'
beta_regularizer	接收函数。表示 beta 权重的可选正则化器。默认为 None
gamma_regularizer	接收函数。表示 gamma 权重的可选正则化器。默认为 None

在卷积神经网络中，1 个卷积核产生 1 个特征图，1 个特征图有 1 对 beta 和 gamma 参数，同一批次中同通道数的特征图共享同一对 beta 和 gamma 参数。若卷积层有 n 个卷积核，则有 n 对可学习的 beta 参数和 gamma 参数。

在推理期间，当使用 evaluate 方法、predict 方法或通过参数调用网络层，输入数据可能只有 1 条时，批归一化将使用训练过程中看到过的批次的均值和标准差的移动平均值对输出进行归一化。可以说，它返回了(batch-self.moving_mean)/(self.moving_var+epsilon)×gamma+beta。self.moving_mean 和 self.moving_var 是不可训练变量，每次在训练模式下调用批归一化时两个变量都会更新。其中 moving_mean 和 moving_var 的表达式如下。

① $\text{moving\_mean} = \text{moving\_mean} \times \text{momentum} + \text{mean(batch)} \times (1 - \text{momentum})$。

② $\text{moving\_var} = \text{moving\_var} \times \text{momentum} + \text{var(batch)} \times (1 - \text{momentum})$。

4. 正则化层

在神经网络中，如果网络的参数太多，而训练样本又太少，训练出来的网络很容易产生过拟合的现象。过拟合具体表现为网络在训练数据上的损失函数较小、预测准确率较高，但是在测试数据上损失函数较大、预测准确率较低。

（1）Dense

正则化的英文为 Regularization。例如 1+1=2 这个等式就是一种规则。设置正则化器的目的是防止网络过拟合，进而增强网络的泛化能力。最终目的是让泛化误差（Generalization Error）的值尽可能接近于测试误差（Test Error）的值。

对过拟合曲线与正则化后的曲线的模拟如图 3-15 所示，其中波动更剧烈的曲线为过拟合曲线。而正则化就是给需要训练的目标函数加上一些规则进行限制，限制曲线变化的幅度，使其成为比较平滑的曲线。

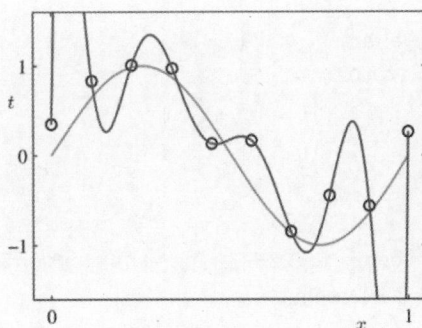

图 3-15 对过拟合曲线与正则化后的曲线模拟

Dense 函数的语法格式如下。

```
tf.keras.layers.Dense(
    units, activation=None, use_bias=True,
```

81

```
        kernel_initializer='glorot_uniform',
        bias_initializer='zeros', kernel_regularizer=None,
        bias_regularizer=None, activity_regularizer=None, kernel_constraint=None,
        bias_constraint=None, lora_rank=None, **kwargs
)
```

其中，kernel_regularizer 表示应用于权重矩阵的正则化函数；bias_regularizer 表示应用于偏置向量的正则化函数；activity_regularizer 表示应用于图层输出的正则化函数。

通过 layer.losses 访问层的正则化损失，如代码 3-4 所示。

代码 3-4 通过 layer.losses 访问层的正则化损失

```
import tensorflow as tf
layer = tf.keras.layers.Dense(5,
                        kernel_initializer='ones',
                        kernel_regularizer=tf.keras.regularizers.l1(0.01),
                        activity_regularizer=tf.keras.regularizers.l2(0.01))
tensor = tf.ones(shape=(5, 5)) * 2.0
out = layer(tensor)
# 权重 kernel 是一个 5×5 的矩阵，全部分量为 1。偏置向量为 0
print(layer.get_weights())
# 输入 5×5 的矩阵，每个分量都为 2，输出 5×5 的矩阵，每个分量都为 10
print(out)
# 权重矩阵的 L1 正则化项的值为 0.01×5×5=0.25
# 输出的 L2 正则化项的值为 0.01×25×10^2/5= 5
print(tf.math.reduce_sum(layer.losses))
```

代码 3-4 的输出结果如下。

```
[array([[1., 1., 1., 1., 1.],
        [1., 1., 1., 1., 1.],
        [1., 1., 1., 1., 1.],
        [1., 1., 1., 1., 1.],
        [1., 1., 1., 1., 1.]], dtype=float32), array([0., 0., 0., 0., 0.],
dtype=float32)]
tf.Tensor(
[[10. 10. 10. 10. 10.]
 [10. 10. 10. 10. 10.]
 [10. 10. 10. 10. 10.]
 [10. 10. 10. 10. 10.]
 [10. 10. 10. 10. 10.]], shape=(5, 5), dtype=float32)
tf.Tensor(5.25, shape=(), dtype=float32)
```

（2）Dropout

Dropout 是一种正则化技术，通过在训练阶段让某个神经元以一定的概率暂时失效，避免神经网络对某些局部特征的过度依赖。Dropout 层的工作示意如图 3-16 所示。首先随机屏蔽神经网络中部分隐藏层的神经元，得到精简的网络结构。然后使一小批输入数据在该网络中前向传播，再把计算得到的损失通过该网络反向传播，并按照随机梯度下降法更新对应的权重参数（只更新没有被屏蔽的神经元的权重参数）。最后恢复被删除的神经元，最后恢复所有被屏蔽的神经元。这个过程在训练阶段会循环进行，但在测试阶段会使用完整的网络结构。

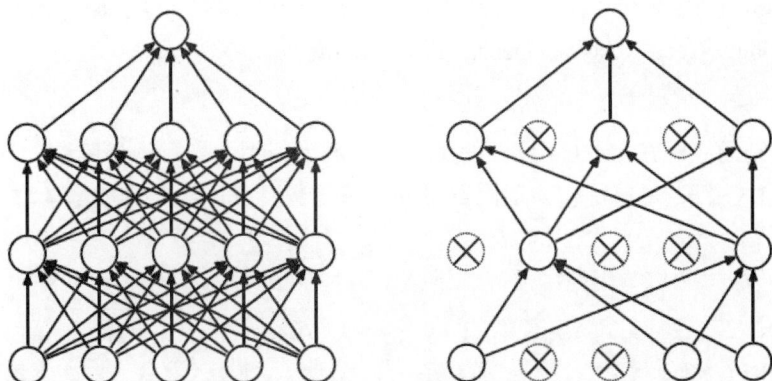

图 3-16 Dropout 层的工作示意

Dropout 函数的语法格式如下。

```
tf.keras.layers.Dropout(
    rate, noise_shape=None, seed=None, **kwargs
)
```

在训练期间，将某层的神经元的激活值设置为 0，概率为 rate，这有助于防止过拟合。未设置为 0 的神经元将按 1/(1-rate)放大，以使所有输出的总和不变。请注意，仅当 training 设置为 True 时才应用丢弃层，以便在推理期间不丢弃任何值。使用 model.fit 时，training 将自动设置为 True。丢弃层通常在 Dense 层之后使用。

使用 Dropout 函数构建丢弃层如代码 3-5 所示。

代码 3-5　使用 Dropout 函数构建丢弃层

```
import numpy as np
tf.random.set_seed(0)
layer = tf.keras.layers.Dropout(0.5, input_shape=(2,))
data = np.arange(20).reshape(5, 4).astype(np.float32)
print(data)
outputs = layer(data, training=True)
print(outputs)
```

代码 3-5 的输出结果如下。

```
[[ 0.  1.  2.  3.]
 [ 4.  5.  6.  7.]
 [ 8.  9. 10. 11.]
 [12. 13. 14. 15.]
 [16. 17. 18. 19.]]
tf.Tensor(
[[ 0.  2.  0.  6.]
 [ 8.  0. 12. 14.]
 [ 0. 18. 20. 22.]
 [ 0.  0. 28.  0.]
 [ 0.  0.  0. 38.]], shape=(5, 4), dtype=float32)
```

3.1.2　常用卷积神经网络算法及其结构

除了经典的卷积神经网络，还有其他常用的卷积神经网络算法，如 LeNet-5、AlexNet、VGGNet、GoogLeNet、ResNet、DenseNet 和 MobileNets 等。

1. LeNet-5

LeNet-5 是杨立昆在 1998 年设计的用于手写数字识别的卷积神经网络。LeNet-5 共有 7 层（不包括输入层），每层都包含不同数量的训练参数，其网络结构如图 3-17 所示。

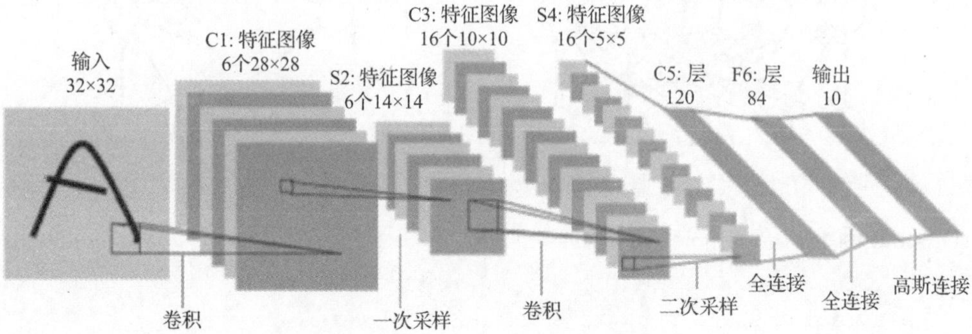

图 3-17　LeNet-5 的网络结构

LeNet-5 中主要有 2 个卷积层、2 个下采样层（池化层）和 2 个全连接层。由于当时缺乏大规模的训练数据，且当时计算机的计算能力有限，LeNet-5 对于复杂问题的处理结果并不理想。通过对 LeNet-5 的网络结构的学习，可以直观地了解一个卷积神经网络的构建方法，可以为分析、构建更复杂的卷积神经网络做好准备。

2. AlexNet

AlexNet 于 2012 年由亚历克斯·克里泽夫斯基（Alex Krizhevsky）、伊利亚·萨斯基（Ilya Sutskever）和杰弗里·欣顿等人提出 AlexNet 的网络结构如图 3-18 所示。

假设输入的图像是 256 像素×256 像素的，通过随机裁剪得到 227 像素×227 像素的图像。将其输入网络中，最后输出 1000 个数值范围在 0 到 1 之间，代表输入样本的类别。

AlexNet 使用 ImageNet 数据集进行训练并采用了 ReLU 激活函数，与 tanh 函数相比，ReLU 激活函数显著缩短了训练时间。此外，AlexNet 还使用了数据增强技术（如图像转换、水平反射等）来提升模型泛化能力，并引入 Dropout 层，以解决过拟合的问题。AlexNet 使用基于小批量的随机梯度下降算法训练网络，在两块 GTX 580 GPU 上训练了 5~6 天。每一层权重均初始化为均值为 0、标准差为 0.01 的高斯分布，在第二层、第四层和第五层卷积的偏置被设置为 1.0，而其他层的偏置则设置为 0。这种设置的目的是提升 ReLU 激活函数在训练初期的活跃度（因为偏置设置为 1.0 可以让大部分输出为正）。初始学习率设置为 0.01，在训练结束中，当错误率停止下降时，学习率会降低为原来的 1/10，整个训练期间共进行 3 次学习率的调整。

在使用饱和型的激活函数时，通常需要对输入进行批归一化处理，以利用激活函数在 0 附近的线性特性与非线性特性。但对于 ReLU 函数，不需要对输入进行批归一化处理。然而，亚历克斯等研究者发现局部响应归一化有助于提高网络的泛化性能。局部响应归一化是指对特征图中同一空间位置的神经元，计算其与相邻通道特征的平方和，通过该和的值进行归一化处理。

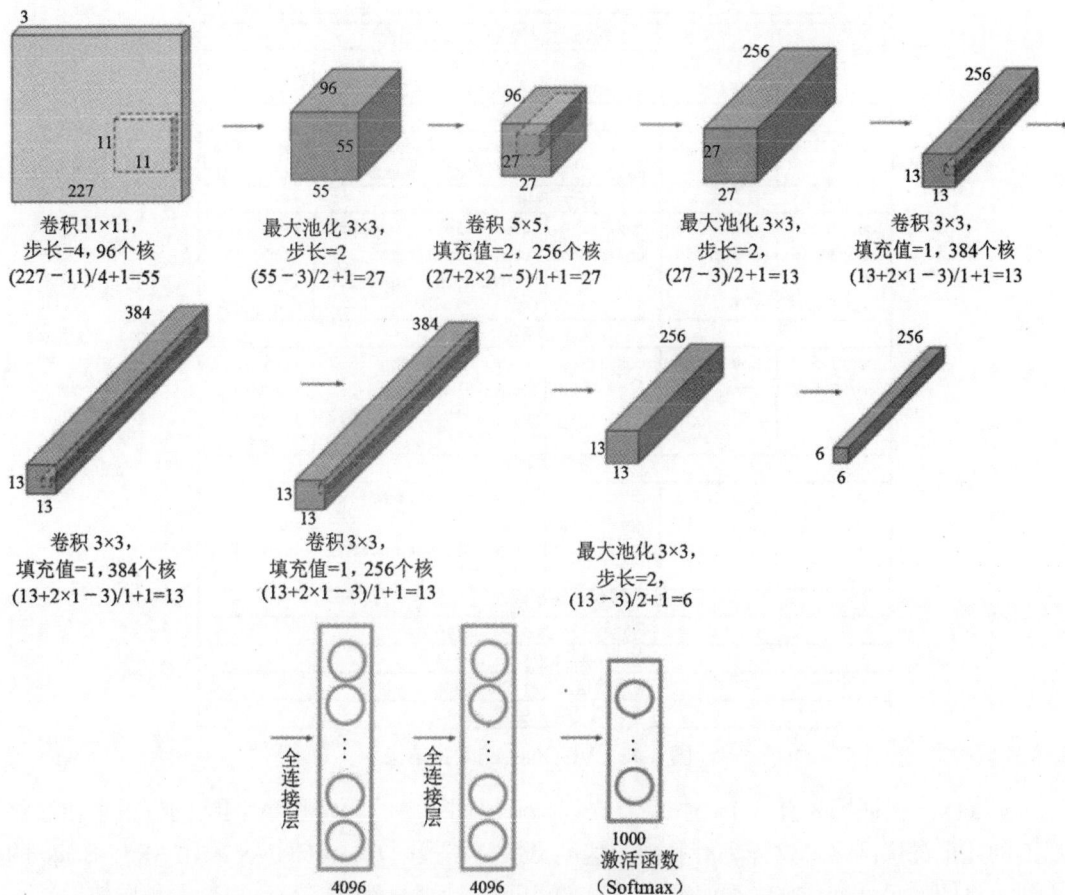

卷积11×11，
步长=4，96个核
(227−11)/4+1=55

最大池化 3×3，
步长=2
(55−3)/2+1=27

卷积 5×5，
填充值=2，256个核
(27+2×2−5)/1+1=27

最大池化 3×3，
步长=2，
(27−3)/2+1=13

卷积 3×3，
填充值=1，384个核
(13+2×1−3)/1+1=13

卷积 3×3，
填充值=1，384个核
(13+2×1−3)/1+1=13

卷积3×3，
填充值=1，256个核
(13+2×1−3)/1+1=13

最大池化 3×3，
步长=2，
(13−3)/2+1=6

全连接层 4096

全连接层 4096

1000
激活函数
（Softmax）

图 3-18　AlexNet 的网络结构

3. VGGNet

VGGNet（Visual Geometry Group Network）于 2014 年被牛津大学的卡连·西蒙尼扬（Karen Simonyan）和安德鲁·西塞曼（Andrew Zisserman）提出，其主要特点是"简洁、深度"。深度体现在 VGG 有 19 层，远远超过了之前的网络模型；而简洁则体现在它的结构上，即统一使用步长为 1 的 3×3 的过滤器，以及步长为 2 的 2×2 的最大池化。

VGGNet 一共有 6 种不同的网络结构变体，每种结构都含有 5 组卷积，每组卷积都使用 3×3 的卷积核，每组卷积后接一个 2×2 的最大池化，最后连接 3 个全连接层。在训练深层网络时，可以使用迁移学习的方法先训练浅层网络，用获得的权重初始化深层网络，从而加速网络的收敛。

VGGNet 的网络结构如图 3-19 所示，其中，网络结构 D 就是 VGG16 模型，网络结构 E 就是 VGG19 模型。

ConvNet 配置					
A	A-LRN	B	C	D	E
11 权重	11 权重	13 权重	16 权重	16 权重	19 权重
输入（224 像素×224 像素的 RGB 图像）					
conv3-64	conv3-64 **LRN**	conv3-64 **conv3-64**	conv3-64 conv3-64	conv3-64 conv3-64	conv3-64 conv3-64
最大池化层					
conv3-128	conv3-128	conv3-128 **conv3-128**	conv3-128 conv3-128	conv3-128 conv3-128	conv3-128 conv3-128
最大池化层					
conv3-256 conv3-256	conv3-256 conv3-256	conv3-256 conv3-256	conv3-256 conv3-256 **conv1-256**	conv3-256 conv3-256 **conv3-256**	conv3-256 conv3-256 conv3-256 conv3-256
最大池化层					
conv3-512 conv3-512	conv3-512 conv3-512	conv3-512 conv3-512	conv3-512 conv3-512 **conv1-512**	conv3-512 conv3-512 **conv3-512**	conv3-512 conv3-512 conv3-512 **conv3-512**
最大池化层					
conv3-512 conv3-512	conv3-512 conv3-512	conv3-512 conv3-512	conv3-512 conv3-512 **conv1-512**	conv3-512 conv3-512 **conv3-512**	conv3-512 conv3-512 conv3-512 **conv3-512**
最大池化层					
全连接层-4096（FC-4096）					
全连接层-4096（FC-4096）					
全连接层-1000（FC-1000）					
激活函数（Softmax）					

图 3-19　VGGNet 的网络结构

VGGNet 在训练时有一个小技巧：先训练浅层网络 A，再复用 A 网络的权重来初始化后面的几个深层网络，这样训练收敛的速度更快。在预测时，VGGNet 采用 Multi-Scale 的方法，将图像尺寸变成 Q，并将图像输入卷积网络计算。然后在最后一个卷积层使用"滑窗"的方式进行分类预测。先将不同窗口的分类结果平均，再将不同尺寸 Q 的结果平均，从而得到最后的结果，这样可提高图像数据的利用率并提升预测准确率。在训练中，VGGNet 还使用了 Multi-Scale 的方法进行数据增强，将原始图像缩放到不同的尺寸 S，再将其随机裁切为 224 像素×224 像素的图像，这样可以有效增加训练数据量，防止网络过拟合。

在训练的过程中，VGGNet 比 AlexNet 收敛得要快一些，原因有两点。

（1）其使用小卷积核和更深的网络进行正则化。

（2）其在特定的层使用了预训练得到的数据进行参数初始化。

在 VGGNet 中，仅使用 3×3 的卷积，与 AlexNet 第一层 11×11 的过滤器和 ZFNet 7×7 的卷积完全不同。两个 3×3 的卷积层的组合具有 5×5 的有效感受野（感受野即卷积神经网络特征所能看到的输入图像的区域，换句话说，特征输出受感受野区域内的像素的影响。实际有效的感受野和理论上的感受野差距比较大，实际有效的感受野是一个高斯分布）。这可以模拟更大的卷积，同时保持较小卷积的优势，减少了参数的数量。随着层数的增加，数据空间减小（池化层的结果），但在每个池化层之后输出通道数量翻倍。在 VGGNet 中，使用 Caffe 工具箱构建网络，在每个转换层之后使用 ReLU 激活函数并使用小批量梯度下降法进行训练，在 4 块 NVIDIA Titan Black GPU 上训练了 2～3 周。实验表明，局部响应归一化（Local Response Normalization，LRN）层作用不明显。

4. GoogLeNet

GoogLeNet 是 2014 年由 Google 公司提出的一种全新的深度学习结构，在这之前，AlexNet、VGGNet 等结构都是通过增加网络的层数来获得更好的训练效果的，但层数的增加会带来过拟合、梯度消失、梯度爆炸等问题。网络宽度的提出则从另一个角度来提升训练效果，能更高效地利用计算资源，在相同的计算量下能提取到更多的特征。GoogLeNet 的 Inception 结构如图 3-20 所示。其中，图 3-20（a）是最初版本的 Inception 模块，图 3-20（b）是能降维的 Inception 模块。该结构对某一层同时用多个不同大小的卷积核进行卷积，再将其连接在一起。这种结构可以自动找到不同大小的卷积核的最优搭配。

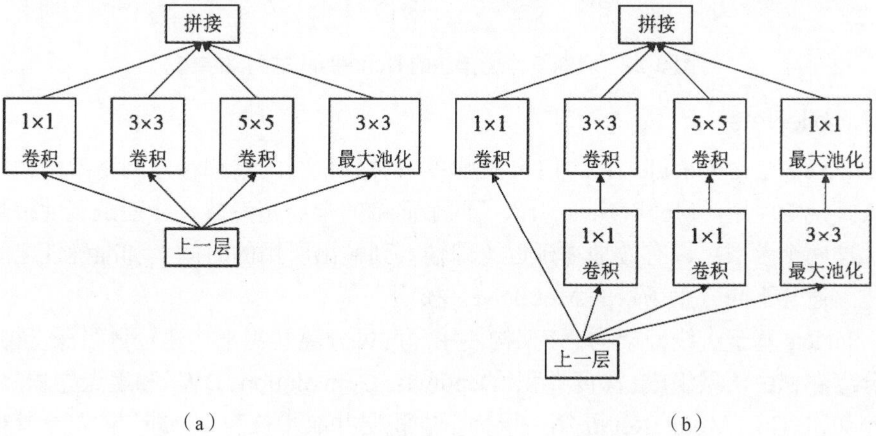

图 3-20　GoogLeNet 的 Inception 结构

5. ResNet

ResNet 于 2015 年由微软亚洲研究院提出的。卷积神经网络面临的一个问题是，随着层数的增加，卷积神经网络的性能反而会下降。这往往是由梯度爆炸或者梯度消失引起的。ResNet 通过引入残差块（Residual Block）结构有效解决了这一问题，残差块的结构如图 3-21 所示。

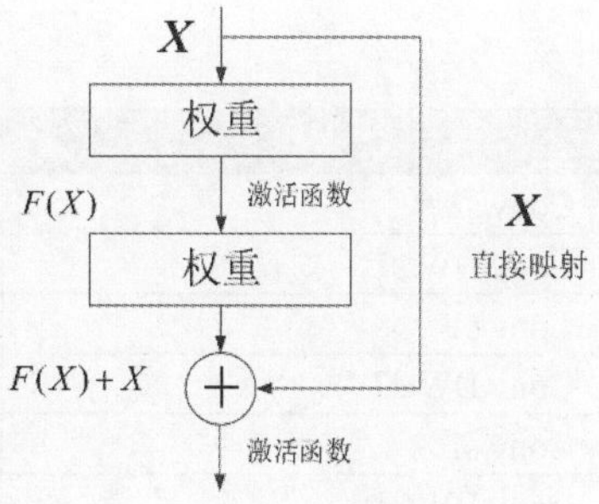

在 ResNet 中，网络可以达到 152 层，具有"超深"的网络结构。在前两层之后，空间大小会从 224 像素×224 像素的输入体积压缩到 56 像素×56 像素。ResNet 在具有 8 块 GPU 的服务器上需要训练 2～3 周。ResNet 是目前分类性能较为优秀的卷积神经网络之一。

图 3-21　ResNet 中的残差块结构

6. DenseNet

DenseNet（Densely Connected Convolutional Networks，密集连接卷积网络）是一种卷积神经网络架构。DenseNet 通过在卷积网络的输入层和输出层之间引入密集连接实现网络的深度、准确性和训练效率的提升。DenseNet 能够有效地缓解梯度消失问题，加强特征传播、促进特征重用，大大减少了网络参数的数量。

卷积网络的重要组成部分是降低特征图大小的下采样层。为了有效地进行下采样，DenseNet 将网络划分为若干个密集连接的密集块（Dense Block），一个具有 3 个密集块的 DenseNet 的网络结构如图 3-22 所示。块之间的层称为过渡层，过渡层由一个 1×1 卷积层和 2×2 池化层组成，过渡层通过卷积和池化来改变特征图的大小。DenseNet 在遵循简单的连接规则的同时，自然地集成了恒等映射（前一层的输出直接传递到后面的层，不经过任何变换）、深度监督和多样化深度的属性，并允许在整个网络中进行特征重用，从而能够学习到更为紧凑的模型。

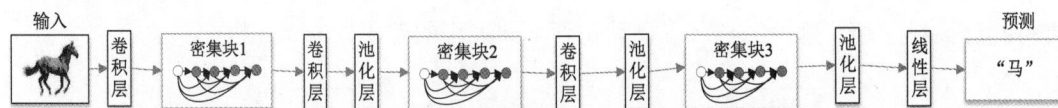

图 3-22　具有 3 个密集块的 DenseNet 的网络结构

7. MobileNets

MobileNets 是由 Google 在 2017 年提出的一种轻量级的卷积神经网络架构，用于移动端和嵌入式视觉应用。MobileNets 引入了两个简单的全局超参数，分别是宽度乘数和分辨率乘数。这两个参数可以有效地在延迟（即输入到输出所用的时间）和准确性之间进行权衡，构建出适合不同应用场景的 MobileNets 模型。

MobileNets 基于流线型架构，该架构使用深度可分离卷积来构建轻量级深度神经网络。深度可分离卷积由两层组成：深度卷积（Depthwise Convolution，DW）和逐点卷积（Pointwise Convolution，PC）。MobileNet 是第一层为全卷积层并取步长为 2（即 "s2"），其他层建立在深度可分离卷积之上的结构。MobileNet 架构如表 3-5 所示，该架构共有 28 层，最后一个全连接层使用 Softmax 激活函数进行分类，其他层后面都跟着 batchnormalization 批归一化函数和 ReLU 非线性激活函数。

表 3-5　MobileNet 架构

类型/步幅	过滤器形状	输入大小
Conv/s2	3×3×3×32	224×224×3
Conv DW/s1	3×3×32 DW	112×112×32
Conv/s1	1×1×32×64	112×112×32
Conv DW/s2	3×3×64 DW	112×112×64
Conv/s1	1×1×64×128	56×56×64
Conv DW/s1	3×3×128 DW	56×56×128
Conv/s1	1×1×128×128	56×56×128
Conv DW/s2	3×3×128 DW	56×56×128
Conv/s1	1×1×128×256	28×28×128
Conv DW/s1	3×3×256 DW	28×28×256
Conv/s1	1×1×256×256	28×28×256
Conv DW/s2	3×3×256 DW	28×28×256
Conv/s1	1×1×256×512	14×14×256

类型/步幅	过滤器形状	输入大小
Conv DW/s1 Conv/s1	3×3×512 DW 1×1×512×512	14×14×512 14×14×512
Conv DW/s2	3×3×512 DW	14×14×512
Conv/s1	1×1×512×1024	7×7×512
Conv DW/s2	3×3×1024 DW	7×7×1024
Conv/s1	1×1×1024×1024	7×7×1024
Avg Pool/s1	Pool 7×7	7×7×1024
FC/s1	1024×1000	1×1×1024
Softmax/s1	Classifier	1×1×1000

MobileNets 以牺牲一定的精度来减小模型的尺寸和延迟,从而构建更小、更快的模型,相较于其他流行的模型,MobileNets 有着更为出色的尺寸、速度和准确性。

任务实现

3.1.3 基于卷积神经网络的图像分类实例

本小节介绍一个使用卷积神经网络进行图像分类的实例,首先需要读取服饰图像数据集。不同于 MNIST 手写数字图像数据集,Fashion-MNIST 服饰图像数据集包含不同类别的服饰图像,如图 3-23 所示。

基于卷积神经网络的图像分类实例

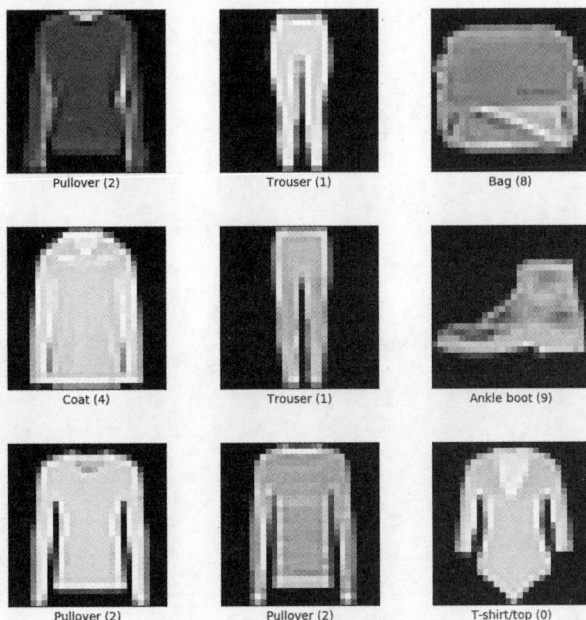

图 3-23 服饰图像数据集

在网络不好的情况下,代码有可能会因为运行超时而报错,这时可以先将 4 个数据文件下载下来,不要解压。然后将 4 个数据文件存放到对应的路径中,默认路径是 C 盘用户文件夹的.keras 中的 datasets 目录,这时候再运行代码便不会因为网络超时而报错了。数据的加载如代码 3-6 所示。

代码 3-6　数据的加载

```
import tensorflow as tf
(x_train, y_train), (x_test, y_test) = tf.keras.datasets.fashion_mnist.load_
data()
x_train = x_train/255.0
x_test = x_test/255.0
print('训练集个数与图像尺寸 {}'.format(x_train.shape))
print('测试集个数与图像尺寸 {}'.format(x_test.shape))
print('第一幅图像的分类 {}'.format(y_train[0]))
x_train[0]
```

使用 Conv2D 函数进行二维卷积，但 Conv2D 要求输入数据的形状为(batchsize,width, height,channel)，所以要把(28,28)的服饰数据里服饰的灰度图像重塑为(28,28,1)。为了减少参数的数量，还可以使用 MaxPooling2D 函数，在行方向和列方向上进行步长为 2 的下采样，将数据的行数和列数各减少一半。构建及编译网络如代码 3-7 所示。

代码 3-7　构建及编译网络

```
model = tf.keras.Sequential([
    tf.keras.Input(shape=(28, 28)),
    tf.keras.layers.Reshape([28, 28, 1]),
    tf.keras.layers.Conv2D(
            filters=64, kernel_size=3, padding='same', activation='relu'),
    tf.keras.layers.MaxPool2D(pool_size=2, strides=1, padding='same'),
    tf.keras.layers.Conv2D(
            filters=16, kernel_size=3, padding='same', activation='relu'),
    tf.keras.layers.MaxPool2D(pool_size=2, strides=1, padding='same'),
    tf.keras.layers.Flatten(input_shape=(28, 28)),
    tf.keras.layers.Dense(300, activation='relu'),
    tf.keras.layers.Dense(100, activation='relu'),
    tf.keras.layers.Dense(10, activation='softmax')
])
model.summary()

# 编译网络
model.compile(
    optimizer = 'adam',
    loss = 'sparse_categorical_crossentropy',
    metrics = ['acc']
)
```

输入图像在经过第一层的 Conv2D_14 卷积并通过 Max_Pooling2D_10 池化后，得到 32 个通道的大小为(13,13)的数据，经过一个卷积核大小为 3×3 的卷积层 Conv2D_15，输出 64 个通道，这个卷积层有(32×3×3+1)×64=18496 个可训练的参数。注意，Conv2D 用不同的卷积参数对不同的输入通道进行卷积，然后加上一个常数项，得到一个输出通道。

构建好网络之后进行训练，将迭代次数（epochs）设置为 10，批量大小（batch_size）设置为 1000。训练网络如代码 3-8 所示。

代码 3-8 训练网络

```
history = model.fit(x_train, y_train, epochs=10, batch_size=1000)
history
```

训练好网络之后，将测试集数据输入训练好的网络，并查看准确率。性能评估如代码 3-9 所示。

代码 3-9 性能评估

```
model.evaluate(x_test, y_test, verbose=2)
```

代码 3-9 的输出结果如下。

```
313/313 - 2s - 8ms/step - acc: 0.9132 - loss: 0.2473
[0.24725854396820068, 0.9132000207901001]
```

从上述结果可以看出，准确率为 91.32%。在图像分类的任务中，卷积神经网络通常能实现比全连接神经网络更高的准确率。

任务 3.2 循环神经网络

任务描述

随着互联网电商平台的迅猛发展，消费者在享受便捷购物体验的同时越来越倾向于在购买前参考他人的商品评论。因此，商品评论的情感分析成为电商企业洞察消费者心理、提升服务质量和产品竞争力的有力工具。情感分析技术不仅帮助消费者做出更加明智的购买决策，也为行业的健康发展和市场细分提供了数据支持。本任务需要利用循环神经网络实现对商品评论文本的情感分类。

知识准备

3.2.1 循环神经网络中的常用网络层

循环神经网络是一类以序列数据为输入、在序列的演进方向递归，且所有节点（循环单元）按链式连接的递归神经网络。

循环神经网络中的常用网络层

对循环神经网络的研究始于 20 世纪 80 年代至 90 年代，循环神经网络在 21 世纪初发展为深度学习算法之一，其中双向循环神经网络和长短期记忆（Long Short-Term Memory，LSTM）网络是常见的循环神经网络。

循环神经网络具有记忆性、能够共享参数并且可以模拟单带图灵机，因此在对序列的非线性特征进行学习时具有一定优势。循环神经网络常用于自然语言处理领域，如语音识别、语言建模、机器翻译等，也被用于各类时间序列预报。引入了卷积神经网络结构的循环神经网络可以处理包含序列输入的计算机视觉问题。

设计循环神经网络的目的是处理序列数据。在传统的神经网络中，结构是从输入层到隐藏层再到输出层，层与层之间是全连接的，层内的节点之间是无连接的。但是这种神经网络不具备长短期记忆的能力。假设需要预测句子中的下一个单词是什么，通常需要使用预测对象前面的单词。这是因为一个句子中前面的单词和后面的单词并不是独立的。循环神经网络之所以如此命名，是因为网络中一个序列当前的输出与上一次的输出有关。具体的表现形式为网络会对上一次的信息进行记忆并应用于当前输出的计算中，即隐藏层内的节点之间是有连接的，并且隐藏层的输入不仅包括输入层的输出，还包括上一时刻隐藏层的输出。理论上，循环神经网络能够对任何长度的序列数据进行处理。但是在实践中，为了降低复杂性，我们往往假设当前的状态只与前面几个状态相关。典型的循环神经网络如图 3-24 所示。

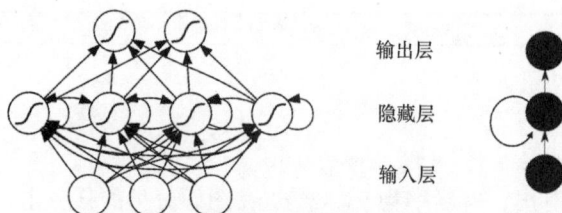

图 3-24　典型的循环神经网络

本小节介绍利用 TensorFlow 实现循环神经网络中需要用到的网络层，并解释每个网络层的计算原理。

1. Embedding 层

首先解释分类数据矢量化。分类数据是指来自有限选择集的一个或多个离散项的输入特征。分类数据最直接的表示方式是通过稀疏张量（Sparse Tensor）表示，即通过独热编码实现向量化。

但是通过独热编码实现的分类数据向量化，有如下两个问题使得机器学习不能有效学习。

（1）输入向量太大。在深度学习中，巨大的输入向量意味着数量超大的神经网络的权重。假设一个词汇表中有 m 个单词，并且输入网络的第一层中有 n 个节点，则需要使用 $m \times n$ 个权重来训练该网络的第一层。大量的权重会导致有效训练需要的数据增多且训练和使用网络所需的计算量增多。

（2）向量间缺少有意义的关系。将 RGB 通道的像素值提供给图像分类器，那么谈论"相近"值是有意义的。例如"略带红色的蓝色接近纯蓝色"这个判断无论是在语义上还是在向量之间的几何距离方面都成立。但是，假设索引 1247 存在向量 1 表示为"马"，索引 50430 存在向量 1 表示为"羚羊"。"外貌与马类似、长了 4 条腿的羚羊与狮子很接近"这句话无论是在语义上还是在生物学中都不成立。

更快地训练网络不仅需要足够大的维度来编码丰富的语义关系，还需要一个足够大的向量空间。

Embedding 层的作用是将高维数据映射到较低维的空间，这样既解决了向量空间高维度的问题，又赋予了单词间在几何空间中距离远近的实际意义。

Embedding 层只能用作网络中的第一层。Embedding 函数的语法格式如下。

```
tf.keras.layers.Embedding(
    input_dim, output_dim, embeddings_initializer='uniform',
    embeddings_regularizer=None, embeddings_constraint=None,
    mask_zero=False, weights=None, lora_rank=None, **kwargs
)
```

Embedding 函数的常用参数及其说明如表 3-6 所示。

表 3-6　Embedding 函数的常用参数及其说明

常用参数	说明
input_dim	接收 int 类型的值。表示词汇量。无默认值
output_dim	接收 int 类型的值。表示密集嵌入的大小。无默认值
embeddings_initializer	接收函数。表示初始化函数。默认为'uniform'
embeddings_regularizer	接收函数。表示正则化函数。默认为 None
embeddings_constraint	接收函数。表示约束函数。默认为 None
mask_zero	接收 bool 类型的值。表示是否排除 0。默认为 False

使用 Embedding 函数构建训练矩阵，如代码 3-10 所示。

代码 3-10　使用 Embedding 函数构建训练矩阵

```python
import tensorflow as tf
import numpy as np
model = tf.keras.Sequential()
# 输出的大小为(batch,input_length,features)，这里的 features=64
# Embedding 层可训练的矩阵大小为(1000,64)
model.add(tf.keras.layers.Embedding(1000, 64, input_length=10))
# 生成 32 个句子，每个句子包含 10 个单词，单词的编号从 0 到 999 随机选取
input_array = np.random.randint(1000, size=(32, 10))
model.compile('rmsprop', 'mse')
output_array = model.predict(input_array)
print(output_array.shape)
```

代码 3-10 的输出结果如下。

```
(32, 10, 64)
```

网络将大小为(batch,input_length)的整数矩阵作为输入，input_length 值为 10 意味着每个句子只包含 10 个单词，batch 值为 1000 意味着输入的最大整数，即单词索引应不大于 999。

2. 循环层

前馈神经网络只能独立处理每一个输入，进入网络的前一个输入和后一个输入之间是完全没有关联的。但是，某些任务需要前一个输入和后一个输入之间有关联，因为处理的目标不再是一个输入值，而是多个输入值之间有关联的序列。例如，当需要理解一句话的意思时，不能只是独立地理解这句话中的每个词，因为这样无法理解整句话所表达的意思，而是需要理解将这些词连接起来后的整个序列。处理视频的时候也不能只是单独地分析每一帧，而是需要分析将这些帧连接起来后的整个序列。

以自然语言处理中一个非常简单的词性标注的任务为例，要将"我""吃""苹果"3个单词标注词性为"我"：名词、"吃"：动词、"苹果"：名词，普通的前馈神经网络会将每个单词及其词性作为独立的输入和输出。但是实际上，一个句子中的前一个单词对于当前单词的词性预测具有很大的影响，如预测"苹果"的词性的时候，由于前面的"吃"是一个动词，可以认为"苹果"是名词的概率远大于是动词的概率，这是因为动词后面接名词

93

更为常见。

为了解决一些类似的问题，循环神经网络诞生了。循环神经网络的隐藏层结构如图 3-25 所示。其中，$X=[x_1, x_2,…, x_m]^T$ 是一个单词的输入向量（Embedding 层的输出）；$S=[s_1, s_2, …, s_n]^T$ 是隐藏层的各个神经元的输出向量；$U \in \mathbf{R}^{n \times m}$ 是输入层到隐藏层的权重矩阵，V 是隐藏层到输出层的权重矩阵；O 是输出层的各个神经元的输出向量。

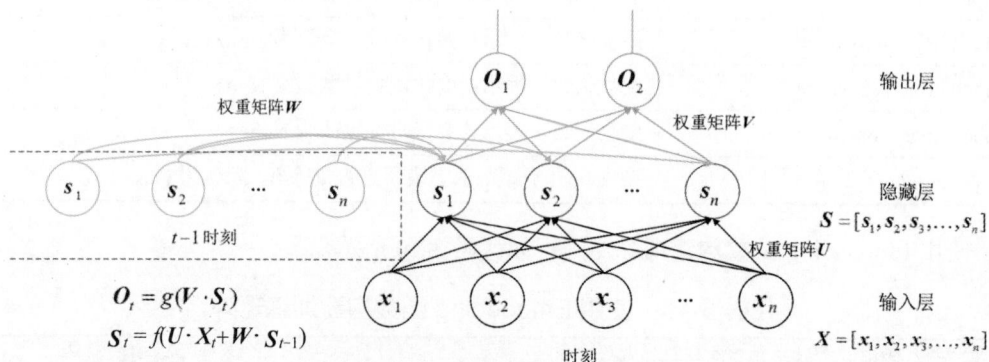

图 3-25　循环神经网络的隐藏层结构

循环神经网络的隐藏层的输出向量 S_t 不仅取决于当前时刻（单词）t 的输入 X_t，还取决于上一个时刻（单词）$t-1$ 的隐藏层的输出向量 S_{t-1}，即 $S_t = f(U \cdot X_t + W \cdot S_{t-1})$。其中，权重矩阵 $W \in \mathbf{R}^{m \times n}$ 表示隐藏层上一个时刻的输出向量作为这一次的输入的权重。

将图 3-25 中的隐藏层结构按时间线展开，如图 3-26 所示。假设一句话有 4 个单词，每个单词的 Embedding 层的输出向量作为 t 时刻的输入 X_t，整个网络的输出可以在最后一个单词输入后得到。

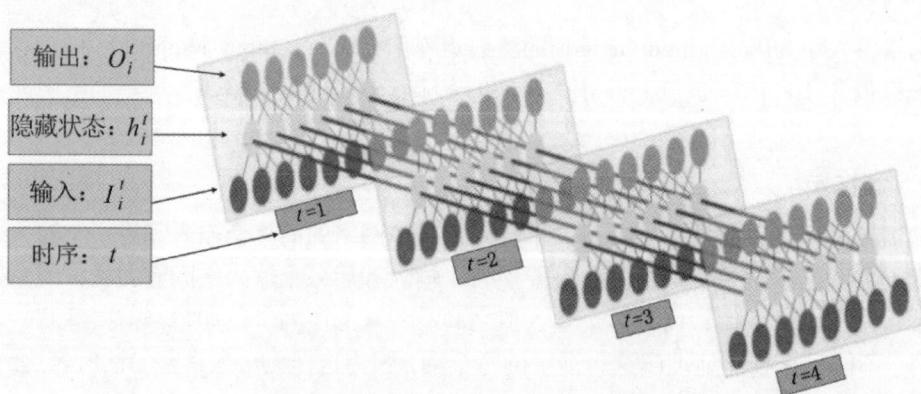

图 3-26　按时间线展开的循环神经网络的隐藏层结构

tf.keras 中提供了一些常用的循环层的实现，如 SimpleRNN 类、LSTM 类。

（1）SimpleRNN 类

SimpleRNN 类的语法格式如下。

```
tf.keras.layers.SimpleRNN(
    units, activation='tanh', use_bias=True,
```

```
    kernel_initializer='glorot_uniform',
    recurrent_initializer='orthogonal',
    bias_initializer='zeros', kernel_regularizer=None,
    recurrent_regularizer=None, bias_regularizer=None, activity_regularizer=
None,
    kernel_constraint=None, recurrent_constraint=None, bias_constraint= None,
    dropout=0.0, recurrent_dropout=0.0, return_sequences=False, return_state=
False,
    go_backwards=False, stateful=False, unroll=False, seed=None, **kwargs
)
```

SimpleRNN 类的常用参数及其说明如表 3-7 所示。

表 3-7 SimpleRNN 类的常用参数及其说明

常用参数	说明
units	接收 int 类型的值。表示输出空间的维度。无默认值
activation	接收函数。表示要使用的激活函数。默认为'tanh'
return_sequences	接收 bool 类型的值。表示是否返回输出序列中的最后一个输出。默认为 False
return_state	接收 bool 类型的值。表示是否返回最后一个状态。默认为 False
go_backwards	接收 bool 类型的值。表示向后处理输入序列并返回相反的序列。默认为 False
stateful	接收 bool 类型的值。表示批次中索引 i 处的每个样品的最后状态是否将用作下一批次中索引 i 处的每个样品的初始状态。默认为 False
unroll	接收 bool 类型的值。表示是否将网络展开。默认为 False

使用 SimpleRNN 类构建网络如代码 3-11 所示。

代码 3-11 使用 SimpleRNN 类构建网络

```
import tensorflow as tf
import numpy as np
# 网络将大小为(batch,input_length)的整数矩阵作为输入，也就是说每个句子只包含 10 个单词
# 并且输入的最大整数（单词索引）应不大于 999（从 0 开始，即不超过 1000 个单词）
model = tf.keras.Sequential()
model.add(tf.keras.layers.Input(shape=(10,)))
model.add(tf.keras.layers.Embedding(1000, 64))

# Embedding 层输出的每个句子包含 10 个单词，每个单词编码成一个 64 维的向量
# 即将(batch,input_length,features)作为 SimpleRNN 的输入
model.add(tf.keras.layers.SimpleRNN(128))
model.summary()

# 生成 32 个句子，每个句子包含 10 个单词，单词的编号从 0 到 999 随机选取
input_array = np.random.randint(1000, size=(32, 10))
output_array = model.predict(input_array)
print(output_array.shape)

# 还可以让 SimpleRNN 层返回每个单词的输出
```

```
inputs = np.random.random([32, 10, 8]).astype(np.float32)
simple_rnn = tf.keras.layers.SimpleRNN(128,
                                       return_sequences=True,
                                       return_state=True)
whole_sequence_output, final_state = simple_rnn(inputs)
print(whole_sequence_output.shape)
```

运行代码 3-11 得到的结果如下。

```
Model: "Sequential_1"
_____
Layer (type)                 Output Shape              Param #
=================================================================
embedding (Embedding)        (None, 10, 64)            64000

simple_rnn (SimpleRNN)       (None, 128)               24704
=================================================================
Total params: 88,704
Trainable params: 88,704
Non-trainable params: 0
_____
(32, 128)
(32, 10, 128)
```

在代码 3-11 中，Embedding 层的权重矩阵有 1000×64=64000 个可训练的参数。在 SimpleRNN 类中，每个单词的输入维度为 64，隐藏层有 128 个节点，然后直接经过传递函数得到 128 维的输出。因此，输入层到隐藏层的权重矩阵 U 有 128×64=8192 个可训练的参数，上一个时刻的隐藏层的输出向量作为这一次的输入的权重矩阵 W 有 128×128=16384 个可训练的参数，偏置向量 b 有 128 个可训练的参数。所以 SimpleRNN 类中一共有 128×64+128×128+128=24704 个可训练的参数。

（2）LSTM 类

简单 RNN 的记忆功能不够强大，当输入的数据序列比较长时，它无法将序列中之前获取的信息有效地向下传递，LSTM 网络则能够克服该缺点。

LSTM 网络的内部结构如图 3-27 所示。其中，⊙ 表示阿达马积（Hadamard Product），将矩阵中对应的元素相乘，要求两个相乘的矩阵大小是相同的。x_t 是 t 时刻的输入，c_{t-1} 和 h_{t-1} 是 $t-1$ 时刻的两个输出，分别表示细胞状态（Cell State）和隐藏状态（Hidden State）。其中 c_t 的数值大小随着传递的进行改变得较慢，因为输出的 c_t 是上一个状态传过来的 c_{t-1} 加上一些数值而得到的。而在不同节点下的 h_t 的数值大小改动幅度较大。设 $X_t = \begin{bmatrix} x_t \\ h_{t-1} \end{bmatrix}$、$\sigma(z) = \dfrac{1}{1+e^{-z}}$、

$\tanh(z) = \dfrac{e^z - e^{-z}}{e^z + e^{-z}}$，则 $z_f = \sigma(W_f X_t)$、$z_i = \sigma(W_i X_t)$、$z = \tanh(W X_t)$、$z_o = \sigma(W_o X_t)$。

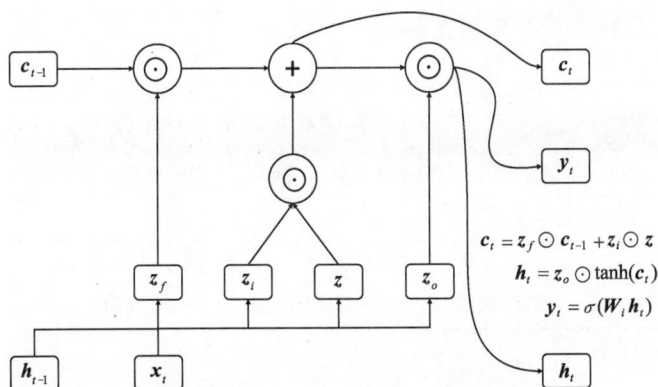

$$c_t = z_f \odot c_{t-1} + z_i \odot z$$
$$h_t = z_o \odot \tanh(c_t)$$
$$y_t = \sigma(W_i h_t)$$

图 3-27 LSTM 网络的内部结构

LSTM 网络内部主要分为 3 个阶段，首先是忘记阶段，然后是选择记忆阶段，最后是输出阶段。

① 忘记阶段。这个阶段主要是对上一个节点传进来的输入进行选择性忘记，即将计算得到的 z_f（f 表示 forget）作为忘记门控，以控制上一个状态的 c_{t-1} 有哪些需要留下来、哪些需要忘记。

② 选择记忆阶段。这个阶段的输入会被有选择地"记忆"，主要是对输入 x_t 进行选择记忆。当前的输入内容由前面计算得到的 z 表示，而选择的门控信号则由 z_i（i 代表 information）控制。将上面两步得到的结果相加，即可得到传输给下一个状态的 c_t，即 $c_t = z_f \odot c_{t-1} + z_i \odot z$。

③ 输出阶段。这个阶段将决定当前状态的输出值。当前状态的输出值主要是通过 z_o（o 代表 output）来控制的，并且还对上一阶段得到的 c_o 进行了放大或缩小的操作（通过 tanh 激活函数进行放缩操作）。与典型的 RNN 类似，输出 y_t 往往也是通过 h_t 变化得到的。

LSTM 网络通过门控状态来控制传输状态，记住需要长时间记忆的信息，忘记不重要的信息，而不像普通的 RNN 那样只有一种记忆叠加方式。但也因为 LSTM 网络引入了很多内容，导致参数变多，使得训练难度加大了很多。因此很多时候会使用效果和 LSTM 网络相当、但参数更少的门控循环单元（Gated Recurrent Unit，GRU）来构建大训练量的网络。

LSTM 类的语法格式如下。

```
tf.keras.layers.LSTM(
    units, activation='tanh', recurrent_activation='sigmoid',
    use_bias=True, kernel_initializer='glorot_uniform',
    recurrent_initializer='orthogonal',
    bias_initializer='zeros', unit_forget_bias=True,
    kernel_regularizer=None, recurrent_regularizer=None, bias_regularizer=None,
    activity_regularizer=None, kernel_constraint=None, recurrent_constraint=None,
    bias_constraint=None, dropout=0.0, recurrent_dropout=0.0, seed=None,
    return_sequences=False, return_state=False, go_backwards=False,
    stateful=False, unroll=False, use_cudnn='auto', **kwargs
)
```

LSTM 类的常用参数及其说明如表 3-8 所示。

表 3-8　LSTM 类的常用参数及其说明

常用参数	说明
units	接收 int 类型的值。表示输出空间的维度。无默认值
activation	接收函数。表示要使用的激活函数。默认为'tanh'
recurrent_activation	接收函数。表示用于循环步骤的激活函数。默认为'sigmoid'
use_bias	接收 bool 类型的值。表示是否使用偏置向量。默认为 True

（3）GRU

GRU 是 LSTM 的一种简化方案，其网络结构如图 3-28 所示。

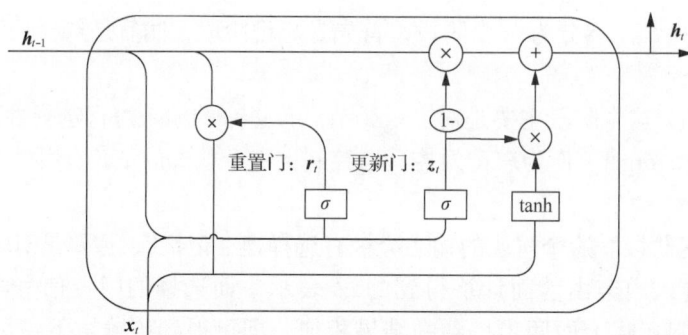

图 3-28　GRU 网络结构

在 GRU 中，重置门（Reset Gate）和更新门（Update Gate）是两个重要的门控机制，它们共同决定了如何处理序列数据中的信息。重置门负责决定如何将新的输入信息与前面的记忆相结合，而更新门则定义了前面的记忆在当前时间步保留的程度。当重置门被设置为 1 且更新门被设置为 0 时，GRU 将退化为标准的循环神经网络，因为它将不再能够有效捕捉长距离依赖关系。

GRU 和 LSTM 在处理长期依赖关系时都采用了门控机制，但它们之间存在一些关键的区别，具体有如下 4 点。

① 参数数量：GRU 的参数数量比 LSTM 少，只有 1 个隐藏状态和 2 个门控单元（重置门和更新门），而 LSTM 有 2 个隐藏状态和 3 个门控单元（遗忘门、输入门和输出门）。

② 更新机制：GRU 的更新机制涉及将隐藏状态划分为两部分：一部分负责重置，另一部分负责更新。重置门决定有多少历史信息不能被传递到下一时刻，更新门决定有多少历史信息可以被传递到下一时刻。LSTM 则通过遗忘门和输入门来控制信息的流动，遗忘门决定了哪些旧信息应被丢弃，而输入门则决定了哪些新信息应被加入。

③ 门控方式：GRU 的门控机制更加简洁，只有一个重置门和一个更新门，而 LSTM 有 3 个门控单元，这意味着 LSTM 的门控机制更加复杂。

④ 输出方式：GRU 网络在计算输出时并不应用二阶非线性。

GRU 类的语法格式如下。

```
tf.keras.layers.GRU(
    units, activation='tanh', recurrent_activation='sigmoid',
```

```
use_bias=True, kernel_initializer='glorot_uniform',
recurrent_initializer='orthogonal',
bias_initializer='zeros', kernel_regularizer=None,
recurrent_regularizer=None, bias_regularizer=None,
activity_regularizer=None, kernel_constraint=None, recurrent_constraint=None,
bias_constraint=None, dropout=0.0, recurrent_dropout=0.0, seed=None,
return_sequences=False, return_state=False, go_backwards=False,
stateful=False, unroll=False, use_cudnn='auto', **kwargs
)
```

（4）Bi-RNN

双向循环神经网络（Bidirectional Recurrent Neural Network，Bi-RNN）是一种特殊的循环神经网络，它能够同时利用序列数据的正向和反向信息。这种网络结构在处理序列数据时具有很大的优势，尤其是在需要考虑序列数据中上下文信息的任务中。

Bi-RNN 的网络结构如图 3-29 所示，它由两个子网络组成，分别是正向 RNN 和反向 RNN。这两个子网络共享相同的权重参数，但它们的输入序列方向相反。每个子网络都会输出一个序列，然后这两个序列会合并，形成一个包含上下文信息的序列。

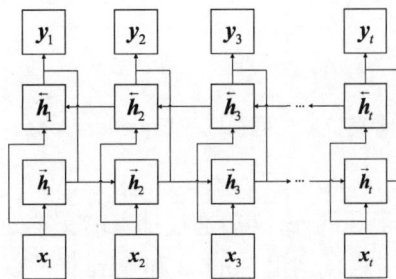

图 3-29 Bi-RNN 网络结构

在处理序列数据时，不仅需要考虑序列中的当前信息，还需要考虑序列中的历史信息和未来信息。Bi-RNN 通过同时处理序列的正向和反向信息，能够更好地捕捉序列数据中的上下文信息。例如，在文本分类任务中，Bi-RNN 能够同时考虑序列的起始和结束信息，从而更好地理解整个句子或段落的含义。在语音识别任务中，Bi-RNN 能够同时考虑语音信号的起始和结束信息，从而更好地理解语音信号的含义。

Bi-RNN 的优点在于它能够更好地处理序列数据中的上下文信息，从而提高模型的性能。然而，这种网络结构也存在一些缺点，例如计算复杂度较高、需要更多的训练数据等。在实际应用中，需要根据具体任务和数据集的特点来决定是否使用 Bi-RNN。

3. 注意力机制

注意力机制被广泛使用在自然语言处理、图像识别及语音识别等各种类型的深度学习任务中，是深度学习技术中值得关注与深入了解的核心技术之一。了解注意力机制的工作原理对于关注深度学习技术发展的技术人员有很大的必要性。

（1）人类的视觉注意力机制

注意力网络的命名借鉴了人类的注意力机制，首先简单介绍人类的视觉注意力机制。

视觉注意力机制是人类视觉所特有的大脑信号处理机制，通过快速扫描全局图像找到需要重点关注的目标区域，也就是一般所说的注意力焦点，而后对相应区域投入更多注意力资源，以获取更多需要关注的目标的细节信息，同时忽略其他无用信息。这是人类利用有限的注意力资源从大量信息中快速筛选出高价值信息的手段，是人类在长期进化中形成的一种生存机制。人类视觉注意力机制极大地提高了视觉信息处理的效率与准确性。

（2）编码器-解码器框架

要了解深度学习中的注意力机制，就要先了解编码器-解码器（Encoder-Decoder）框架。目前大多数注意力网络附着在 Encoder-Decoder 框架下。当然，其实注意力机制可以看作一种通用的思想，本身并不依赖于特定框架。Encoder-Decoder 框架可以看作深度学习领域的一种研究模式，其应用场景非常广泛。抽象的文本处理领域的 Encoder-Decoder 框架如图 3-30 所示。

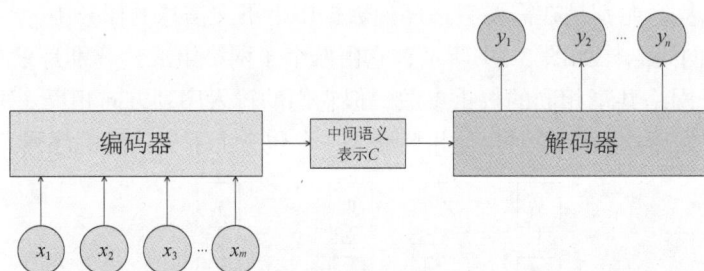

图 3-30　抽象的文本处理领域的 Encoder-Decoder 框架

令单词序列 Source=$<x_1, x_2, ..., x_m>$，Target=$<y_1, y_2, ..., y_n>$，如图 3-30 所示，对于句子对<Source,Target>，给定输入句子 Source，期望通过抽象的文本处理领域的 Encoder-Decoder框架来生成目标句子 Target。注意，这里 Source 和 Target 可以是同一种语言，也可以是两种不同的语言。

编码器将输入句子 Source 通过非线性变换 F 转化为中间语义表示 $C=F(x_1, x_2, ..., x_m)$。

解码器根据句子 Source 的中间语义表示 C 和之前已经生成的历史信息 $y_1, y_2, ..., y_{i-1}$，利用另一种变换 g 来生成 i 时刻要生成的单词 y_i。

y_i 依次产生后，整个系统即根据输入句子 Source 生成了目标句子 Target。如果 Source是中文句子，Target 是英文句子，那么这就是解决机器翻译问题的 Encoder-Decoder 框架；如果 Source 是一篇文章，Target 是概括性的几句描述语句，那么这就是文本摘要的Encoder-Decoder 框架；如果 Source 是一句问句，Target 是一句回答，那么这就是问答系统或者对话机器人的 Encoder-Decoder 框架。由此可见，在抽象文本处理领域，Encoder-Decoder框架的应用相当广泛。

Encoder-Decoder 框架在语音识别、图像处理等领域的应用也很广泛。例如，对于语音识别，编码器的输入是语音流，输出是对应的文本信息；而对于"图像描述"任务，编码器的输入是一张图片，解码器的输出则是能够描述图片内容的一句描述语；如果编码器的输入是一句话，解码器的输出是一张图片，则可以构造智能绘图的应用；如果编码器的输入是一张有噪声的图片，解码器的输出是一张无噪声的图片，则可以用于图像去噪；如果编码器的输入是一张黑白图片，解码器的输出是一张彩色图片，则可以用于黑白图像上色。

一般而言,文本处理和语音识别的编码器通常采用 RNN,图像处理的编码器一般采用 CNN。

（3）注意力网络

抽象的文本处理领域的 Encoder-Decoder 框架可以看作注意力不集中的分心网络。因为不管 i 为多少,y_i 都是基于相同的中间语义表示 C 进行编码的,所以注意力对所有输出都是相同的。注意力机制的任务是突出重点,也就是说,中间语义表示 C 对不同的 i 应该有不同的侧重点,如式（3-2）和式（3-3）所示。

$$y_i = g(C_i, y_1, y_2, \ldots, y_{i-1}) \tag{3-2}$$

$$C_i = \sum_{j=1}^{m} a_{ij} h_j \tag{3-3}$$

其中,h_j 是输入句子中第 j 个单词的语义编码,a_{ij} 代表在 Target 输出第 i 个单词时,Source 输入句子中第 j 个单词的注意力分配系数,a_{ij} 的定义如式（3-4）所示。

$$a_{ij} = \frac{e^{f(h_j, H_{i-1})}}{\sum_j e^{f(h_j, H_{i-1})}} \tag{3-4}$$

其中,H_{i-1} 是输出句子中第 i 个单词的语义编码,f 是相似性计算函数。常用的实现方法包括求点积、余弦值,或者通过再学习一个额外的神经网络来求值,然后用类似激活函数（Softmax）的计算方式对相似性进行数值转换。这样一方面可以进行归一化,将原始计算分值整理成所有元素权重之和为 1 的概率分布;另一方面也可以通过 Softmax 的内在机制突出重要元素的权重。值得一提的是,这种注意力网络的编程实现较为复杂。下面介绍更容易实现的自注意力机制。

（4）自注意力机制

自注意力（Self Attention）机制也经常被称为内部注意力（Intra Attention）机制,目前应用广泛,如 Google 的机器翻译网络内部就采用了自注意力机制。

在一般任务的 Encoder-Decoder 框架中,输入 Source 和输出 Target 内容是不一样的,如对于英译中机器翻译,Source 是英文句子,Target 是翻译的中文句子,注意力机制发生在 Target 的元素 Query 和 Source 中的所有元素之间。而自注意力机制指的不是 Target 和 Source 之间的注意力机制,而是 Source 内部元素之间或者 Target 内部元素之间发生的注意力机制,也可以理解为在 Target 和 Source 相等时的注意力机制。

可视化地表示自注意力机制在同一个英语句子内的单词间产生的联系,机器翻译中的自注意力机制实例如图 3-31 所示。

从图 3-31 可以看出,翻译 "making" 的时候会注意到 "more difficult",因为这两者组成了一个常用的短语关系。自注意力机制不仅可以捕获同一个句子中单词之间的一些句法特征或者语义特征,在计算过程中还可以直接将句子中任意两个单词通过一个计算步骤直接联系起来,所以相互依赖的特征之间的距离被极大地缩短,这有利于神经网络有效地利用这些特征。RNN 和 LSTM 网络均需要按序列顺序依次计算,对于远距离的相互依赖的特征,要经过若干时间序列的信息累积才能将两者联系起来,距离越远,有效捕获特征的可能性越小。而引入自注意力机制后,捕获句子中远距离的相互依赖的特征就相对容易了。

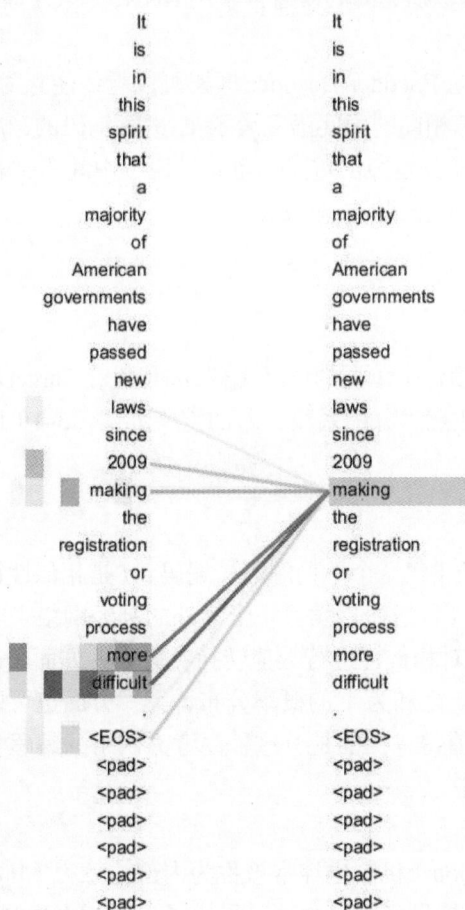

图 3-31　机器翻译中的自注意力机制实例

翻译词组 "Thinking Machines" 时，自注意力机制的计算过程如图 3-32 所示。其中单词 "Thinking" 经过 Embedding 层得到的输出用 x_1 表示，"Machines" 经过 Embedding 层得到的输出用 x_2 表示。单词 "Thinking" 的 Query、Key 和 Value 分别由 x_1 经过线性变换得到，即 $q_1 = x_1 W_Q$，$k_1 = x_1 W_K$，$v_1 = x_1 W_V$，其中 W_Q、W_K 和 W_V 是相同大小的、可学习的变换矩阵，由神经网络训练得到。同理，单词 "Machines" 的 Query、Key、Value 参数分别表示为 q_2、k_2 和 v_2。

当处理 "Thinking" 这个单词时，需要计算句子中所有单词与它的注意力得分，这就像将当前词作为搜索的 Query，去和句子中所有单词（包含该单词本身）的 Key 匹配，了解相关度有多高，即计算 q_1 与 k_1 的点积，以及 q_1 与 k_2 的点积。同理，计算 "Machines" 的注意力得分的时候需要计算 q_2 与 k_1 的点积以及 q_2 与 k_2 的点积。然后进行尺度的缩放并用激活函数（Softmax）进行归一化操作。当前单词与其自身的注意力得分一般最大，其他单词与当前单词有对应的注意力得分。然后将当前单词的注意力得分和其他单词与当前单词对应的注意力得分分别与 Value 相乘，再对得到的值做求和运算，得到当前单词的特征输出。

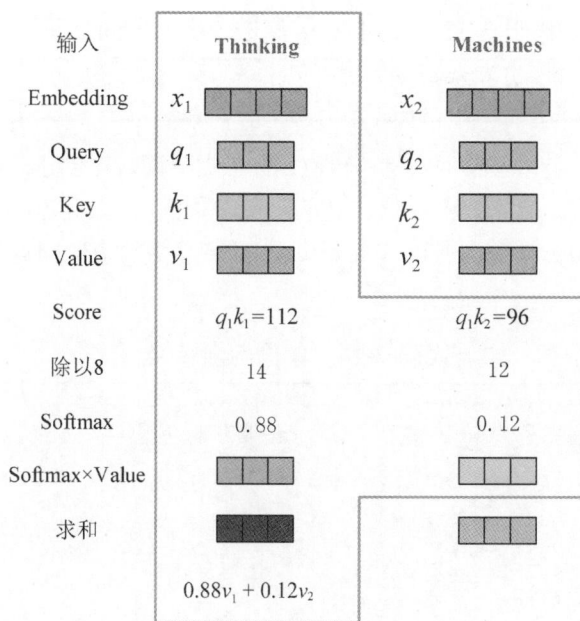

图 3-32　自注意力机制的计算过程

任务实现

3.2.2　基于循环神经网络的评论文本情感分类实例

在 3.2.1 小节 Embedding 层的介绍中提到了单词向量化的算法原理。文本数据的训练数据越多，得到的单词向量意思越清晰明了。然而，文本数据的训练数据越多，越考验相应的算力。Tokenizer 是文本处理任务中不可或缺的预处理步骤，其核心功能是将原始文本分割成可处理的单元——token，这些 token 可以是单词、字符或自定义的 token 等。本小节使用循环神经网络来实现在线购物评论的分类。

基于循环神经网络的评论文本情感分类实例

在线购物评论数据集以 CSV 格式存储，包含来自互联网的 10000 条客户在线购买衣服类商品后的评论，该数据集包含 5000 条正面评价和 5000 条负面评价。该数据集并没有经过任何预处理操作，评论为完整的句子，包含标点符号等，在将其分割成 token 前，需要对数据进行处理并做分词操作。首先找到数据存储的路径，并使用相对路径加载该数据，如代码 3-12 所示。

代码 3-12　加载数据

```
import pandas as pd
import jieba
import tensorflow as tf
df = pd.read_csv('./data/online_shopping_clothes.csv')
```

使用正则表达式对数据集中的评论进行处理，去除其中非汉字、非数字部分。针对处理完成的数据，使用 jieba 库进一步做分词处理，如代码 3-13 所示。

代码 3-13　使用 jieba 库进一步做分词处理

```
data_txt = df['review'].replace('[^\u4e00-\u9fa5^0-9]+','', regex=True)
data_cut = data_txt.apply(jieba.lcut)
```

　　初始化 Tokenizer 类用于单词向量的转换，并依据分词数据创建对应的字典。后续需要对句子进行填充的处理，而字典中并没有填充标记的关键字，因此需要往字典中添加填充标记符号及其索引。再将分词数据通过 Tokenizer 对象转换为对应的向量，单词向量转换如代码 3-14 所示。

代码 3-14　单词向量转换

```
# 定义 tokenizer
tokenizer = tf.keras.preprocessing.text.Tokenizer()
# 创建字典
tokenizer.fit_on_texts(data_cut)

# 添加填充符号
tokenizer.word_index['<PAD>'] = 0
tokenizer.index_word[0] = '<PAD>'

# 转换为向量
x_input = tokenizer.texts_to_sequences(data_cut)
```

　　句子填充函数 tf.keras.preprocessing.sequence.pad_sequences 的参数及其说明如表 3-9 所示。

表 3-9　句子填充函数的参数及其说明

参数	说明
sequences	需要填充的序列
maxlen	填充的序列长度，值为 None 时表示长度为输入序列中的最长的长度
padding	接收 str 类型的值，可选项为'pre'或'post'。表示在何处补 0，在序列的起始处填充用'pre'，在结尾处填充用'post'。默认为'pre'
truncating	接收 str 类型的值，可选项为'pre'或'post'，表示在何处截断序列。默认为'pre'
value	接收 float 类型的值，表示填充值。无默认值

　　设置句子填充的最大长度为 32，若句子长度小于 32，则在结尾处填充 0，若句子长度大于 32，则在结尾处截断。句子截断与填充，如代码 3-15 所示。

代码 3-15　句子截断与填充

```
# 句子填充
maxlen = 32
x_input = tf.keras.preprocessing.sequence.pad_sequences(
    sequences=x_input,
    maxlen=maxlen,
    padding='post',
    truncating='post',
    value=tokenizer.word_index['<PAD>']
)
```

划分数据集如代码 3-16 所示，其中训练集与测试集的比例为 8 : 2。

代码 3-16　划分数据集

```
# 划分数据集
from sklearn.model_selection import train_test_split
x_train, x_val, y_train, y_val = train_test_split(x_input, df['label'], test_
size=0.2, random_state=0)
print(x_train.shape, x_val.shape, y_train.shape, y_val.shape)
```

代码 3-16 的输出结果如下。

```
(8000, 32) (2000, 32) (8000,) (2000,)
```

构建一个简单 RNN，包含一个 Embedding 层、一个 SimpleRNN 层和一个 Dense 层，如代码 3-17 所示。

代码 3-17　构建一个简单 RNN

```
# 字典大小
vocabulary_size = len(tokenizer.index_word)

def rnn_model():
    model = tf.keras.Sequential([
        tf.keras.layers.Embedding(input_dim=vocabulary_size,
                                  output_dim=128,
                                  input_length=maxlen),
        tf.keras.layers.SimpleRNN(64),
        tf.keras.layers.Dense(1, activation='sigmoid')
    ])
    model.compile(optimizer=tf.keras.optimizers.Adam(),
                  loss=tf.keras.losses.BinaryCrossentropy(),
                  metrics=['accuracy'])
    return model
rnn_model = rnn_model()
```

训练构建的简单 RNN，如代码 3-18 所示。

代码 3-18　训练构建的简单 RNN

```
history1 = rnn_model.fit(x_train, y_train, batch_size=64, epochs=5, validation_
split=0.2)
```

代码 3-18 的输出结果如下。

```
Epoch 1/5
100/100 ——————————————————— 4s 17ms/step - accuracy: 0.7963 -
loss: 0.4507 - val_accuracy: 0.9112 - val_loss: 0.2609
Epoch 2/5
100/100 ——————————————————— 1s 15ms/step - accuracy: 0.9472 -
loss: 0.1749 - val_accuracy: 0.9219 - val_loss: 0.2310
Epoch 3/5
100/100 ——————————————————— 1s 14ms/step - accuracy: 0.9656 -
loss: 0.1163 - val_accuracy: 0.9194 - val_loss: 0.2085
Epoch 4/5
```

```
100/100 ──────────────────────────── 1s 14ms/step - accuracy: 0.9770 -
loss: 0.0794 - val_accuracy: 0.9275 - val_loss: 0.2303
Epoch 5/5
100/100 ──────────────────────────── 1s 14ms/step - accuracy: 0.9805 -
loss: 0.0660 - val_accuracy: 0.9187 - val_loss: 0.2551
```

将测试集放入训练好的网络中查看准确率。查看简单 RNN 的准确率，如代码 3-19 所示。

代码 3-19   查看简单 RNN 的准确率

```
loss, accuracy = rnn_model.evaluate(x_val, y_val, batch_size=64, verbose=2)
print('loss:', loss)
print('accuracy:', accuracy)
```

model.evaluate 方法返回的是准确率和损失值，代码 3-19 的输出结果如下。

```
32/32 - 0s - 11ms/step - accuracy: 0.9285 - loss: 0.2321
loss: 0.2321067452430725
accuracy: 0.9284999966621399
```

由代码 3-19 的输出结果可知，四舍五入取小数点后两位数，代码 3-17 构建的简单 RNN 准确率约为 0.93，损失值约为 0.23。

除了经典的 RNN，还可以用别的 RNN 的变体去训练，构建时基本 3 层网络层结构不变。LSTM 网络如代码 3-20 所示，GRU 网络如代码 3-21 所示，LSTM 网络和 GRU 网络都包含一个 Embedding 层、一个指定循环层、一个 Dense 层。

代码 3-20   LSTM 网络

```
def lstm_model():
    model = tf.keras.Sequential([
        tf.keras.layers.Embedding(input_dim=vocab_size,
                                  output_dim=128,
                                  input_length=maxlen),
        tf.keras.layers.LSTM(64),
        tf.keras.layers.Dense(1, activation='sigmoid')
    ])
    model.compile(optimizer=tf.keras.optimizers.Adam(),
                  loss=tf.keras.losses.BinaryCrossentropy(),
                  metrics=['accuracy'])
    return model
lstm_model = lstm_model()

history2 = lstm_model.fit(x_train,
                          y_train,
                          batch_size=64,
                          epochs=5,
                          validation_split=0.2
)
lstm_model.evaluate(x_val, y_val, batch_size=64, verbose=2)
```

LSTM 网络的评估结果如下。

```
32/32 - 0s - 14ms/step - accuracy: 0.9305 - loss: 0.2373
[0.23733565211296082, 0.9304999709129333]
```

代码 3-21　GRU 网络

```
def gru_model():
    model = tf.keras.Sequential([
        tf.keras.layers.Embedding(input_dim=vocab_size,
                                  output_dim=128,
                                  input_length=maxlen),
        tf.keras.layers.GRU(64),
        tf.keras.layers.Dense(1, activation='sigmoid')
    ])
    model.compile(optimizer=tf.keras.optimizers.Adam(),
                  loss=tf.keras.losses.BinaryCrossentropy(),
                  metrics=['accuracy'])
    return model
gru_model = gru_model()

history3 = gru_model.fit(x_train,
                         y_train,
                         batch_size=64,
                         epochs=5,
                         validation_split=0.2
)
gru_model.evaluate(x_val, y_val, batch_size=64, verbose=2)
```

GRU 网络的评估结果如下。

```
32/32 - 1s - 16ms/step - accuracy: 0.9350 - loss: 0.1855
[0.1855449229478836, 0.9350000023841858]
```

任务 3.3　生成对抗网络

任务描述

在时尚产业日益繁荣的今天，个性化消费需求不断上升，鞋子作为时尚单品之一，其设计风格和款式创新成为吸引消费者的关键。随着数字技术和人工智能的发展，鞋子图片生成技术在设计环节中扮演着越来越重要的角色。设计师和品牌方可以利用这一技术，快速生成多种款式的鞋子图片，这不仅提高了设计效率、降低了生产成本，也为消费者提供了更加丰富和个性化的选择。在这一背景下，鞋子图片生成技术正成为推动时尚产业创新和数字化转型的重要驱动力。本任务需要利用生成对抗网络实现鞋子图片的自动生成。

知识准备

3.3.1　常用生成对抗网络算法及其结构

生成对抗网络（Generative Adversarial Network，GAN）是一种深度学习网络，是近年来提出的复杂分布上的无监督学习的方法之一。网络通过框架中的生成器（Generative）和判别器（Discriminative）的互相博弈产生输出。在经典的 GAN 理论中，并不要求生成器和判别器都是神经网络，只要求它们能够拟合对应的生成和判别函数，但在实际运用中通常使用深度神经网络作为生成器和判别器。

本小节首先介绍经典 GAN 的算法及其结构，然后介绍在图像处理方面比较常用的深度卷积生成对抗网络（Deep Convolutional GAN，DCGAN）、条件生成对抗网络（Conditional GAN，CGAN）、循环生成对抗网络（CycleGAN）和 Wasserstein 生成对抗网络（Wasserstein GAN，WGAN）。

1. 经典 GAN

经典 GAN 的目标是使生成的假图片无法被判定成假图片。以生成假小狗图片为例，需要一个生成假小狗图片的网络，称之为生成器；还有一个判别小狗图片真假的网络，称之为判别器，如图 3-33 所示。

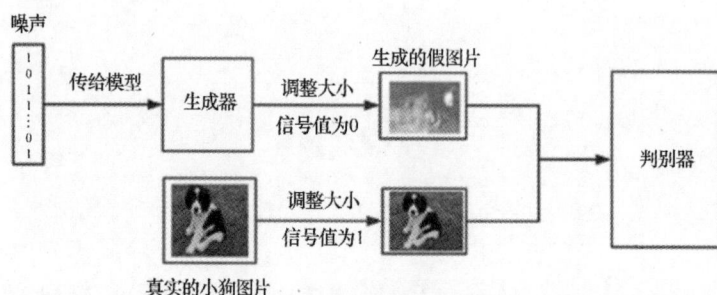

图 3-33　生成假小狗图片

首先输入真实的小狗图片，训练出一个判别器，能对真假样本做出判断。在判别器的基础上对网络进行训练，可以得到一个生成器，然后将生成器生成的小狗图片交给判别器来判别真伪，如果判别器判别该图片为假小狗图片，则让生成器吸取教训继续训练。直到判别器无法判别生成器生成的是假小狗图片且给出"真"的判断。最后输出实际为"假"、判断为"真"的图片，达到以假乱真的效果。

2. DCGAN

DCGAN 是 GAN 的变体结构，其主要的改进在于网络结构，DCGAN 极大地提升了训练的稳定性以及生成结果的质量。DCGAN 使用两个 CNN 构建生成器和判别器，其中，DCGAN 的生成器如图 3-34 所示。

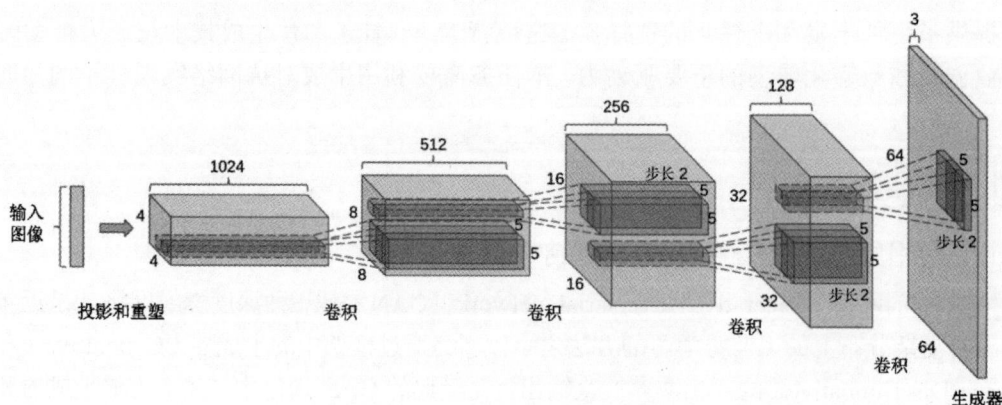

图 3-34　DCGAN 的生成器

同时 DCGAN 对原始的 CNN 的结构做出了一些改变，以提高收敛的速度，具体改变如下。

（1）取消所有池化层。生成器中使用转置卷积进行上采样，判别器中用加入步长的卷积层代替池化层。

（2）在生成器和判别器中均使用批归一化。神经网络中的每一层都会使得该层输出数据的分布发生变化。随着层数的增加，网络的整体偏差会越来越大。批归一化可以解决这一问题，通过对每一层的输入都进行归一化的处理，使得数据服从某种固定的分布。

（3）去掉全连接层。全连接层的缺点在于参数过多，当神经网络层数增加后运算速度将变得非常慢，此时全连接层会使网络变得容易过拟合。

（4）生成器和判别器使用不同的激活函数。生成器的输出层使用 ReLU 激活函数，判别器的输出层使用 tanh 激活函数。判别器中除输出层的所有层均使用 LeakyReLU 激活函数。

3. CGAN

CGAN 是在 GAN 的基础上进行改进的，其改进的目标是使得网络能够指定具体生成的数据。通过对经典的 GAN 的生成器和判别器添加额外的条件信息实现 CGAN，最常见的条件信息为类别标签或者是其他的辅助信息。

CGAN 的核心就是将条件信息加入生成器和判别器中。

（1）经典的 GAN 的生成器的输入信息是固定长度的噪声信息，CGAN 中则将噪声信息 z 与标签信息 y 组合起来作为输入，标签信息一般由独热编码构成，如图 3-35 所示。

（2）经典的 GAN 的判别器的输入是图像数据（真实的训练样本和生成器生成的数据），CGAN 中则是将类别标签 y 和图像数据 x 组合起来作为输入，如图 3-36 所示。

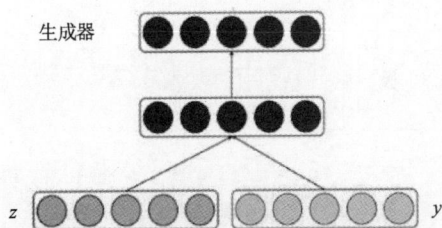

图 3-35　将噪声信息与标签信息组合起来作为输入

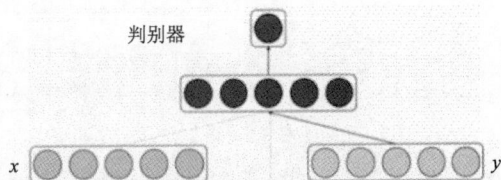

图 3-36　将类别标签和图像数据组合起来作为输入

4. CycleGAN

CycleGAN 是朱俊彦等人于 2017 年 3 月提出的。该网络的作用是将一类图像转换成另一类图像。假设有 X 和 Y 两个图像域（如马和斑马），CycleGAN 能够将图像域 X 的图像（马）转换为图像域 Y 的图像（斑马），或者是将图像域 Y 的图像（斑马）转换为图像域 X 的图像（马），如图 3-37 所示。

CycleGAN 的网络结构如图 3-38 所示。

为了实现 X 和 Y 两个域之间的相互映射，CycleGAN 包含两个映射网络（也就是生成器）G（$X{\to}Y$）和 F（$Y{\to}X$），以及两个对应的判别器 D_x 和 D_y。判别器 D_x 的目标是区分来自图像域 X 的真实图像和转换的图像 $F(y)$，D_y 的目标是区分来自图像域 Y 的真实图像和转

换的图像 $F(x)$。

图 3-37　图像域 X 和图像域 Y 的图像转换

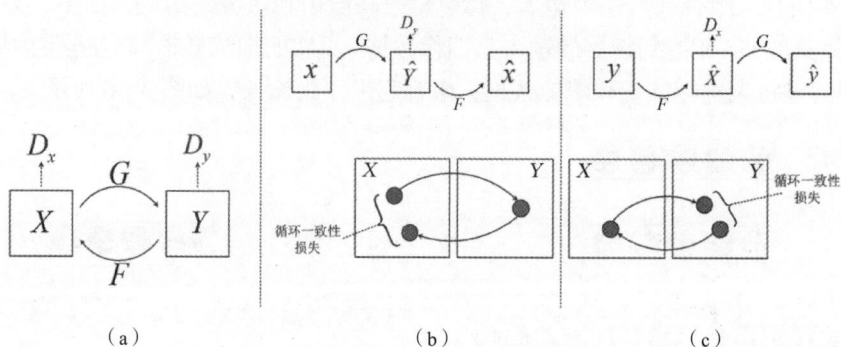

（a）　　　　　　　　（b）　　　　　　　　（c）

图 3-38　CycleGAN 的网络结构

5. WGAN

WGAN 的全称是 Wasserstein GAN，它是 GAN 的一种变体，由马丁·阿尔约沃斯基（Martin Arjovsky）等人于 2017 年提出。WGAN 旨在解决原始 GAN 在训练过程中遇到的一系列稳定性问题，包括模式崩溃（生成器产生的输出种类有限）和训练不稳定，以及由此导致的梯度消失问题。

为了解决 GAN 训练中遇到的稳定性问题，WGAN 引入了 Wasserstein 距离作为生成器和判别器之间的度量，而不是原始 GAN 中使用的交叉熵损失。Wasserstein 距离是一种度量两个概率分布差异的方法，它能够为生成器提供更平滑的梯度信号。在实际数据分布与生成器创建的分布不重叠或仅有轻微重叠的情况下，Wasserstein 距离能够更有效地测量分布之间的距离。

WGAN 有效地解决了 GAN 训练不稳定的问题，不再需要平衡生成器和判别器的训练程度，在训练过程中表现出更高的稳定性，使得生成器能够生成更加多样化和稳定的数据。同时，Wasserstein 距离提供了一种在训练过程中生成样本质量的衡量标准，能够更有效地判定生成器产生的图像质量。

尽管 WGAN 在某些任务中表现出色，但它也有一些局限性。例如，为了保证判别器的行为是连续的，WGAN 对判别器的权重进行了设置，使得权重的大小不会超过某个预设的阈值。但权重裁剪可能会限制判别器的表达能力，导致生成器生成效果下降。此外，WGAN 的训练过程可能仍然需要大量的调整和优化，以达到最佳性能。

任务实现

3.3.2 基于生成对抗网络的鞋子图片生成实例

本小节使用 TensorFlow 构造 DCGAN 并进行训练，生成能"以假乱真"的鞋子图片。在训练 DCGAN 的时候，先冻结生成器，使用部分真实鞋子图片和生成器输出的假样本来训练判别器，尽可能区分两类样本。然后冻结判别器，将生成器构造的图片输入判别器，训练生成器使得判别器的输出逐渐接近 1，即生成的图片越来越逼真，直到最后"骗过"判别器。这样训练完成后的生成器产生的图片便与真实的鞋子图片基本一致了。

基于生成对抗网络的鞋子图片生成实例

首先需要导入数据集，如代码 3-22 所示。

代码 3-22　导入数据集

```python
import os
import numpy as np
import tensorflow as tf
from tensorflow import keras
from tensorflow.keras import layers
import glob
from PIL import Image

# 导入数据集
PATH = '../data/shoes/'
X_train = tf.data.Dataset.list_files(PATH+'*.jpg')
img_path = glob.glob('../data/shoes/*.jpg')
print('images num:', len(img_path))

image_size = 64
SHUFFLE_SIZE = 1000
batch_size = 64

def load(image_file):
    image = tf.io.read_file(image_file)
    image = tf.image.decode_jpeg(image)
    image = tf.cast(image, tf.float32)
    image = tf.image.resize(image, [image_size, image_size])
    image = (image - 127.5) / 127.5
```

```
        return image

dataset = X_train.map(
    load,num_parallel_calls=tf.data.experimental.AUTOTUNE).cache().shuffle(
    SHUFFLE_SIZE).batch(batch_size).repeat(1000)
```

然后构建 DCGAN 的生成器，其中，激活函数采用 ReLU 函数，如代码 3-23 所示。

代码 3-23　构建 DCGAN 的生成器

```
class Generator(tf.keras.Model):
    def __init__(self):
        super(Generator, self).__init__()
        filter = 64
        # 转置卷积层 1，输出通道为 filter*8，核大小为 4，步长为 1，不使用填充，不使用偏置
        self.conv1 = layers.Conv2DTranspose(
                filter * 8, 4, 1, 'valid', use_bias=False)
        self.bn1 = layers.BatchNormalization()
        # 转置卷积层 2
        self.conv2 = layers.Conv2DTranspose(
                filter * 4, 4, 2, 'same', use_bias=False)
        self.bn2 = layers.BatchNormalization()
        # 转置卷积层 3
        self.conv3 = layers.Conv2DTranspose(
                filter * 2, 4, 2, 'same', use_bias=False)
        self.bn3 = layers.BatchNormalization()
        # 转置卷积层 4
        self.conv4 = layers.Conv2DTranspose(
                filter * 1, 4, 2, 'same', use_bias=False)
        self.bn4 = layers.BatchNormalization()
        # 转置卷积层 5
        self.conv5 = layers.Conv2DTranspose(
                3, 4, 2, 'same', use_bias=False)

    def call(self, inputs, training=None):
        # [z, 100]
        x = inputs
        # 重塑成四维张量，方便后续转置卷积运算:(b,1,1,100)
        x = tf.reshape(x, (x.shape[0], 1, 1, x.shape[1]))
        x = tf.nn.relu(x)  # 激活函数
        # 转置卷积-BN-激活函数: (b,4,4,512)
        x = tf.nn.relu(self.bn1(self.conv1(x), training=training))
        # 转置卷积-BN-激活函数: (b,8,8,256)
        x = tf.nn.relu(self.bn2(self.conv2(x), training=training))
        # 转置卷积-BN-激活函数: (b,16,16,128)
        x = tf.nn.relu(self.bn3(self.conv3(x), training=training))
        # 转置卷积-BN-激活函数: (b,32,32,64)
        x = tf.nn.relu(self.bn4(self.conv4(x), training=training))
        # 转置卷积-激活函数: (b,64,64,3)
        x = self.conv5(x)
        # x 的范围为 0~1，与预处理一致
```

```
        x = tf.tanh(x)

        return x
```

然后构建 DCGAN 的判别器，其中，激活函数采用 ReLU 函数，如代码 3-24 所示。

代码 3-24　构建 DCGAN 的判别器

```python
class Discriminator(tf.keras.Model):
    # 判别器
    def __init__(self):
        super(Discriminator, self).__init__()
        filter = 64
        # 卷积层
        self.conv1 = layers.Conv2D(filter, 4, 2, 'valid', use_bias=False)
        self.bn1 = layers.BatchNormalization()
        # 卷积层
        self.conv2 = layers.Conv2D(filter * 2, 4, 2, 'valid', use_bias=False)
        self.bn2 = layers.BatchNormalization()
        # 卷积层
        self.conv3 = layers.Conv2D(filter * 4, 4, 2, 'valid', use_bias=False)
        self.bn3 = layers.BatchNormalization()
        # 卷积层
        self.conv4 = layers.Conv2D(filter * 8, 3, 1, 'valid', use_bias=False)
        self.bn4 = layers.BatchNormalization()
        # 卷积层
        self.conv5 = layers.Conv2D(filter * 16, 3, 1, 'valid', use_bias=False)
        self.bn5 = layers.BatchNormalization()
        # 全局池化层
        self.pool = layers.GlobalAveragePooling2D()
        # 特征打平
        self.flatten = layers.Flatten()
        # 二分类全连接层
        self.fc = layers.Dense(1)


    def call(self, inputs, training=None):
        # 卷积-BN-激活函数: (4, 31, 31, 64)
        x = tf.nn.leaky_relu(self.bn1(self.conv1(inputs), training=training))
        # 卷积-BN-激活函数: (4, 14, 14, 128)
        x = tf.nn.leaky_relu(self.bn2(self.conv2(x), training=training))
        # 卷积-BN-激活函数: (4, 6, 6, 256)
        x = tf.nn.leaky_relu(self.bn3(self.conv3(x), training=training))
        # 卷积-BN-激活函数: (4, 4, 4, 512)
        x = tf.nn.leaky_relu(self.bn4(self.conv4(x), training=training))
        # 卷积-BN-激活函数: (4, 2, 2, 1024)
        x = tf.nn.leaky_relu(self.bn5(self.conv5(x), training=training))
        # 卷积-BN-激活函数: (4, 1024)
        x = self.pool(x)
        # 打平
        x = self.flatten(x)
        # 输出, [b, 1024] => [b, 1]
        logits = self.fc(x)
```

```
                return logits
```

编译网络，如代码 3-25 所示。需要注意的是，input_shape 参数的第一个维度可以设置为除了 None 的任意数值。

代码 3-25　编译网络

```
# 隐藏向量 z 的长度
z_dim = 100
img_shape = (image_size, image_size, 3)

# 构建生成器
generator = Generator()
generator.build(input_shape=(4, z_dim))
# 构建判别器
discriminator = Discriminator()
discriminator.build(input_shape=(4, 64, 64, 3))

loss_object = tf.keras.losses.BinaryCrossentropy(from_logits=True)
def g_loss_fn(d_fake_logits):
    # 计算生成图片与 1 之间的误差
    loss = tf.reduce_mean(loss_object(tf.ones_like(d_fake_logits),
                                        d_fake_logits))

    return loss

def d_loss_fn(d_real_logits, d_fake_logits):
    # 计算真实图片与 1 之间的误差
    d_loss_real = tf.reduce_mean(loss_object(tf.ones_like(d_real_logits),
                                        d_real_logits))
    # 计算生成图片与 0 之间的误差
    d_loss_fake = tf.reduce_mean(loss_object(tf.zeros_like(d_fake_logits),
                                        d_fake_logits))
    # 合并误差
    loss = d_loss_fake + d_loss_real

    return loss

# 分别为生成器和判别器创建优化器
learning_rate = 0.0002
g_optimizer = keras.optimizers.Adam(learning_rate=learning_rate, beta_1=0.5)
d_optimizer = keras.optimizers.Adam(learning_rate=learning_rate, beta_1=0.5)
```

最后训练所构建的 GAN。训练步骤包括采样隐藏向量、采样生成图片、判别生成图片和判别真实图片等，如代码 3-26 所示。

代码 3-26　训练所构建的 GAN

```
def train_step(batch_x):
    # 采样隐藏向量
    batch_z = tf.random.normal([batch_size, z_dim])
    with tf.GradientTape() as gen_tape, tf.GradientTape() as disc_tape:
```

```
            # 采样生成图片
            fake_image = generator(batch_z, training=True)
            # 判别生成图片
            d_fake_logits = discriminator(fake_image, training=True)
            # 判别真实图片
            d_real_logits = discriminator(batch_x, training=True)
            d_loss = d_loss_fn(d_real_logits, d_fake_logits)
            g_loss = g_loss_fn(d_fake_logits)
        grads_d = disc_tape.gradient(d_loss, discriminator.trainable_variables)
        grads_g = gen_tape.gradient(g_loss, generator.trainable_variables)
        d_optimizer.apply_gradients(zip(grads_d, discriminator.trainable_variables))
        g_optimizer.apply_gradients(zip(grads_g, generator.trainable_variables))

        return d_loss, g_loss

def save_result(val_out, image_path):
    preprocessed = ((val_out + 1.0) * 127.5).astype(np.uint8)

    final_image = None
    for b in range(val_out.shape[0]):
        if final_image is None:
            final_image = preprocessed[b]
        else:
            final_image = np.concatenate((final_image, preprocessed[b]),
                                         axis=1)

        if (b + 1) % 10 == 0:
            if b == 9:
                image = final_image
            else:
                image = np.concatenate((image, final_image), axis=0)
            final_image = None
    Image.fromarray(image).save(image_path)

for n, data in dataset.enumerate():
    d_loss, g_loss = train_step(data)
    print('.', end='')
    if n % 100 == 0:
        print()
        print(n.numpy(), 'd-loss:',float(d_loss), 'g-loss:', float(g_loss))
        # 可视化
        z = tf.random.normal([100, z_dim])
        fake_image = generator(z, training=False)
        img_path = os.path.join('../tmp', 'gan-%d.png'%n)
        save_result(fake_image.numpy(), 10, img_path)
```

　　如果没有 GPU 支持，训练会持续比较长的时间。在训练过程中，代码会将 GAN 每次迭代后所绘制的每张图片都保存起来（注意，每次运行程序时的生成结果都有可能不同）。当迭代到 15 次的时候，GAN 还不具备生成高质量鞋子图片的能力，如图 3-39 所示；当迭代到 101 次的时候，图片的质量已经有了明显的提升，如图 3-40 所示；当迭代到 145 次的时候，已经能够生成以假乱真的鞋子图片了，如图 3-41 所示。

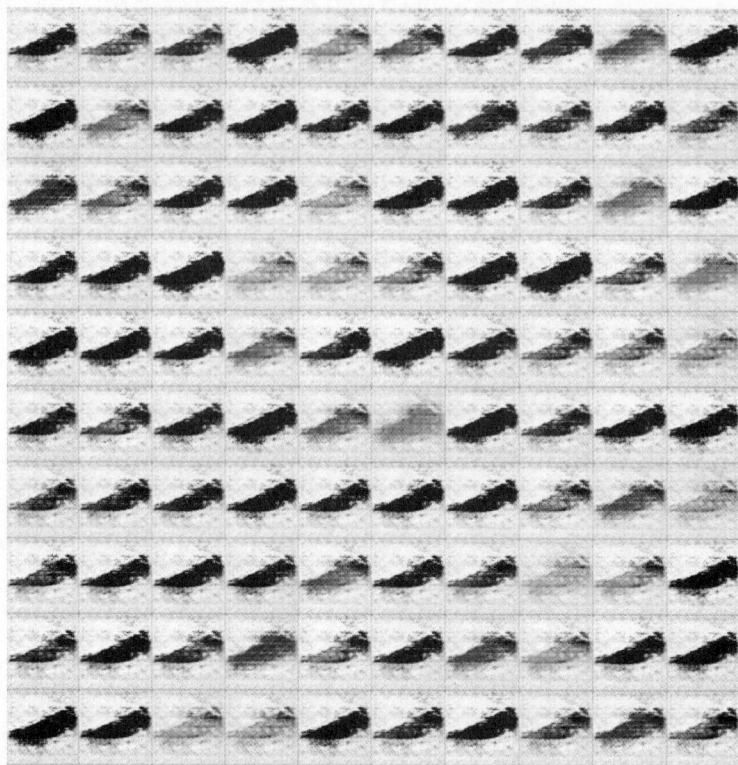

图 3-39　GAN 第 15 次迭代的结果

图 3-40　GAN 第 101 次迭代的结果

图 3-41 GAN 第 145 次迭代的结果

项目小结

本项目主要介绍常见深度神经网络的原理以及其在 TensorFlow 2 中对应的实现方法，包括卷积神经网络、循环神经网络和生成对抗网络。首先分别介绍了各类深度学习网络的常用网络层，接着对各类深度学习网络的常见变体网络结构进行了介绍，并分别通过一个实例，演示了使用 TensorFlow 2 搭建不同类型的深度网络的方法。

项目实训

实训 1　基于卷积神经网络的中药材图像识别

1. 训练要点

（1）掌握 CNN 的结构。

（2）掌握 CNN 的搭建方法。

2. 需求说明

数据集包含常见的中药材（如百合、党参、枸杞、槐花、金银花等）的图像。本案例对中药材图像数据集进行训练，最后将测试集放入训练网络中查看精度。

3. 实现思路及步骤

（1）导入数据。

（2）数据处理。

（3）搭建网络。

（4）训练网络。

（5）测试网络。

实训 2　基于循环神经网络的诗词生成

1. 训练要点

（1）掌握 RNN 的结构。

（2）掌握 RNN 的搭建方法。

2. 需求说明

poetry.txt 是一个 40000 多行的诗词数据集。本案例应用此数据集进行训练，最后利用网络生成诗句。

3. 实现思路及步骤

（1）导入数据。

（2）数据预处理。

（3）构建 Tokenizer 类。

（4）构建 PoetryDataSet 类。

（5）训练网络。

（6）测试网络

实训 3　基于生成对抗网络的中国传统山水画生成

1. 训练要点

（1）掌握 GAN 的结构。

（2）掌握 GAN 的搭建方法。

2. 需求说明

数据集包含 2192 幅高质量的中国传统山水画图像,利用生成对抗网络进行中国传统山水画创作。

3. 实现思路及步骤

（1）导入数据。

（2）数据处理。

（3）搭建网络。

（4）训练网络。

（5）测试网络。

课后习题

1. 选择题

（1）（　　）是通过建立人工神经网络，用层次化机制来表示客观世界，并解释所获取的知识，例如图像、声音和文本等。

A. 深度学习   B. 机器学习

C. 人机交互   D. 智能芯片

（2）（　　）是用计算机对文本集按照一定的标准进行自动分类和标记。

A. 文本识别   B. 机器翻译

C. 文本分类   D. 问答系统

（3）以下说法错误的是（　　）。

A. Bi-RNN 和 LSTM 网络是常见的循环神经网络

B. RNN 是一类用于处理序列数据的神经网络

C. RNN 在自然语言处理（例如语音识别、语言建模、机器翻译等）领域有应用，也被用于各类时间序列预报

D. LSTM 网络引入了一个基于 RNN 的架构后，梯度消失问题得以解决

（4）卷积神经网络中池化层的作用为（　　）。

A. 缩小网络，提高计算速度

B. 权重初始化

C. 填充数据

D. 提取输入的不同特征

（5）以下说法错误的是（　　）。

A. 激活函数通常为非线性函数

B. 交叉熵损失函数是深度学习常用的损失函数

C. 优化器主要用来衡量网络预测结果的好坏

D. 下采样可以使用池化来减少每层的样本数，进一步减少参数数量，提升网络的鲁棒性

（6）以下说法正确的是（　　）。

A. DCGAN 生成器使用的激活函数是 ReLU

B. DCGAN 判别器使用的激活函数是 Sigmoid

C. DCGAN 中生成器和判别器都使用全连接层

D. DCGAN 的生成器先冻结，判别器后冻结

2. 操作题

（1）在 3.1.3 小节的图像分类实例中，为代码 3-27 所示的网络添加一个二维卷积层。

代码 3-27　需要添加二维卷积层的网络

```
model = tf.keras.Sequential([
  tf.keras.Input(shape=(28, 28)),
  tf.keras.layers.Reshape([28, 28, 1]),
  tf.keras.layers.Conv2D(
        filters=64, kernel_size=3, padding='same', activation='relu'),
  tf.keras.layers.MaxPool2D(pool_size=2,strides=1,padding='same'),
  tf.keras.layers.Conv2D(
        filters=16, kernel_size=3, padding='same', activation='relu'),
  tf.keras.layers.MaxPool2D(pool_size=2, strides=1, padding='same'),
  tf.keras.layers.Flatten(input_shape=(28, 28)),
```

```
    tf.keras.layers.Dense(300, activation='relu'),
    tf.keras.layers.Dense(100, activation='relu'),
    tf.keras.layers.Dense(10, activation='softmax')
])
model.summary()
```

（2）在 3.2.2 小节的实例中，分别用 LSTM 网络和 GRU 网络训练一次并查看结果。LSTM 网络和 GRU 网络如代码 3-28 所示。

代码 3-28　LSTM 网络和 GRU 网络

```
# LSTM 网络
def lstm_model():
    model = tf.keras.Sequential([
        tf.keras.layers.Embedding(input_dim=vocab_size, output_dim=200,
                                        input_length=maxlen),
        tf.keras.layers.LSTM(64, return_sequences=False),
        tf.keras.layers.Dense(1, activation='sigmoid')
    ])
    model.compile(optimizer=tf.keras.optimizers.Adam(),
                    loss=tf.keras.losses.BinaryCrossentropy(),
                    metrics=['accuracy'])
    return model
lstm_model = lstm_model()
lstm_model.summary()


# GRU 网络
def gru_model():
    model = tf.keras.Sequential([
        tf.keras.layers.Embedding(input_dim=vocab_size, output_dim=200,
                                        input_length=maxlen),
        tf.keras.layers.GRU(64, return_sequences=False),
        tf.keras.layers.Dense(1, activation='sigmoid')
    ])
    model.compile(optimizer=tf.keras.optimizers.Adam(),
                    loss=tf.keras.losses.BinaryCrossentropy(),
                    metrics=['accuracy'])
    return model
gru_model = gru_model()
gru_model.summary()
```

（3）在 3.3.2 小节的实例中，为判别器添加一个二维卷积层以及一个批归一化，如代码 3-29 所示。

代码 3-29　为判别器添加一个二维卷积层以及一个批归一化

```
# 卷积层
self.conv2 = layers.Conv2D(filter * 2, 4, 2, 'valid', use_bias=False)
self.bn2 = layers.BatchNormalization()
```

项目 ④ 基于 CNN 的彩色图像分类

随着计算机技术不断进步，图像分类已成为一项广泛应用的技术。这一技术不仅应用于商业领域的产品分类、医疗领域的医学图像分析和野生动物监控中的动物识别，还应用于手机相册自动分类等方面，为人们的生活提供了极大的便利。图像分类是人工智能领域的一个重要分支，使得计算机能够理解和解释图像中的内容，使计算机可以对图像进行有效的分类和识别。本项目将介绍如何运用卷积神经网络模型对 CIFAR-10 彩色图像数据集的 10 个分类图像进行分类。

思维导图

基于CNN的彩色图像分类

- 了解彩色图像分类
  - 了解图像分类的背景
  - 数据说明
  - 设计彩色图像分类的流程与步骤
- 数据读取与预处理
  - 获取CIFAR-10数据集并转换数据格式
  - 绘制并预览部分训练集图像
  - 数据归一化与数据存储
- 构建与训练卷积神经网络
  - 构建卷积神经网络
  - 编译卷积神经网络
  - 训练卷积神经网络
  - 保存训练好的模型
- 模型评估
  - 使用测试集评估训练好的模型
  - 加载模型并对新的图像数据进行预测

学习目标

（1）了解图像分类的背景。
（2）熟悉图像分类的步骤和流程。
（3）掌握图像数据格式转换的方法。
（4）掌握构建 CNN 的方法，用于彩色图像分类。
（5）掌握训练网络和保存模型的方法。
（6）掌握评估模型性能的方法。

素质目标

（1）能够建立起对图像分类流程的认知，理解各个环节的作用和影响，定位问题发生的环节并解决问题，提升问题解决能力。

（2）通过实现图像分类，理解技术进步在提升社会服务水平中发挥的作用，培养创新思维能力。

任务 4.1　了解彩色图像分类

知识准备

4.1.1　了解背景

图像分类即给定一幅输入图像，通过某种分类算法判断该图像内容所属的类别。图像分类是一种使计算机能够根据图像内容将其分为预定义类别的计算机视觉技术，在多个领域发挥着至关重要的作用，如医疗影像分析中的癌症检测和疾病分类、自动驾驶中的车辆和行人识别、安防监控中的异常事件检测、农业自动化中的作物病害识别、电商推荐系统中的商品图像识别等。这些应用不仅提高了行业效率，还增强了公共的安全并提高了生活质量。

4.1.2　数据说明

CIFAR-10 数据集是计算机视觉领域中广泛使用的基准数据集，它是由 10 个类别的总计60000 张尺寸为 32 像素×32 像素的彩色图像组成的。这些类别分别是飞机（airplane）、汽车（automobile）、鸟（bird）、猫（cat）、鹿（deer）、狗（dog）、蛙（frog）、马（horse）、船（ship）、卡车（truck），10 个类别的 10 张随机样本图像如图 4-1 所示。每个类别有 6000 张图像，包括5000张训练图像和 1000 张测试图像。数据集分为 5个训练批次和 1 个测试批次，每个批次有 10000张图像。测试批次包含从每个类别中随机选择的1000 张图像，而训练批次则包含剩余的图像。

图 4-1　10 个类别的 10 张随机样本图像

基于 CIFAR-10 数据集，可以实现以下目标。

（1）得到一个经过训练的可用的卷积神经网络图像分类模型。

（2）基于训练后的卷积神经网络模型对新图像进行分类。

任务实现

4.1.3　设计彩色图像分类的流程与步骤

依据背景需求和图像数据集设计，彩色图像分类的总体流程如图 4-2 所示，主要包括以下 5 个步骤。

（1）读取 CIFAR-10 数据集（训练集为 50000 个样本，测试集为 10000 个样本）。

（2）对 CIFAR-10 数据集进行归一化处理。

（3）构建和编译卷积神经网络。

（4）训练卷积神经网络并保存模型。

（5）对模型进行性能评估，并使用保存好的模型对 testimages 文件夹中的 15 个新样本进行预测。

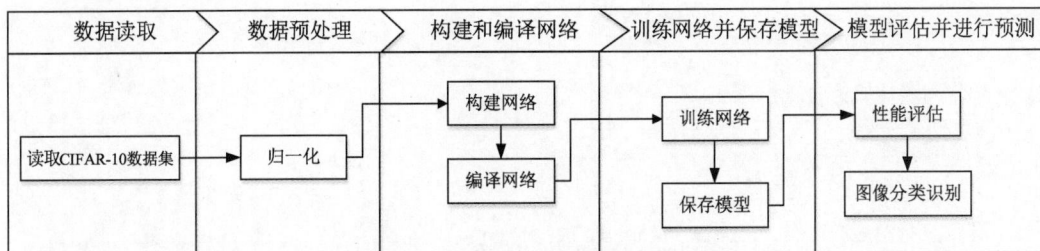

图 4-2　彩色图像分类的总体流程

任务 4.2　数据读取与预处理

任务描述

在构建卷积神经网络之前，本任务需要获取 CIFAR-10 数据集并预览数据集的维度和类别，然后使用 TensorFlow 2 框架对图像数据进行归一化，以便进行后续的模型训练和评估。

数据读取与
预处理

任务实现

4.2.1　获取数据集

获取的数据集中，训练集有 5 个批次，测试集有 1 个批次，为了整合和统一不同批次的数据，需要合成图像数据和标签数据的列表。同时，为了在训练和测试神经网络时高效地处理和传输数据，需要将图像数据和标签数据转换为 NumPy 数组格式，并查看数据集的大小。获取数据集如代码 4-1 所示。

代码 4-1　获取数据集

```
import os
import pickle
import numpy as np

# 加载数据集
def load_cifar10_data(data_dir):
    train_images = []
    train_labels = []
    test_images = []
    test_labels = []

    # 加载训练数据
```

123

```
    for i in range(1, 6):
        file_path = os.path.join(data_dir, f'data_batch_{i}')
        with open(file_path, 'rb') as f:
            data_dict = pickle.load(f, encoding='bytes')
            train_images.extend(data_dict[b'data'])
            train_labels.extend(data_dict[b'labels'])

    # 加载测试数据
    file_path = os.path.join(data_dir, 'test_batch')
    with open(file_path, 'rb') as f:
        data_dict = pickle.load(f, encoding='bytes')
        test_images.extend(data_dict[b'data'])
        test_labels.extend(data_dict[b'labels'])

    # 将列表转换为 NumPy 数组
    train_images = np.array(train_images).reshape(
        -1, 3, 32, 32).transpose(0, 2, 3, 1)
    test_images = np.array(test_images).reshape(
        -1, 3, 32, 32).transpose(0, 2, 3, 1)
    train_labels = np.array(train_labels)
    test_labels = np.array(test_labels)

    # 输出训练集和测试集的大小
    train_size = len(train_images)
    test_size = len(test_images)

    return train_size, test_size, train_images, test_images, train_labels,
test_labels

# 指定数据集的本地路径
data_dir = '../data/cifar-10-batches-py/'

# 加载数据集并输出训练集和测试集的大小
train_size, test_size, train_images, test_images, train_labels, test_labels
= load_cifar10_data(data_dir)
print("训练集大小: ", train_size)
print("测试集大小: ", test_size)
```

运行代码 4-1 得到的输出结果如下。

```
训练集大小: 50000
测试集大小: 10000
```

由输出结果可以看出数据集中训练集有 50000 个样本，测试集有 10000 个样本。

4.2.2 绘制部分训练集图像

在对 CIFAR-10 数据集进行数据预处理之前，需要对 CIFAR-10 数据集的部分图像进行可视化。通过绘制训练集的前 30 张图像并附上英文标签，可以快速地验证数据加载的正确性，并观察数据集的特点。绘制部分训练集图像如代码 4-2 所示。

代码 4-2　绘制部分训练集图像

```
import matplotlib.pyplot as plt

# 定义 CIFAR-10 数据集的英文标签名称
cifar10_labels = {
    0: 'airplane',
```

```
    1: 'automobile',
    2: 'bird',
    3: 'cat',
    4: 'deer',
    5: 'dog',
    6: 'frog',
    7: 'horse',
    8: 'ship',
    9: 'truck'
}

# 绘制训练集的前 30 张图像，使用英文标签名称
def plot_train_images(data_dir):
    train_images = []
    train_labels = []

    # 加载训练数据
    for i in range(1, 6):
        file_path = os.path.join(data_dir, f'data_batch_{i}')
        with open(file_path, 'rb') as f:
            data_dict = pickle.load(f, encoding='bytes')
            train_images.extend(data_dict[b'data'])
            train_labels.extend(data_dict[b'labels'])

    # 将列表转换为 NumPy 数组
    train_images = np.array(train_images).reshape(-1, 3, 32, 32).transpose(0,
2, 3, 1)
    train_labels = np.array(train_labels)

    # 绘制前 30 张图像
    fig, axes = plt.subplots(5, 6, figsize=(10, 8))
    for i, ax in enumerate(axes.flat):
        ax.imshow(train_images[i])
        ax.axis('off')
        ax.set_title(f'Label: {cifar10_labels[train_labels[i]]}')

    plt.tight_layout()
    plt.show()

# 执行绘制操作
plot_train_images(data_dir)
```

运行代码 4-2，得到的训练集前 30 张图像如图 4-3 所示。

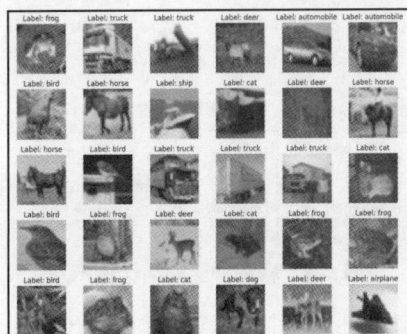

图 4-3　训练集前 30 张图像

由绘制的训练集的图像和类别标签可知，数据集已被正确加载。数据集的图像丰富多样，不同类别的图像具有明显的差异，这有助于提高模型的泛化能力。

4.2.3 数据归一化与数据存储

为了确保图像数据适用于神经网络模型的输入格式，需要对图像的数据格式进行转换。图像数据的格式转换过程包括对训练集和测试集的图像进行归一化处理，将每个像素的数值范围从原来的 0～255 缩放到 0～1 之间，并把训练集和测试集数据保存。数据归一化与存储如代码 4-3 所示。

代码 4-3 数据归一化与存储

```
# 归一化处理
train_images = train_images.astype('float32') / 255.0
test_images = test_images.astype('float32') / 255.0

# 使用 pickle 来序列化 NumPy 数组并存储
with open('../tmp/train_data.pkl', 'wb') as f:
    pickle.dump(train_images, f)
with open('../tmp/train_labels.pkl', 'wb') as f:
    pickle.dump(train_labels, f)

with open('../tmp/test_data.pkl', 'wb') as f:
    pickle.dump(test_images, f)
with open('../tmp/test_labels.pkl', 'wb') as f:
    pickle.dump(test_labels, f)
```

任务 4.3 构建与训练卷积神经网络

任务描述

本任务需要构建卷积神经网络，使用预处理后的数据集来训练卷积神经网络，并在训练完成后将模型保存在指定路径。

构建与训练卷积
神经网络

任务实现

4.3.1 构建和编译卷积神经网络

构建一个用于图像分类的卷积神经网络。本任务选用的卷积神经网络结构示意如图 4-4 所示，其中卷积层、池化层、Dropout 层、Flatten 层和全连接层是卷积神经网络的核心组成部分。

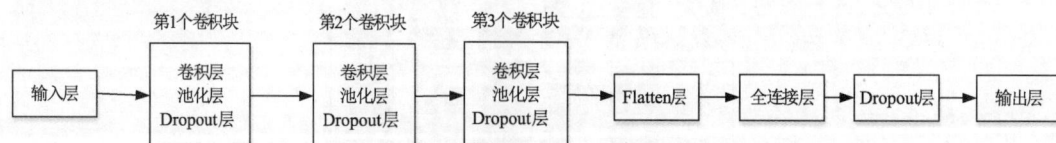

图 4-4 卷积神经网络结构示意

构建和编译卷积神经网络的步骤如下，具体实现如代码 4-4 所示。

（1）定义 1 个输入层，用于接收数据。

（2）定义 3 个连续的卷积块，每个卷积块都包含 2 个 3×3 卷积层、1 个 2×2 最大池化层和 1 个 25% Dropout 层。

（3）定义 1 个 Flatten 层将三维特征向量展平为一维特征向量。

（4）定义 1 个全连接层进行特征的非线性组合、1 个 50%的 Dropout 层防止过拟合和 1 个输出层。

（5）使用 Adam 优化器和稀疏类别交叉熵损失函数进行卷积神经网络的编译。

代码 4-4 构建和编译卷积神经网络

```python
import tensorflow as tf
from tensorflow.keras import layers, models
import os

# 定义输入层
input_shape = (32, 32, 3)  # 输入图像的尺寸为 32 像素×32 像素，有 3 个颜色通道
inputs = layers.Input(shape=input_shape)

# 模型构造
def build_cnn_model():
    # 第 1 个卷积块
    # Conv2D 层：32 个 3×3 的卷积核，使用 ReLU 激活函数，使用'same'填充以保持特征图尺寸不变
    x = layers.Conv2D(32, (3, 3), padding='same', activation='relu')(inputs)
    # Conv2D 层：再次应用 32 个 3×3 的卷积核，使用 ReLU 激活函数，保持特征图尺寸不变
    x = layers.Conv2D(32, (3, 3), padding='same', activation='relu')(x)
    # MaxPooling2D 层：2×2 窗口的最大池化，减小特征图尺寸，提取主要特征
    x = layers.MaxPooling2D((2, 2))(x)
    # Dropout 层：随机丢弃 25%的神经元，防止过拟合
    x = layers.Dropout(0.25)(x)

    # 第 2 个卷积块
    # Conv2D 层：64 个 3×3 的卷积核，使用 ReLU 激活函数，保持特征图尺寸不变
    x = layers.Conv2D(64, (3, 3), padding='same', activation='relu')(x)
    # Conv2D 层：再次应用 64 个 3×3 的卷积核，使用 ReLU 激活函数，保持特征图尺寸不变
    x = layers.Conv2D(64, (3, 3), padding='same', activation='relu')(x)
    # MaxPooling2D 层：2×2 窗口的最大池化，减小特征图尺寸
    x = layers.MaxPooling2D((2, 2))(x)
    # Dropout 层：随机丢弃 25%的神经元，防止过拟合
    x = layers.Dropout(0.25)(x)

    # 第 3 个卷积块
    # Conv2D 层：128 个 3×3 的卷积核，使用 ReLU 激活函数，保持特征图尺寸不变
    x = layers.Conv2D(128, (3, 3), padding='same', activation='relu')(x)
    # Conv2D 层：再次应用 128 个 3×3 的卷积核，使用 ReLU 激活函数，保持特征图尺寸不变
    x = layers.Conv2D(128, (3, 3), padding='same', activation='relu')(x)
    # MaxPooling2D 层：2×2 窗口的最大池化，减小特征图尺寸
    x = layers.MaxPooling2D((2, 2))(x)
    # Dropout 层：随机丢弃 25%的神经元，防止过拟合
    x = layers.Dropout(0.25)(x)

    # Flatten 层：将三维特征图转换为一维特征向量，为全连接层做准备
    x = layers.Flatten()(x)
    # 全连接层：512 个神经元，使用 ReLU 激活函数，进行特征的非线性组合
```

```
x = layers.Dense(512, activation='relu')(x)
# Dropout 层：随机丢弃 50%的神经元，进一步防止过拟合
x = layers.Dropout(0.5)(x)
# 输出层：10 个神经元，对应 10 个类别，使用 Softmax 激活函数输出概率分布
outputs = layers.Dense(10, activation='softmax')(x)

# 创建模型实例，将输入和输出连接起来
model = models.Model(inputs=inputs, outputs=outputs)
return model

# 构建模型
model = build_cnn_model()

# 编译模型，设置优化器为 Adam 优化器，损失函数为稀疏类别交叉熵损失函数，评估指标为准确率
model.compile(optimizer='adam',
          loss='sparse_categorical_crossentropy',
          metrics=['accuracy'])
```

4.3.2 训练网络并保存模型

对构建好的卷积神经网络进行训练，并保存训练好的模型以用于后续的图像分类识别。首先读取预处理好的训练集数据，然后添加批处理操作，将数据分成 32 个样本的批次；然后设置训练参数，即训练轮次 epochs = 50；最后使用 model.fit 方法训练网络并输出训练进度，包括当前的轮次、花费的时间、当前的损失值和准确率。训练完成后，通过 model.save 方法将模型保存为 HDF5 格式的文件，如代码 4-5 所示。

代码 4-5　训练网络并保存模型

```
import pickle

# 加载保存的数据集
with open('../tmp/train_data.pkl', 'rb') as f:
    train_data = pickle.load(f)
with open('../tmp/train_labels.pkl', 'rb') as f:
    train_labels = pickle.load(f)

# 将 NumPy 数组转换为 tf.data.Dataset 对象
train_dataset = tf.data.Dataset.from_tensor_slices((train_data, train_labels))

# 添加批处理操作
train_dataset = train_dataset.batch(32)

# 设置训练参数
epochs = 50

# 训练网络
history = model.fit(train_dataset, epochs=epochs, verbose=1)

# 保存模型
model_path = '../tmp/my_cifar10_model.h5'
model.save(model_path)
```

运行代码 4-5 得到的部分输出结果如下。

```
Epoch 1/50
```

```
1563/1563 ———————————————————————— 180s 111ms/step - accuracy:
0.2637 - loss: 1.9349
Epoch 2/50
1563/1563 ———————————————————————— 179s 114ms/step - accuracy:
0.5480 - loss: 1.2569
Epoch 3/50
1563/1563 ———————————————————————— 186s 119ms/step - accuracy:
0.6185 - loss: 1.0740
Epoch 4/50
1563/1563 ———————————————————————— 170s 109ms/step - accuracy:
0.6587 - loss: 0.9615
...
Epoch 47/50
1563/1563 ———————————————————————— 183s 117ms/step - accuracy:
0.7985 - loss: 0.5847
Epoch 48/50
1563/1563 ———————————————————————— 200s 128ms/step - accuracy:
0.8086 - loss: 0.5615
Epoch 49/50
1563/1563 ———————————————————————— 190s 122ms/step - accuracy:
0.8003 - loss: 0.5835
Epoch 50/50
1563/1563 ———————————————————————— 181s 116ms/step - accuracy:
0.7979 - loss: 0.5779
```

由输出结果可知，模型在当前训练周期的最后一个训练轮次的准确率达到 79.79%，损失值为 0.5779，该模型在训练集的训练效果良好。

任务 4.4 模型评估

任务描述

本任务首先加载模型，再使用测试集的数据来评估模型的性能以及输出模型在测试集上的准确率和损失值，最后使用训练好的模型对新图像进行预测。

模型评估

任务实现

4.4.1 模型性能评估

读取测试集的数据并加载已保存的模型，使用测试集数据对模型进行性能评估，如代码 4-6 所示。

代码 4-6 模型性能评估

```
import pickle
import tensorflow as tf
```

```
# 加载测试集
with open('../tmp/test_data.pkl', 'rb') as f:
    test_data = pickle.load(f)
with open('../tmp/test_labels.pkl', 'rb') as f:
    test_labels = pickle.load(f)

# 将 NumPy 数组转换为 tf.data.Dataset 对象
test_dataset = tf.data.Dataset.from_tensor_slices((test_data, test_labels))

test_dataset = test_dataset.batch(32)

# 加载模型
model_path = '../tmp/my_cifar10_model.h5'
model = tf.keras.models.load_model(model_path)

# 评估模型并输出准确率
def evaluate_model(model_path):
    model = tf.keras.models.load_model(model_path)
    test_acc = model.evaluate(test_dataset, return_dict=True)['accuracy']
    print(f'Test Accuracy: {test_acc}')

# 执行评估
evaluate_model(model_path)
```

运行代码 4-6 得到的输出结果如下。

```
313/313 ━━━━━━━━━━━━━━━━━━━━━━━━━━ 23s 65ms/step - accuracy: 0.7884 -
loss: 0.6610
Test Accuracy: 0.7878999710083008
```

由输出结果可知，模型在当前训练周期的批次上的准确率为 78.84%，损失值为 0.6610。而在整个测试集上的准确率稍低，约为 78.79%，该模型在测试集上的表现相对较好。

4.4.2 模型预测

加载训练好的 CNN 模型实现图像分类，并输出需要预测的图像和对应的预测结果。模型预测如代码 4-7 所示。

代码 4-7　模型预测

```
import os
from tensorflow.keras.preprocessing import image
import matplotlib.pyplot as plt
import numpy as np

# 加载训练好的模型
model = tf.keras.models.load_model('../tmp/my_cifar10_model.h5')

# CIFAR-10 标签
cifar10_labels = {
    0: 'airplane',
    1: 'automobile',
    2: 'bird',
    3: 'cat',
    4: 'deer',
```

```
    5: 'dog',
    6: 'frog',
    7: 'horse',
    8: 'ship',
    9: 'truck'
}

# 遍历目录下的所有图像文件
predict_dir = '../data/testimages'
img_files = [f for f in os.listdir(predict_dir) if f.lower().endswith(('.png',
'.jpg', '.jpeg', '.gif', '.bmp'))]

# 计算需要多少行
num_images = len(img_files)
num_rows = num_images // 6 + (num_images % 6 > 0)

# 创建一个图形和轴数组
fig, axes = plt.subplots(num_rows, 6, figsize=(12, 2 * num_rows))
axes = axes.flatten()

# 遍历图像文件
for i, filename in enumerate(img_files):
    new_image_path = os.path.join(predict_dir, filename)
    new_image = image.load_img(new_image_path)
    original_image_array = image.img_to_array(new_image)

    # 调整图像大小以匹配模型输入
    new_image = image.load_img(new_image_path, target_size=(32, 32))
    new_image_array = image.img_to_array(new_image)
    new_image_array = np.expand_dims(new_image_array, axis=0)  # 扩展维度

    # 预测新图像的类别
    predicted_classes = model.predict(new_image_array)
    predicted_class_index = np.argmax(predicted_classes)
    predicted_class_name = cifar10_labels[predicted_class_index]

    # 显示原始图像并添加标签
    axes[i].imshow(original_image_array / 255.0)
    axes[i].axis('off')
    axes[i].set_title(f'Predicted: {predicted_class_name}')

# 删除多余的轴
for i in range(num_images, len(axes)):
    fig.delaxes(axes[i])

# 调整布局
plt.tight_layout()
plt.show()
```

运行代码 4-7 得到的测试图像分类的结果如图 4-5 所示。

由图 4-5 的结果可知，模型的预测能力并不是很好，可能是因为超参数设置不当影响了模型的性能。可以通过交叉验证的方法调整关键的超参数，如学习率、训练轮次、Dropout 比率等。在模型评估中可以使用混淆矩阵来分析模型在各个类别上的性能表现。

图 4-5　测试图像分类结果

项目小结

本项目详细介绍了使用卷积神经网络对 CIFAR-10 数据集进行图像分类的完整流程，主要流程包括加载数据、数据预处理、构建网络、训练网络、模型评估。读者通过完成这些流程，可以学习对图像数据的处理方法以及构建卷积神经网络的方法，包括选择合适的卷积层、池化层和全连接层来构建网络架构。

项目实训

实训 1　基于卷积神经网络实现车型分类

1．训练要点

（1）掌握图像预处理的方法。

（2）掌握构建卷积神经网络的方法。

2．需求说明

为了提高对车型的识别能力，现需要使用卷积神经网络对车辆图像进行精准识别。目前收集了一个包含 10 个不同类别车型的图像数据集。这些图像被划分为 3 个独立的数据集：训练集 train、测试集 test 和验证集 val。具体类别包括公交车、家用小汽车、消防车、重型卡车、吉普车、面包车、赛车、SUV、出租车和小型卡车，如图 4-6 所示。训练集和验证集中，每个车型都拥有一个以其类别命名的文件夹，共 10 个文件夹，每个文件夹中包含 140 张 1150 像素×800 像素的图像。

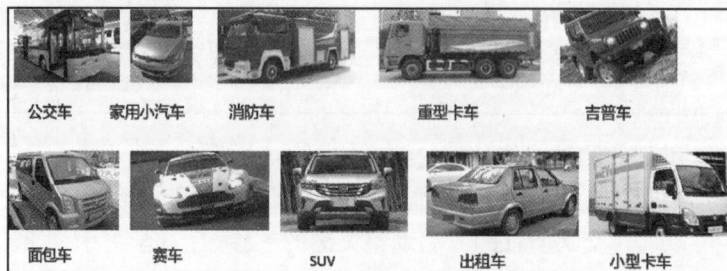

图 4-6　10 个不同类别车型

3．实现思路及步骤

（1）读取训练集 train、测试集 test 和验证集 val 的图像。

（2）绘制部分训练集图像。

（3）对读取到的数据集图像进行归一化和批处理。

（4）构建、编译并训练卷积神经网络，保存训练好的模型。

（5）加载保存的模型，并使用测试集 test 的 10 张图像（随机抽取）评估模型的性能。

实训 2　基于飞桨深度学习平台实现车型分类

1．训练要点

（1）掌握飞桨深度学习平台 API 的调用方法。

（2）掌握使用飞桨深度学习进行车型分类的方法。

2．需求说明

将训练集压缩包 train.zip、测试集压缩包 test.zip 以及验证集压缩包 val.zip 上传至飞桨深度学习平台，每个压缩包应包含以类别命名的子目录，子目录内存储对应类别的图像文件。利用平台提供的 GPU 资源加速训练

3．实现思路及步骤

（1）使用平台自带的解压工具解压上传的压缩包，将压缩包中的数据释放到指定目录，保持原始目录结构。遍历解压后的目录树，统计训练集、测试集和验证集中的图像总数、车型类别数。

（2）从每个车型类别随机选取 1 张代表性图像，使用该张图像展示完整预处理流程。

（3）自定义数据集类，对数据进行尺寸调整、随机剪裁，随机水平翻转和归一化处理。

（4）构建一个简单的卷积神经网络模型，并对该模型进行训练和验证，保存训练好的最佳模型。

（5）加载最佳模型，随机选取 10 张测试图像，使用模型对图像进行预测。展示测试图像的原始图像以及模型预测结果。

课后习题

操作题

根据本项目提出的优化策略，对本项目的预测模型的超参数进行调整，如学习率、训练轮次、Dropout 率等，提升模型的预测精度、稳定性和泛化能力。

项目 ⑤ 基于 CNN 的门牌号识别

随着计算机技术的快速发展，自动识别现实世界中的阿拉伯数字的技术已得到广泛应用，如门牌号识别、车牌号码识别、档案检索、印刷品识别、邮政区域编码识别等，为人们的生活带来了极大便利。但要识别在真实场景图像中的字符仍然存在着极大的挑战。真实场景图像中所包含的字符存在磨损、倾斜、遮挡等情况，且易受光线强度和光照角度的影响，这会导致字符信息的细节被模糊，甚至被扭曲，从而影响目标的识别率。

随着大量图像数据的产生以及深度学习在人工智能领域掀起热潮，基于神经网络的字符识别算法已经成为当今学术界研究的热点。本项目将提取不同街景的门牌号的图像数据的方向梯度直方图（Histogram of Oriented Gradient，HOG）特征，进行目标检测，并使用 CNN 训练门牌号识别模型。

思维导图

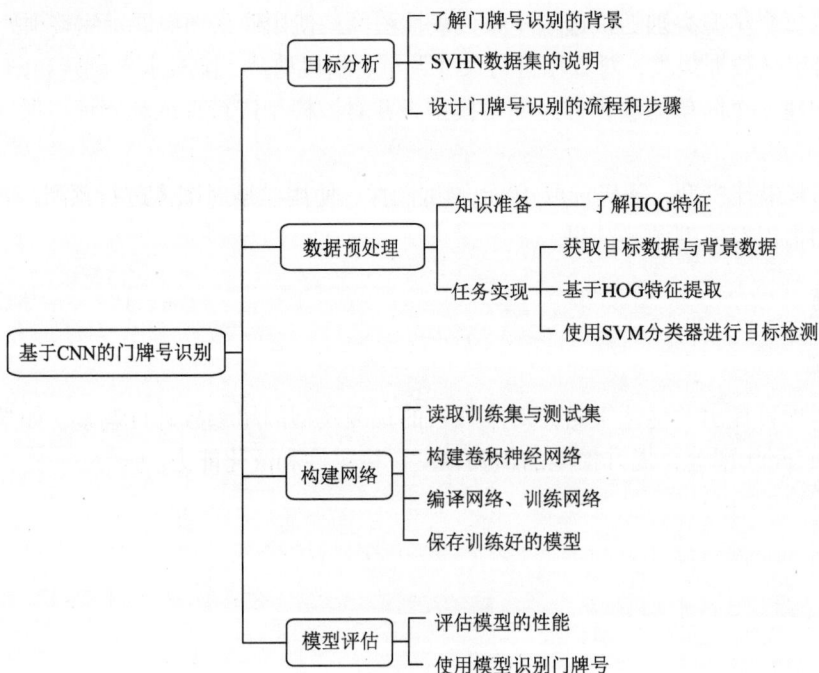

学习目标

（1）了解门牌号识别的背景和目标。
（2）熟悉门牌号识别的步骤和流程。
（3）掌握门牌号的目标数据特征提取和目标数字检测的方法。
（4）掌握构建 CNN 的方法，用于生成门牌号识别模型。
（5）掌握训练网络和保存模型的方法。
（6）掌握评估模型性能的方法。

素质目标

（1）能够理解图像识别的主要流程，理解各步骤之间的联系和对后续步骤的影响，将不同步骤中涉及的技术有效整合到一起，提升技术整合能力。
（2）通过实现门牌号自动识别，认识到图像识别技术在不同场景中的应用，理解技术人员的职业素养和社会责任。

任务 5.1 目标分析

知识准备

5.1.1 了解背景

在过去的几十年中，在扫描技术不断发展的背景下，图像字符识别技术已在世界范围内得到了广泛的研究。经过多年的潜心研究，MNIST 手写数字图像数据集的识别问题已经得到较大的改善，采用常用的识别算法便能够实现优秀的数字识别性能。随着计算机计算能力的飞速发展，识别和理解拍摄的自然场景中的数字这一更困难的任务受到了越来越广泛的关注。

本项目将实现自然场景图像识别任务中的一个典型的实例：从街景图像中的门牌上读取数字。

5.1.2 数据说明

SVHN 数据集由从真实世界的街景门牌图像中提取出的门牌号图像组成，共有 10 类图像，用 0~9 的数字来表示，数字 1~9 对应标签 1~9，"0"对应的标签则为 10。训练集中共有 33402 幅图像，测试集中共有 13068 幅图像，且训练集与测试集中的图像没有交集。图像中的字体、颜色、样式、方向不一，并且图像的清晰程度受到光照、阴影、镜像、遮挡等环境因素的影响。由于图像本身的分辨率低、焦点模糊、拍摄时抖动等，准确识别图像中的数字的难度很大。使用该数据集更能够全面地考查本项目所使用的识别模型的性能。SVHN 数据集中的部分样本如图 5-1 所示。

训练集和测试集分别对应一个数据集，数据集为带有边界框的、原始分辨率不一致的彩色门牌号图像。部分带有边界框的样本如图 5-2 所示。

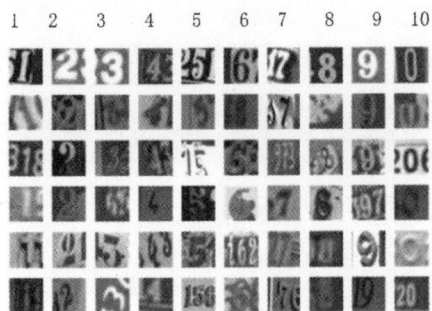

图 5-1 SVHN 数据集中的部分样本

图 5-2 部分带有边界框的样本

在图 5-2 中，矩形边界框仅用于说明目标数据，边界框信息存储在 digitStruct.mat 数据集中，而不是直接绘制在数据集中的图像上。每个 tar.gz 文件都包含 PNG 格式的原始图像，以及一个 digitStruct.mat 数据集，可以使用 Python 进行加载。digitStruct.mat 数据集中包含一个名为 digitStruct 的数据集。digitStruct.mat 数据集中的每个元素都有以下字段。

（1）name：name 是一个字符串，其中包含相应图像的文件名。

（2）bbox：bbox 是一个结构数组，包含图像中每个数字边界框的位置、大小和标签等信息。

例如，digitStruct(300).bbox(2).height 表示第 300 幅图像中第 2 个数字边界框的高度。

可以运用 SVHN 数据集实现以下目标。

（1）提取 SVHN 数据集的 HOG 特征。

（2）基于 HOG 特征数据构建卷积神经网络模型，对门牌号进行识别。

任务实现

5.1.3 设计门牌号识别流程与步骤

依据背景需求和数据集设计的门牌号识别的总体流程如图 5-3 所示。

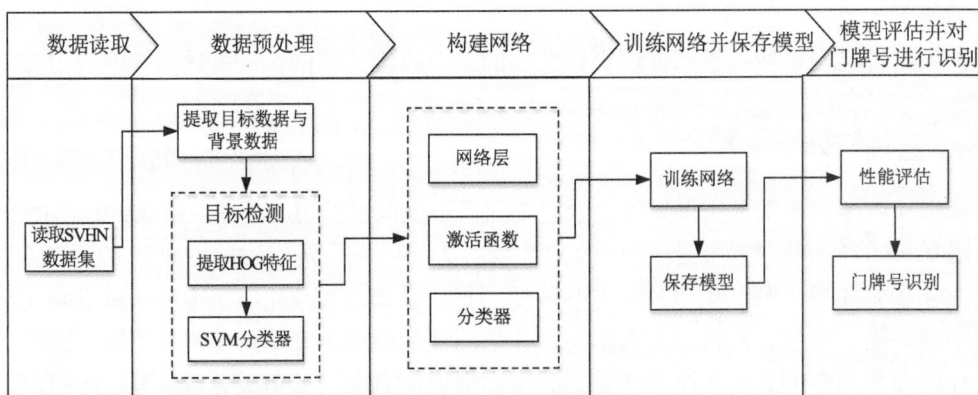

图 5-3 门牌号识别的总体流程

步骤如下。

（1）读取 SVHN 数据集。

（2）提取数据集中的目标数据与背景数据；提取数据的 HOG 特征，并使用支持向量机（Support Vector Machine，SVM）分类器查看提取的特征是否为数字。

（3）构建卷积神经网络，设置网络层、激活函数和分类器等。

（4）训练网络并保存模型。

（5）对模型的性能进行评估，并加载保存的模型对门牌号进行识别。

任务5.2 数据预处理

任务描述

原始数据中的图像信息和边界框信息存储于不同形式的数据集中，无法直接对其进行建模分析，需要进行一定的预处理。本任务需要实现的预处理主要包括数据获取、HOG 特征提取和目标检测 3 个步骤。

数据预处理

知识准备

5.2.1 了解 HOG 特征

HOG 特征是一种在计算机视觉和图像处理中被用于进行物体检测的特征描述子。可以通过计算和统计图像局部区域的 HOG 来构成特征。HOG 特征在对象识别与模式匹配中是一种常用的基于像素块进行特征直方图提取的算法，对于对象局部的变形与光照影响有很好的稳定性。其主要思想是在一幅图像中，局部目标的表象和形状（Appearance and Shape）能够很好地被梯度或边缘的方向密度分布描述。

HOG 特征提取的流程主要包括以下 5 个步骤。

（1）采用伽马校正法对图像的 RGB 颜色空间进行标准化。

（2）采用灰度化法实现彩色图像向灰度图像的转换。

（3）计算图像水平和垂直方向的梯度。

（4）计算网格方向梯度的权重并绘制梯度直方图。

（5）计算块描述子，将特征向量归一化。

1. 伽马校正

伽马校正是用来实现图像增强的，其可以提升暗部细节。伽马校正通过非线性变换让图像对曝光强度的线性响应更接近人眼感受到的强度。假设图像中有一个像素 A，像素值是 200，则伽马校正的主要步骤如下。

（1）归一化。将像素值转换为 0~1 的实数，计算公式为 $\frac{i+0.5}{256}$，式中 i 表示像素值，其中包含一个除法运算和一个加法运算。因此像素 A 对应的归一化值约为 0.783203。

（2）预补偿。求出像素归一化后的数据以 $\frac{1}{\text{gamma}}$ 为指数获得对应值，这一步包含一个指数运算。若 gamma 值为 2.2，则 $\frac{1}{\text{gamma}}$ 约为 0.454545，对归一化后的像素 A 进行预补偿，即 $0.783203^{0.454545} \approx 0.894872$。

（3）反归一化。将经过预补偿的实数值反变换为范围为 0~255 的整数值。计算公式为

$f \times 256 - 0.5$，此步骤包含一个乘法运算和一个减法运算。将像素 A 的预补偿结果 0.894872 代入反归一化的计算公式，得到像素 A 预补偿后对应的值约为 228。228 就是最后送入显示器的数据。

OpenCV 作为一个开源的计算机视觉库，包含很多易用的图像成像和视觉函数。在 OpenCV 中，伽马校正的计算方式如代码 5-1 所示。

代码 5-1　伽马校正的计算方式

```
gamma_table = [np.power(x / 255.0, gamma) * 255.0 for x in range(256)]
gamma_table = np.round(np.array(gamma_table)).astype(np.uint8)
cv2.LUT(img, gamma_table)
```

伽马校正前后的图片对比如图 5-4 所示。

图 5-4　伽马校正前后的图片对比

2. 灰度化

灰度图像上每个像素的颜色值又称为灰度值，指黑白图像中点的颜色深度，范围一般为 0～255，白色为 255，黑色为 0。所谓灰度值是指色彩的浓淡程度，灰度直方图表示图像中每种灰度须对应的像素个数。

在一幅模糊的图像中，物体的轮廓不明显，轮廓边缘灰度变化不强烈，图像层次感不强；在一幅清晰的图像中，物体的轮廓明显，轮廓边缘灰度变化强烈，图像层次感强。因此图像灰度化处理可以作为图像的预处理步骤，为之后的图像分割、图像识别和图像分析等操作做准备。

在 OpenCV 中，灰度值的计算方式如代码 5-2 所示。

代码 5-2　灰度值的计算方式

```
gray = cv2.cvtColor(image, cv2.COLOR_BGR2GRAY)
```

3. 图像梯度计算

为了衡量图像的灰度变化率，还需要计算图像的梯度，梯度的计算分为水平和垂直两个方向。使用 Sobel 函数计算水平和垂直方向的梯度，如代码 5-3 所示。

代码 5-3　使用 Sobel 函数计算水平和垂直方向的梯度

```
gx = cv2.Sobel(img, cv2.CV_32F, 1, 0, ksize=1)
gy = cv2.Sobel(img, cv2.CV_32F, 0, 1, ksize=1)
```

利用公式求梯度幅值和方向的过程如下。

梯度幅值的计算公式如式（5-1）所示。

$$g = \sqrt{g_x^2 + g_y^2} \tag{5-1}$$

梯度方向的计算公式如式（5-2）所示。

$$\theta = \arctan \frac{g_y}{g_x} \tag{5-2}$$

在式（5-1）和式（5-2）中，g_x 和 g_y 为计算图像水平和垂直方向的梯度中的变量。在 OpenCV 中，梯度幅值（mag）和方向（angle）的计算方式如代码 5-4 所示。

代码 5-4　梯度幅值和方向的计算方式

```
mag, angle = cv2.cartToPolar(gx, gy, angleInDegrees=True)
```

4. 网格方向梯度权重的直方图统计

将图像划分成若干个块（Block），每个块又由若干个细胞（Cell）单元组成，细胞单元由更小的单位像素（Pixel）组成，然后在每个细胞单元中对内部所有像素的梯度方向进行统计。

HOG 特征提取细胞单元，如图 5-5 所示。HOG 特征提取窗口移动，如图 5-6 所示。HOG 默认描述子窗口大小为 64 像素×128 像素，窗口的移动步长为 8 像素×8 像素。每个窗口的细胞单元大小为 8 像素×8 像素，每个块由 4 个细胞单元组成。

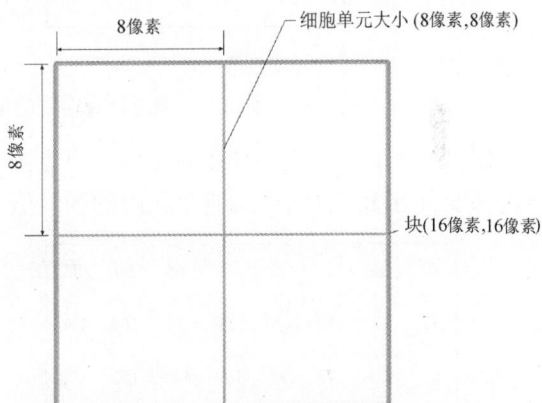

图 5-5　HOG 特征提取细胞单元

块的起始位置占据 16 像素×16 像素的大小，块的移动步长为一个细胞单元，从左到右移动 7 次即可移动到描述子窗口的最右边，从上往下移动共 15 次即可移动到描述子窗口的底部，因此整个描述子窗口共有 7×15 个块。

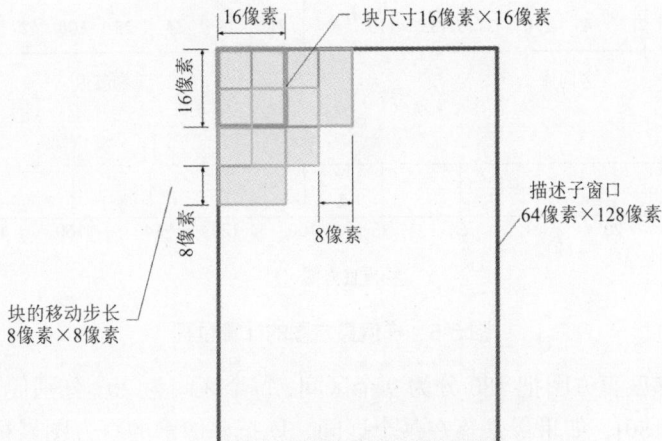

图 5-6　HOG 特征提取窗口移动

通过计算得到的像素的梯度值和方向值如图 5-7 所示。

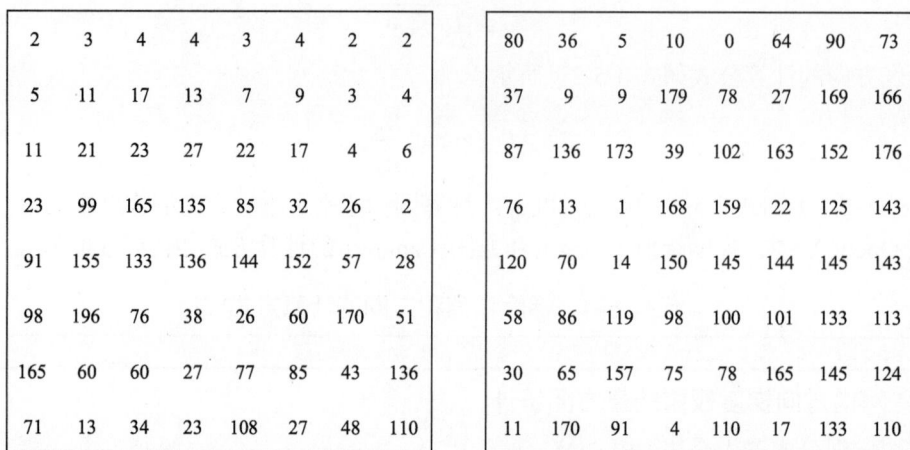

2	3	4	4	3	4	2	2
5	11	17	13	7	9	3	4
11	21	23	27	22	17	4	6
23	99	165	135	85	32	26	2
91	155	133	136	144	152	57	28
98	196	76	38	26	60	170	51
165	60	60	27	77	85	43	136
71	13	34	23	108	27	48	110

（a）梯度值

80	36	5	10	0	64	90	73
37	9	9	179	78	27	169	166
87	136	173	39	102	163	152	176
76	13	1	168	159	22	125	143
120	70	14	150	145	144	145	143
58	86	119	98	100	101	133	113
30	65	157	75	78	165	145	124
11	170	91	4	110	17	133	110

（b）方向值

图 5-7　通过计算得到的像素的梯度值和方向值

创建一个 8×8 的细胞梯度直方图。直方图包含 9 个箱子，对应范围为 0,20,40,…,180。通过梯度直方图统计每个细胞单元内的梯度值。梯度直方图的计算过程如图 5-8 所示。

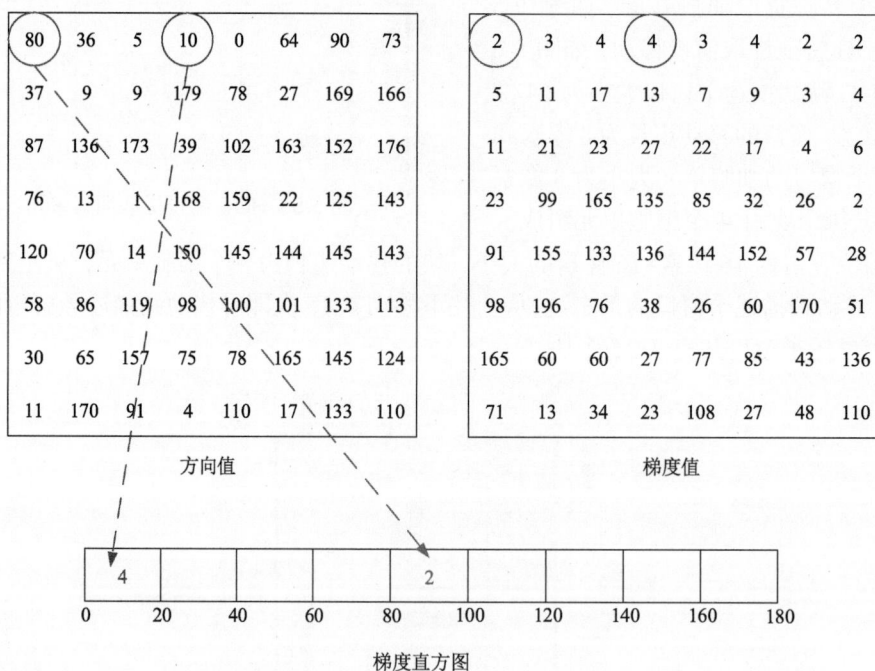

图 5-8　梯度直方图的计算过程

图 5-8 中的梯度直方图把 180 分为 9 个区间，每个区间为 20，分别代表[0, 20), [20, 40), [40, 60),…,[160, 180]，如果像素落在某个区间，就把该像素的直方图累积到对应区间的直方图上。梯度直方图统计，如图 5-9 所示。

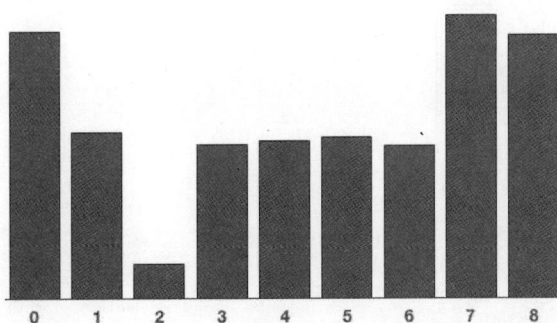

图 5-9　梯度直方图统计

在图 5-6 中，每个块有 4 个细胞单元，每个细胞单元对应一个特征向量，具有 9 个特征值，即每个块有 36 个特征值，所以整个窗口有 7×15×36 = 3780 个特征描述子。特征描述子会从图像中提取有用的信息，剔除无关信息。特征描述子可以从一张宽度×高度×3（通道数）大小的图像中提取出长度为 n 的特征向量或特征矩阵。

5. 块描述子和特征向量归一化

前面已经讲到每个块有 4 个细胞单元，每个细胞单元有 9 个特征值，需要再次进行归一化，以进一步提高泛化能力。选择 L2 正则化（L2-Norm）进行特征向量归一化。

🖥 **任务实现**

5.2.2　获取目标数据与背景数据

构建网络之前，需要获取目标数据和背景数据。目标数据可通过人工预先标记的边框信息获取，而背景数据则可通过滑动窗口获取的一系列固定尺寸的图像得到。获取背景数据之前，需要抹除原始图像上的目标数据，以保证获取的背景数据中不包含目标数据。获取目标数据和背景数据如代码 5-5 所示。

代码 5-5　获取目标数据和背景数据

```python
import os
import h5py
import cv2
import matplotlib.pyplot as plt
from tqdm import tqdm
import numpy as np

data = h5py.File('../data/train/digitStruct.mat','r')
data = data['digitStruct']

# 获取图像的名称和边界框信息
names = data['name']
bbox = data['bbox']

# 定义需要检查和创建的文件夹
folder_names = ['label1', 'label0', 'not_label']
```

```
# 如果不存在，则创建对应的文件夹
for folder_name in folder_names:
    save_dir = os.path.join('../tmp', folder_name)
    if not os.path.exists(save_dir):
        os.makedirs(save_dir)

# 初始化计数器
t = 0
# 遍历图像和边界框
for i in range(len(names)):
    # 如果计数器小于5000，则继续
    if t <= 5000:
        try:
            name = ''.join([chr(v[0]) for v in data[(names[i][0])]])
            # 读取图像
            img = cv2.imread('../data/train/'+name)
            # 创建img的副本
            img_tmp = img.copy()
            name = name.split('.')[0]
            # 尝试处理图像
            try:
                # 遍历边界框中的每个标签
                for j in range(data[bbox[i][0]]['label'].shape[0]):
                    # 提取标签信息
                    label = int(data[data[bbox[i][0]]['label'][j][0]][0][0])
                    # 提取边界框的位置和大小
                    left = int(data[data[bbox[i][0]]['left'][j][0]][0][0])
                    top = int(data[data[bbox[i][0]]['top'][j][0]][0][0])
                    width = int(data[data[bbox[i][0]]['width'][j][0]][0][0])
                    height = int(data[data[bbox[i][0]]['height'][j][0]][0][0])
                    # 裁剪图像中的目标区域
                    img1 = img[top: (top + height), left: (left + width), :]
                    # 调整目标区域的尺寸为16像素×32像素
                    img1 = cv2.resize(img1, (16, 32), interpolation=cv2.INTER_
AREA)

                    if label != 1:
                        cv2.imwrite('../tmp/label1/' + str(name) + '_' +
                                    str(j) + '_' + str(label) + '.png', img1)
                    # 更新img_tmp，将目标区域替换为图像的平均颜色
                    img_tmp[top: (top + height), left: (left + width), :] =
np.mean(img)
                # 调整img_tmp的尺寸为128像素×64像素
                img_tmp = cv2.resize(img_tmp, (128, 64), interpolation=cv2.
INTER_AREA)
                cv2.imwrite('../tmp/not_label/' + str(name) + '.png', img_tmp)
                # 获取img_tmp的尺寸
                h, w = img_tmp.shape[:2]
                height = 32
                width = 16
                # 窗口滑动的步长为(4, 8)
                for row in range(int(height / 2), h - int(height / 2), 8):
                    for col in range(int(width / 2), w - int(width / 2), 4):
                        # 获取当前窗口区域的图像
                        win_roi = img_tmp[row - int(height / 2): row + int(height
/ 2), col - int(width / 2): col + int(width / 2)]
```

```
                        cv2.imwrite('../tmp/label0/'  +  str(name)  +  '_'  +
str(row) + '_' + str(col) + '.png', win_roi)
            except:
                # 如果上述过程出现异常，则尝试单独处理第一个标签
                label = data[bbox[i][0]]['label'][0][0]
                label = int(label)
                left = data[bbox[i][0]]['left'][0][0]
                left = int(left)
                top = data[bbox[i][0]]['top'][0][0]
                top = int(top)
                width = data[bbox[i][0]]['width'][0][0]
                width = int(width)
                height = data[bbox[i][0]]['height'][0][0]
                height = int(height)
                img1 = img[top: (top + height), left: (left + width), :]
                img1 = cv2.resize(img1, (16, 32), interpolation=cv2.INTER_AREA)
                if label != 1:
                    cv2.imwrite('../tmp/label1/' + str(name) + '_' + str(0) + '_'
+ str(label) + '.png', img1)
                img_tmp[top: (top + height), left: (left + width), :] =
np.mean(img)
                img_tmp = cv2.resize(img_tmp, (128, 64), interpolation=cv2.
INTER_AREA)
                cv2.imwrite('../tmp/not_label/' + str(name) + '.png', img_tmp)
                # 获取 img_tmp 的尺寸
                h, w = img_tmp.shape[: 2]
                height = 32
                width = 16
                # 窗口滑动的步长为(4, 8)
                for row in range(int(height / 2), h - int(height / 2), 8):
                    for col in range(int(width / 2), w - int(width / 2), 4):
                        win_roi = img_tmp[row - int(height / 2): row  + int(height
/ 2), col - int(width / 2): col + int(width / 2)]
                        cv2.imwrite('../tmp/label0/' + str(name) + '_' + str(row)
                            + '_' + str(col) + '.png', win_roi)
        except:
            pass
    t += 1
    print(t, end=' ')
```

提取的目标数据保存在 tmp 文件夹下的 label1 文件夹中，目标数据中的部分数据如图 5-10 所示。

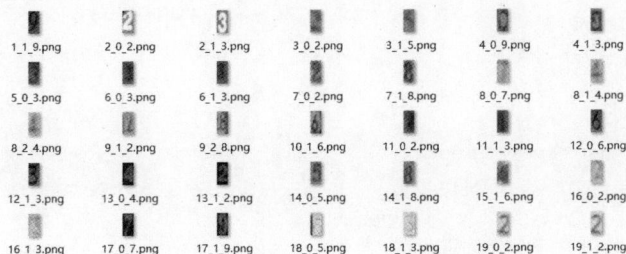

图 5-10 目标数据中的部分数据

提取的背景数据保存在 tmp 文件夹下的 label0 文件夹中，背景数据中的部分数据如图 5-11 所示。

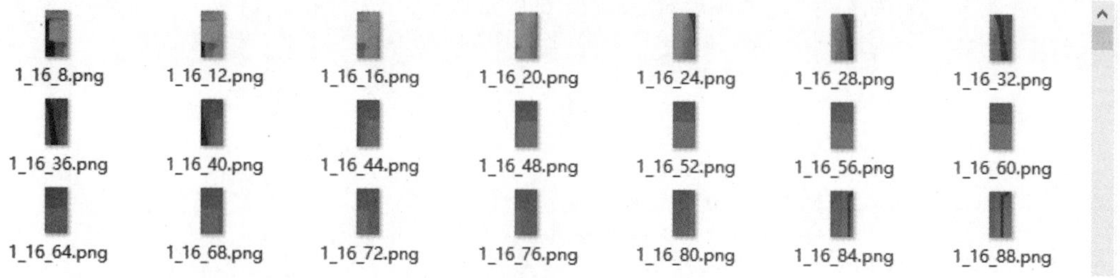

图 5-11　背景数据中的部分数据

需要抹除的原始图像上的目标数据保存在 tmp 文件夹下的 not_label 文件夹中，抹除的原始图像上的目标数据中的部分数据如图 5-12 所示。

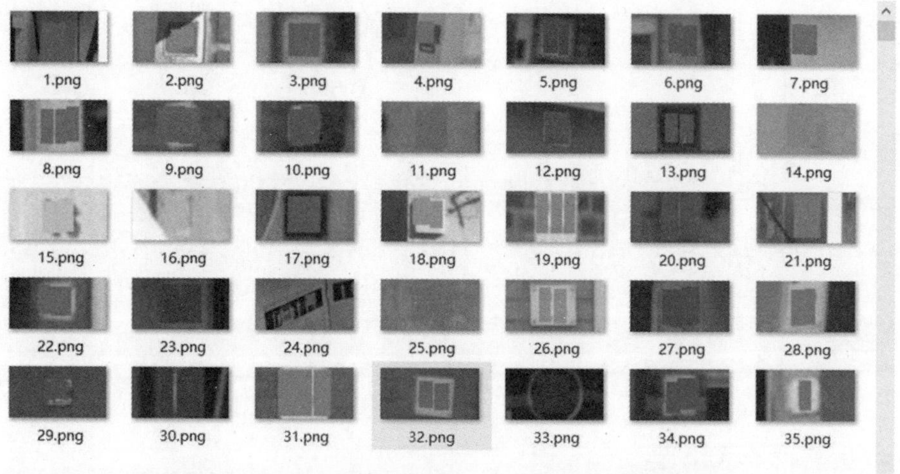

图 5-12　抹除的原始图像上的目标数据中的部分数据

5.2.3　基于 HOG 特征提取与 SVM 分类器的目标检测

为使模型能够识别门牌号图像中为数字的内容，需要进行 HOG 特征提取。将 HOG 特征与 SVM 分类器结合使用已经被广泛应用于目标检测，且在行人检测中获得了极大的成功。

提取图像的 HOG 特征并使用 SVM 分类器进行特征识别，如代码 5-6 所示。

代码 5-6　提取图像的 HOG 特征并使用 SVM 分类器进行特征识别

```
import os
import numpy as np
import cv2 as cv

winSize = (16, 8)  # 定义窗口大小
blockSize = (8, 4)  # 定义块大小
blockStride = (4, 2)  # 定义块步长
cellSize = (4, 2)  # 定义 HOG 细胞单元大小
nbins = 9  # 定义梯度直方图方向数量

# 把目标图像放在灰度图像中间，计算图像的 HOG 特征描述子
```

```python
def get_hog_descriptor(image):
    hog = cv.HOGDescriptor(winSize, blockSize, blockStride, cellSize, nbins)
    # 将图像从 BGR 格式转换为灰度格式
    gray = cv.cvtColor(image, cv.COLOR_BGR2GRAY)
    # 使用 HOG 特征描述子
    descriptors = hog.compute(gray, winStride=(8, 4), padding=(0, 0))
    return descriptors

# 获取训练集和测试集的图片
def get_data(train_data, labels, path, lableType, T):
    t = 0 # 初始化计数器
    for file_name in os.listdir(path): # 遍历指定路径下的所有文件
        if t < T:
            try:
                img_dir = os.path.join(path, file_name)
                img = cv.imread(img_dir)
                hog_desc = get_hog_descriptor(img) # 计算图像的 HOG 特征描述子
                one_fv = np.zeros([len(hog_desc)], dtype=np.float32)
                    # 将描述子转为一维数组
                for i in range(len(hog_desc)): # 遍历描述子数组
                    one_fv[i] = hog_desc[i] # 将描述子添加到数组中
                train_data.append(one_fv) # 将描述子数组添加到训练数据列表中
                labels.append(lableType) # 将标签添加到标签列表中
                t += 1 # 计数器增加 1
                print(t, end=' ') # 输出当前的计数器值，以查看进度
            except:
                pass
    return train_data, labels # 返回训练数据和标签

# 将图像数据转化为 NumPy 格式
def get_dataset(pdir, ndir):
    train_data = [] # 初始化训练数据列表
    labels = [] # 初始化标签列表
    # 获取正样本
    train_data, labels = get_data(train_data, labels,pdir, lableType=1, T=1000)
    # 获取负样本
    train_data, labels = get_data(train_data, labels, ndir, lableType=-1, T=20000)
    # 将训练数据和标签转换为 NumPy 数组
    return np.array(train_data, dtype=np.float32), np.array(labels, dtype=np.
int32)

train_data, labels = get_dataset('../tmp/label1/', '../tmp/label0/')

# 构建模型，训练并保存模型
def HOG_svm(train_data, labels, names):
    # 创建一个 SVM 模型
    svm = cv.ml.SVM_create()
    svm.setKernel(cv.ml.SVM_LINEAR)
    svm.setType(cv.ml.SVM_C_SVC)
    svm.setC(2.67)
    svm.setGamma(5.383)
    # 获取正负样本的标签，并将其重塑为二维数组
    responses = np.reshape(labels, [-1, 1])
    # 训练
    svm.train(train_data, cv.ml.ROW_SAMPLE, responses)
```

```
    svm.save(names)

HOG_svm(train_data, labels, names='../tmp/HOG_svm.dat')
```

任务 5.3　构建网络

任务描述

卷积神经网络的构建受到人类的视觉系统结构的启发。类似于生物神经网络，卷积神经网络可以使图像直接作为网络的输入，避免了烦琐的前期处理工作，是一种端到端的网络。

本任务需要构建的卷积神经网络结构示意如图 5-13 所示。其中卷积层、池化层、Flatten层和全连接层是卷积神经网络的核心组成部分。

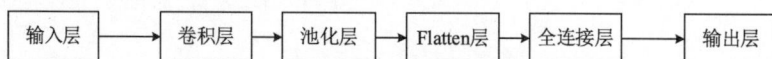

输入层 → 卷积层 → 池化层 → Flatten层 → 全连接层 → 输出层

图 5-13　卷积神经网络结构示意

任务实现

5.3.1　读取训练集与测试集

读取用于训练卷积神经网络的数字图像训练集和数字图像测试集，如代码 5-7 所示。

代码 5-7　读取训练集与测试集

```
import numpy as np
import pandas as pd
import matplotlib.pyplot as plt
import tensorflow as tf
import os
import cv2


# 从指定路径获取数据集
def get_data(train_data, labels, path, T):
    t = 0
    for file_name in os.listdir(path):
        if t < T:
            img = cv2.imread(path+file_name)
            labelType = int(file_name[-5])
            train_data.append(img)
            labels.append(labelType)
            t += 1
    return train_data, labels

# 获取整个数据集
def get_dataset(pdir,T):
    train_data = []
    labels = []
    # 调用 get_data 函数，获取训练数据和标签
    train_data, labels = get_data(train_data, labels, pdir, T=5000)
```

```
    # 将训练数据和标签转换为 NumPy 数组
return np.array(train_data), np.array(labels)

# 调用 get_dataset 函数，获取数据集
data, labels = get_dataset('../tmp/label1/',5000)
# 划分数据集为训练集和测试集
x_train,y_train = data[:4000],labels[:4000]
x_test,y_test = data[:1000],labels[:1000]
```

5.3.2 构建卷积神经网络

SVHN 数据集中存在大量模糊图像，相较于平均池化方式，最大池化方式更能保留图像中较为突出的关键信息，因此池化层均选择最大池化方式。卷积层均采用 ReLU 函数作为激活函数，使用 Softmax 分类器进行分类，构建卷积神经网络。

构建的卷积神经网络包括二维卷积层 Conv2D、二维最大池化层 MaxPool2D、Flatten 层、全连接层 Dense 等，如代码 5-8 所示。

代码 5-8　构建的卷积神经网络

```
# 构建网络
model = tf.keras.models.Sequential()
model.add(tf.keras.layers.Conv2D(16, (8, 8),input_shape=(32, 16, 3), activation=
'relu'))
model.add(tf.keras.layers.MaxPool2D((2, 2)))
model.add(tf.keras.layers.Conv2D(32, (4, 4), padding='same'))
model.add(tf.keras.layers.MaxPool2D((2, 2)))
model.add(tf.keras.layers.Conv2D(64, (2, 2), padding='same'))
model.add(tf.keras.layers.MaxPool2D((2, 2)))
model.add(tf.keras.layers.Flatten())
model.add(tf.keras.layers.Dense(128, activation='relu'))
model.add(tf.keras.layers.Dense(64, activation='relu'))
model.add(tf.keras.layers.Dense(10, activation='softmax'))
```

5.3.3 训练并保存模型

对构建好的卷积神经网络进行训练，并保存训练好的模型以用于后续的门牌号识别。训练参数的设置会对最终得到的模型产生影响，不仅会影响模型的训练速度，还会影响模型识别的效果。在训练过程中，optimizer 参数设置为'adam'，表示优化器使用自适应矩估计；loss 参数设置为'sparse_categorical_crossentropy'，表示损失函数使用交叉熵损失函数；metrics 参数设置为'accuracy'，表示评估指标为准确率；epochs 参数设置为 50，表示单次训练迭代的次数为 50；verbose 参数设置为 1，表示日志信息为输出进度条的记录。训练并保存训练好的模型，如代码 5-9 所示。

代码 5-9　训练并保存训练好的模型

```
# 编译网络
model.compile(optimizer='adam', loss='sparse_categorical_crossentropy',
              metrics=['accuracy'])
# 模型训练
model.fit(x_train, y_train, epochs=50, verbose=1)
```

```
model.save('../tmp/model_mp.h5')  # 保存模型
```

训练过程中输出的日志如下。

```
Epoch 1/50
125/125 ———————————————————————————— 4s 8ms/step - accuracy: 0.1414 -
loss: 4.8661
Epoch 2/50
125/125 ———————————————————————————— 1s 7ms/step - accuracy: 0.2277 -
loss: 2.1070
Epoch 3/50
125/125 ———————————————————————————— 1s 6ms/step - accuracy: 0.3149 -
loss: 1.9109
Epoch 4/50
125/125 ———————————————————————————— 1s 6ms/step - accuracy: 0.4371 -
loss: 1.5963
Epoch 5/50
125/125 ———————————————————————————— 1s 6ms/step - accuracy: 0.5579 -
loss: 1.3188
…
Epoch 47/50
125/125 ———————————————————————————— 1s 8ms/step - accuracy: 0.9777 -
loss: 0.0706
Epoch 48/50
125/125 ———————————————————————————— 1s 8ms/step - accuracy: 0.9652 -
loss: 0.0944
Epoch 49/50
125/125 ———————————————————————————— 1s 8ms/step - accuracy: 0.9539 -
loss: 0.1607
Epoch 50/50
125/125 ———————————————————————————— 1s 8ms/step - accuracy: 0.9307 -
loss: 0.2208
```

任务 5.4　模型评估

任务描述

本任务需要对训练好的模型进行性能评估，查看模型的泛化能力和识别能力，最后通过加载保存的模型实现对门牌号的识别。

模型评估

任务实现

5.4.1　模型性能评估

使用测试集数据对模型进行性能评估，如代码 5-10 所示。

代码 5-10 模型性能评估

```
model_mp = tf.keras.models.load_model('../tmp/model_mp.h5')  # 加载模型

# 模型性能评估
from sklearn import metrics
predictions = model_mp.predict(x_test)
y_pre = np.argmax(predictions, axis=1)
# 计算混淆矩阵
metrics.confusion_matrix(y_test, y_pre)
# 计算准确率
print('准确率: {}%'.format(float(metrics.accuracy_score(y_test, y_pre)) * 
100))
```

运行代码 5-10 得到的输出结果如下。

```
准确率: 93.4%
```

由输出结果可知，模型识别图像中的数字的准确率为 93.4%。

5.4.2 识别门牌号

实现门牌号识别的基本思路是，先通过目标检测器对目标数字窗口进行精准定位，再通过训练好的卷积神经网络模型实现对数字的识别。识别门牌号，如代码 5-11 所示。

代码 5-11 识别门牌号

```
import numpy as np
import pandas as pd
import matplotlib.pyplot as plt
import tensorflow as tf
import os
import cv2


# 计算两个点的欧几里得距离
def diff(col1,col2,row1,row2):
    s = (16-np.abs(col1-col2))*(32-np.abs(row1-row2))
    return s

# 删除指定路径下的所有文件和文件夹
def file_delete(path):
    if os.path.exists(path):
        for i in os.listdir(path):
            path_file = os.path.join(path, i)
            if os.path.isfile(path_file):
                os.remove(path_file)
            elif os.path.isdir(path_file):
                shutil.rmtree(path_file)
            else:
                pass

# 获取目标窗口
def get_target(test_img_num):
    # 定义 HOG 特征描述子的参数
    winSize = (16, 8)
    blockSize = (8, 4)
```

```
blockStride = (4, 2)
cellSize = (4, 2)
nbins = 9

# 读取测试图像
test_img = cv2.imread('../data/target_test/'+str(test_img_num)+'.png')
test_img = cv2.resize(test_img, (128, 64), interpolation=cv2.INTER_AREA)
img = test_img.copy()

# 检查 target 文件夹是否存在
save_dir = '../tmp/target'
if not os.path.exists(save_dir):
    # 如果不存在,则创建 target 文件夹
    os.makedirs(save_dir)

# 获取大小
h, w = img.shape[: 2]

# 加载训练好的模型
svm = cv2.ml.SVM_load('../tmp/HOG_svm.dat')

# 初始化用于筛选框的坐标总数和框的个数
sum_x = 0
sum_y = 0
count = 0

# 创建 HOG 特征描述子
height = 32
width = 16
hog = cv2.HOGDescriptor(winSize, blockSize, blockStride, cellSize, nbins)

col_anchor = []
row_anchor = []
win_anchor = []

# 遍历图像, 计算 HOG 特征描述子, 并进行预测
for row in range(int(height / 2), h - int(height / 2), 8):
    for col in range(int(width / 2), w - int(width / 2), 4):
        win_roi = test_img[row - int(height / 2): row + int(height / 2),
        col - int(width / 2): col + int(width / 2)]
        # 获取 HOG 特征
        hog_desc = hog.compute(win_roi, winStride=(4, 4), padding=(0, 0))
        # 转化为 NumPy 格式
        one_fv = np.zeros([len(hog_desc)], dtype=np.float32)
        for i in range(len(hog_desc)):
            one_fv[i] = hog_desc[i]
        one_fv = one_fv.reshape(-1, len(hog_desc))
        # 预测
        result = svm.predict(one_fv)[1]

        # 画出所有框
        pj_anchor = []
        s_anchor = []
        if result[0][0] > 0:
```

```
                if col_anchor == []:
                    # 在原图像上加上矩形框
                    cv2.rectangle(img, (col - int(width / 2), row - int(height
/ 2)),(col + int(width / 2), row + int(height / 2)), (0, 255, 255), 1, 8, 0)

                    row_anchor.append(row)
                    col_anchor.append(col)
                    win_anchor.append(win_roi)

                else:
                    for i in range(len(col_anchor)):
                        pj_anchor.append(np.abs(col-col_anchor[i])<16 and np.abs
(row-row_anchor[i])<32)

                    if sum(pj_anchor)>=1:
                        for i in range(len(col_anchor)):
                            if np.abs(col-col_anchor[i])<16 and np.abs(row-row_
anchor[i])<32:
                                # 计算重叠面积
                                s = diff(col,col_anchor[i],row,row_anchor[i])
                                s_anchor.append(s)
                        # 最大重叠面积小于 1/4 则认定为新目标块，否则忽略该目标块
                        if max(s_anchor)/(16*32)<1/4:
                            cv2.rectangle(img, (col - int(width / 2), row -
int(height / 2)), (col + int(width / 2), row + int(height / 2)), (0, 255, 255),
1, 8, 0)

                            row_anchor.append(row)
                            col_anchor.append(col)
                            win_anchor.append(win_roi)

                    else:
                        cv2.rectangle(img, (col - int(width / 2), row - int(height
/ 2)), (col + int(width / 2), row + int(height / 2)), (0, 255, 255), 1, 8, 0)

                        row_anchor.append(row)
                        col_anchor.append(col)
                        win_anchor.append(win_roi)

    plt.imshow(img)
    plt.show()
    # 删除临时文件夹
    file_delete('../tmp/target')
    # 从左到右为图像排序并标号
    index = []
    for i in col_anchor:
        index.append(sorted(col_anchor).index(i))

    for i,t_img in zip(index,win_anchor):
        cv2.imwrite('../tmp/target/' + str(i) + '.png', t_img)

# 识别目标图像上的数字
def get_num(test_img_num):

    get_target(test_img_num)
```

```
# 加载模型
model_mp = tf.keras.models.load_model('../tmp/model_mp.h5')
# 定义一个空列表，用于存储目标图像列表
test_img = []
# 遍历临时文件夹 target 中的所有图像文件
for i in os.listdir('../tmp/target/'):
    test_img.append(cv2.imread('../tmp/target/'+i))
# 将图像列表转换为 NumPy 数组
test_img = np.array(test_img)
# 使用模型对图像进行预测
predictions = model_mp.predict(test_img)
# 提取预测的标签，即每个预测的最大值对应的索引
y_pre = np.argmax(predictions, axis=1)
print(y_pre)

get_num(1)  #应用和测试
```

运行代码 5-11 得到的门牌号识别的结果如图 5-14 所示。

注：检测窗口的不确定性、对目标窗口的重叠处理操作等各种原因，会导致测试图像的结果有所差异。

[2 0 8]

图 5-14　门牌号识别的结果

项目小结

本项目使用卷积神经网络实现对街景图像中门牌号的识别。首先提取数据集中的目标数据和背景数据，然后重点介绍了实现基于 HOG 特征提取和 SVM 分类器的目标检测的过程，并实现目标数字的提取；之后通过卷积神经网络实现对数字的识别，通过调整网络的参数提高模型的识别精度，并保存训练完毕的模型以方便下次调用；最后对模型识别门牌号的能力进行测试。

项目实训

实训 1　基于卷积神经网络实现单数字识别

1．训练要点

（1）掌握图像处理的基本操作。

（2）掌握卷积神经网络的构建。

2．需求说明

使用 TensorFlow 2.16.1 实现以下目标。

（1）使用 Numpy 对图像进行基本的预处理。

（2）构建卷积神经网络实现单数字识别。

3．实现思路及步骤

实现单数字识别主要包括以下 3 个步骤。

（1）对图像数据进行预处理，获取训练集和测试集。

（2）构建卷积神经网络。

（3）训练和评估模型。

实训 2　基于飞桨深度学习平台实现数字识别

1. 训练要点

（1）掌握飞桨深度学习平台读取数据集的方法。

（2）掌握使用飞桨深度学习平台构建和训练神经网络的方法。

2. 需求说明

飞桨深度学习平台提供了一个强大的深度学习框架，可用于构建和训练各种神经网络模型。本实训使用飞桨深度学习平台来训练一个用于识别 MNIST 数据集中手写数字图像的卷积神经网络。MNIST 数据集是飞桨深度学习平台内置的数据集。

3. 实现思路及步骤

（1）读取数据集中的手写数字图像，并进行预处理。

（2）构建一个卷积神经网络模型，并对该模型进行训练，并在训练过程中记录训练损失和验证准确率。

（3）利用测试集，评估该模型的性能，并展示评估结果。

课后习题

操作题

data_train.npz 和 data_test.npz 为两个存储着图像信息的数据集，如图 5-15 所示，图像信息以 numpy.array() 的形式存储。其中，data_train.npz 是训练集，data_test.npz 是测试集。搭建基于 TensorFlow 2.16.1 的卷积神经网络，对训练集进行训练，保存模型并在测试集上进行模型评估。

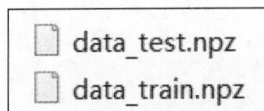

📄 data_test.npz
📄 data_train.npz

图 5-15　两个存储着图像
信息的数据集

项目 ⑥ 基于LSTM网络的语音识别

近年来，人工智能技术愈发成熟，语音识别技术也不断提高。语音识别技术的目标是将一段语音转换成对应的文本信息。语音识别技术具有广阔的应用前景（如语音检索、命令控制等），同时语音识别还可以作为人机交互的重要接口。但是语音识别还存在难以处理大词量连续语音的问题。本项目将使用由不同人朗读的0～9的语音数据，提取它们的梅尔频率倒谱系数（Mel-scale Frequency Cepstral Coefficient，MFCC）特征，并使用LSTM网络来构建语音识别模型，实现数字语音识别。

思维导图

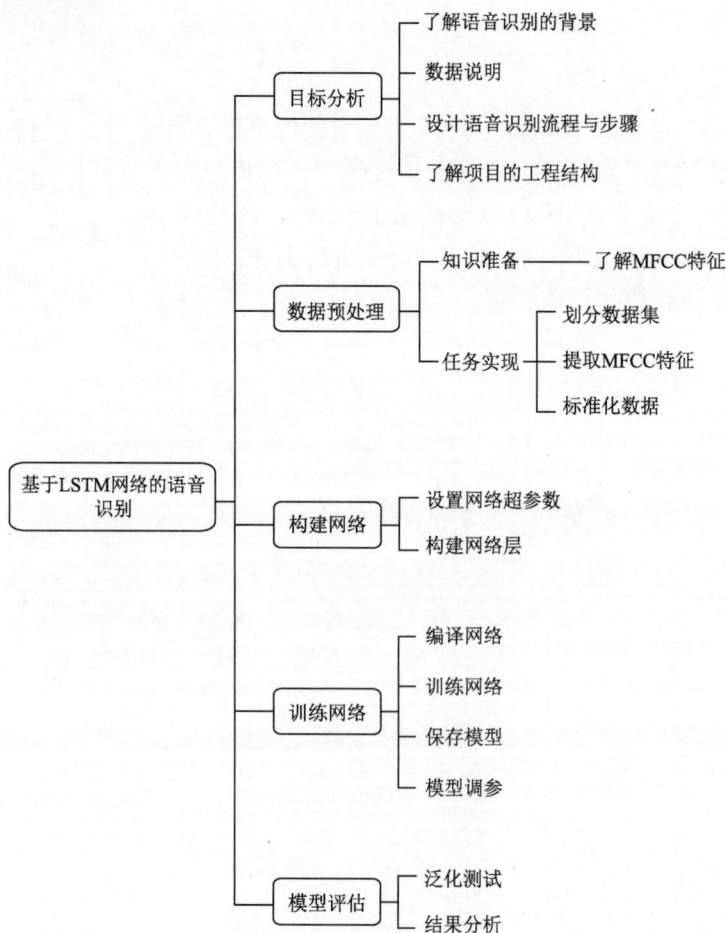

学习目标

（1）了解语音识别的背景和目标。
（2）熟悉语音识别的流程。
（3）掌握语音数据特征提取和标准化的方法。
（4）掌握构建语音识别网络的方法。
（5）掌握训练网络的方法。
（6）掌握评估模型性能的方法。

素质目标

（1）能够建立起对语音识别流程各个环节的完整认知，理解各个环节的作用和相互之间的影响，培养系统思维能力，把握各个环节和整体目标之间的联系。

（2）通过实现语音识别，认识到语音识别技术在提高社会弱势群体生活质量、服务听力障碍人士等方面的应用，促进社会和谐。

任务 **6.1** 目标分析

知识准备

6.1.1 了解背景

1952 年，贝尔实验室研发了世界上第一个可以识别英语数字语音的系统。20 世纪 70 年代后，语音识别技术高速发展。20 世纪 80 年代，隐马尔可夫模型（Hidden Markov Model, HMM）成为语音识别中较为常用的方法。20 世纪 80 年代后期，由于神经网络出色的适用性，基于神经网络的语音识别技术开始兴起。到 21 世纪，则以深度学习推动实现语音识别技术的进一步发展。

目前语音识别技术的研究已经取得了显著的成果，在许多领域都可以发现它的身影。手机中的智能语音助手就是以语音识别为基础的具体应用。以语音助手为例，在交通领域中，当因为开车无法分心手动设置导航目标时，可以使用语音助手进行操作，降低驾驶员的操作风险。

6.1.2 数据说明

本项目的数据集选取 18 个人用英语朗读数字的 3900 条语音，训练集中的部分语音数据如图 6-1 所示。

以其中的 "0_Agnes_100.wav" 文件（由 Agnes 朗读 0 的语音）为例，文件名中的 "100" 表示该文件中语音的语速，数字越大语速越快。但是也存在某些名称中数字小于 100 的文件，在这种情况下语速没有太大的变化，与其他语音文件的差距主要体现在发音上。测试集中的语音数据如图 6-2 所示。

结合数字语音数据可以实现以下目标。

（1）提取数字语音数据的 MFCC 特征。

（2）基于 MFCC 特征数据使用 LSTM 网络训练模型，将新的语音数据分类。

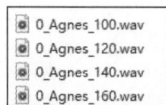

图 6-1 训练集中的部分语音数据

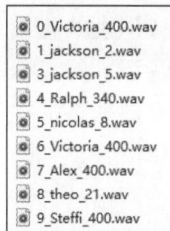

图 6-2 测试集中的语音数据

任务实现

6.1.3 设计语音识别流程与步骤

依据背景需求和语音数据集设计的语音识别的总体流程如图 6-3 所示，主要包括以下 5 个步骤。

（1）读取数字语音数据。

（2）将数据集划分为训练集和测试集，提取数据集中的 MFCC 特征，并标准化数据。

（3）基于 LSTM 网络构建语音识别网络，设置网络超参数。

（4）编译、训练网络并保存训练好的模型，调整模型的超参数使得模型达到较好的性能。

（5）对模型进行泛化能力的测试，并对训练结果进行分析。

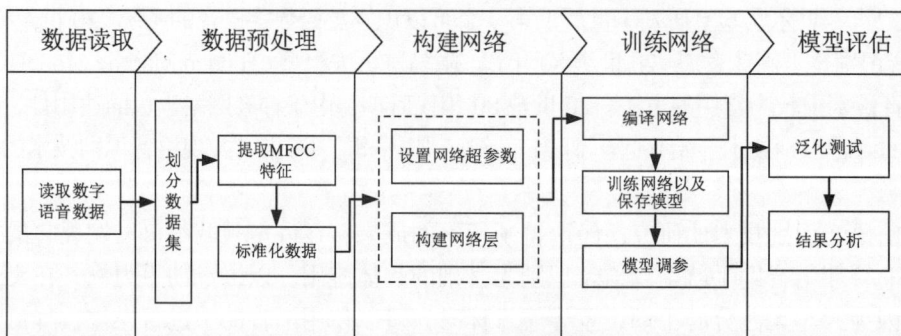

图 6-3 语音识别的总体流程

任务 6.2 数据预处理

任务描述

本任务中使用的语音数据为 WAV 文件，但 LSTM 网络要求输入的是数值型数据，因此需要对语音数据进行特征提取以及标准化处理。

数据预处理

6.2.1 了解 MFCC 特征

本案例采用的特征提取方法为 MFCC，它是基于人的听觉系统建立的倒谱系数。人的听觉系统是一个特殊的非线性系统，它响应不同频率信号的灵敏度是不同的，通常是对数关系。梅尔刻度与频率的关系如图 6-4 所示。

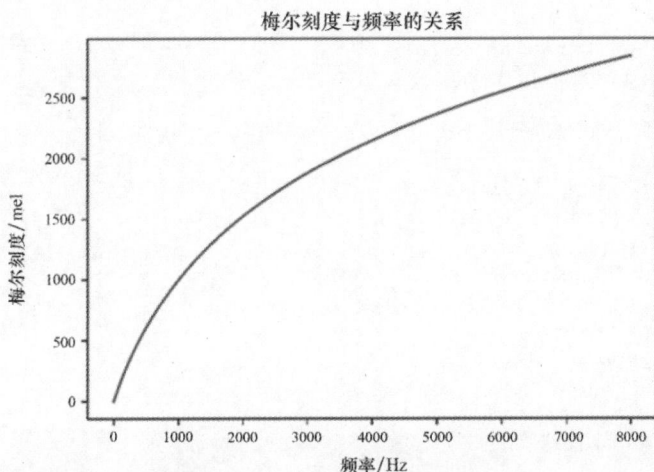

图 6-4 梅尔刻度与频率的关系

根据人类听力的听觉临界频带效应，通过快速傅里叶变换，把语音处理成能量谱数据；再将之输入梅尔滤波器组，对经过滤波处理后的数据进行对数运算；最后进行离散余弦变换，这样就能得到语音数据的 MFCC 特征。

在语音信号的特征提取过程中，能量高的低频信号会影响到高频信号的提取，因此需要对高频部分进行预加重。预加重后对信号进行分帧，将整个信号划分为平稳的短时间信号序列。为了避免信号分帧后的帧起始位置与结束位置不连续，需要对分帧后的信号应用一个某一区间有非零值、其余区间皆为零的窗口函数，即汉明窗。

经过汉明窗处理的信号数据还位于时域，这样的信号难以展现其中包含的信息，需要通过快速傅里叶变换将时域上的信号转换为频域上的信号；再将转换后的信号输入梅尔滤波器组，对其进行平滑化，消除谐波的影响，凸显原先语音的共振峰；接着对其进行对数运算得到对数频谱；最后对对数频谱进行离散余弦变换，即可得到语音的 MFCC 特征。提取 MFCC 特征的流程如图 6-5 所示。

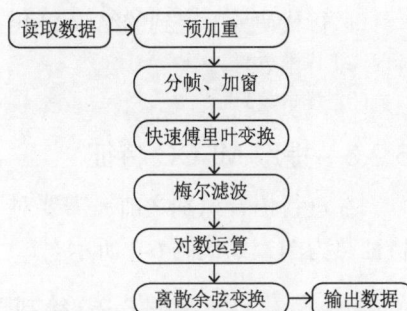

图 6-5 提取 MFCC 特征的流程

6.2.2 划分数据集

为了检验模型的效果，方便调整模型的参数，需要将数据集划分为训练集和验证集。

在本案例中，将 recordings 文件夹中的数据随机打散，取约 70%的数据作为训练集，剩下约 30%的数据作为验证集。此时仅对数据集进行划分，还没有正式读取数据。划分数据集如代码 6-1 所示。

代码 6-1　划分数据集

```python
import os
from random import shuffle
import pickle
import librosa
import tensorflow.keras as keras
import librosa.display
import numpy as np
from matplotlib import pyplot as plt

def load_files(audio_dir):
    files = os.listdir(audio_dir)
    wav_files = []
    for wav in files:
        if not wav.endswith('.wav'):
        continue
    wav_files.append(wav)

    if not wav_files:
        print('未找到数据集')
    # 打散数据集
    shuffle(wav_files)
    # 划分数据集
    nfiles = len(wav_files)
    ntrain = int(nfiles * 0.7)
    return wav_files[: ntrain], wav_files[ntrain:]


audio_dir = '../data/recordings/'
dataset_pickle = '../tmp/recordings.pkl'
train_files, valid_files = load_files(audio_dir)
print('训练集样本数为{}\n验证集样本数为{}'.format(len(train_files), len (valid_
files)))
```

运行代码 6-1 得到的结果如下。

```
训练集样本数为 2723
验证集样本数为 1168
```

6.2.3　提取 MFCC 特征

在进行语音识别之前，需要对语音数据进行特征提取。绘制原始语音波形图和 MFCC 特征热力图，如代码 6-2 所示。

代码 6-2　绘制原始语音波形图和 MFCC 特征热力图

```python
wave, sr = librosa.load('../data/recordings/0_Agnes_120.wav')
plt.rcParams['font.sans-serif'] = ['SimHei']
plt.rcParams['axes.unicode_minus'] = False
librosa.display.waveshow(wave, sr=sr)
plt.title('原始语音波形图')
plt.show()
```

```
mfcc = librosa.feature.mfcc(y=wave, sr=sr)
plt.imshow(np.flipud(mfcc.T), cmap=plt.cm.jet, aspect=0.2, extent=[0, mfcc.
shape[0], 0, mfcc.shape[1]])
plt.title('MFCC 特征热力图')
plt.show()
```

运行代码 6-2 后,"0_Agnes_120.wav"的原始语音波形图如图 6-6 所示,MFCC 特征热力图如图 6-7 所示。

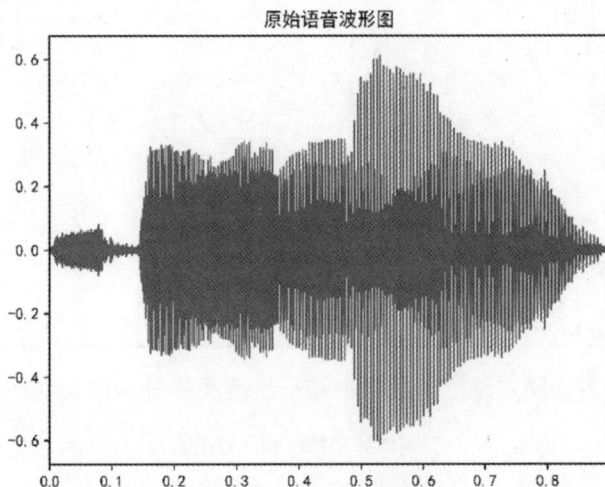

图 6-6 原始语音波形图

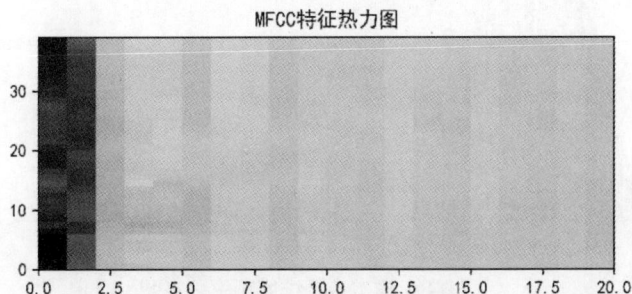

图 6-7 MFCC 特征热力图

在特征提取中,一般将特征的列数设置为 20,而特征的行数则由语音的长短来确定。由于循环神经网络要求输入的数据维度统一,因此在特征的提取中需要将特征固定到同一维度。读取数据并将特征固定到同一维度,如代码 6-3 所示。

代码 6-3 读取数据并将特征固定到同一维度

```
def read_files(audio_dir, files):
    labels = []
    features = []
    m = []
    for file in files:
        ans = int(file[0])
```

```
        wave, sr = librosa.load(audio_dir + file, mono=True)
        labels.append(ans)
        mfcc = librosa.feature.mfcc(y=wave, sr=sr)
        m.append(len(mfcc[0]))
        mfcc = np.pad(mfcc, ((0, 0), (0, 100 - len(mfcc[0]))), mode='constant',
constant_values=0)
        features.append(np.array(mfcc))
    return np.array(features), np.array(labels), m


train_features, train_labels, t_len = read_files(audio_dir, train_files)
valid_features, valid_labels, v_len = read_files(audio_dir, valid_files)

len_s = Series(t_len)
len_s = len_s.value_counts()
len_s = len_s.sort_index()

plt.figure(figsize=(13,5))
plt.title('样本特征维度频率分布图',fontsize=20)
plt.xlabel('维度', fontsize=20)
plt.ylabel('数量（条）', fontsize=20)
plt.bar(range(len(len_s)), len_s)
plt.xticks(range(len(len_s)), len_s.index)
plt.show()    # 展示图像
```

运行代码 6-3 得到未固定维度前的样本特征维度频率分布图，如图 6-8 所示。

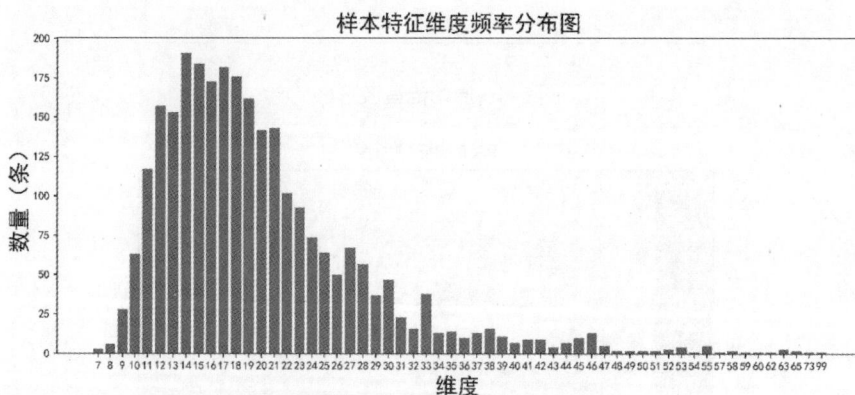

图 6-8 样本特征维度频率分布图

从图 6-8 中可以看出，有些较长的语音的特征维度接近 100。为了不让样本的特征损失，用 0 对特征进行填充，将所有特征统一填充到 100 的维度，如将[1,2,3,…,56]填充为[1,…,56, 0,0,…,0]。

6.2.4 标准化数据

固定了特征的维度后还存在一个问题——这些特征的量纲存在差异。查看训练集、验证集的最大值、最小值、均值，如代码 6-4 所示。

代码 6-4 查看训练集、验证集的最大值、最小值、均值

```
print(valid_features.max(), valid_features.min(), valid_features.mean())
print(train_features.max(), train_features.min(), train_features.mean())
```

160

运行代码 6-4 得到数据集基本属性值，如表 6-1 所示。

表 6-1   数据集基本属性值

	最大值	最小值	均值
训练集	315.5158	−698.0272	−2.5310316
验证集	314.7025	−723.3072	−2.5013273

从表 6-1 可以看出，训练集和验证集均存在最大值和最小值的差值较大的情况。因此需要通过标准化处理使特征具有相同的量纲。本项目采用的是标准差标准化，经过处理的数据的均值为 0、标准差为 1。标准差标准化如式（6-1）所示。

$$x^* = \frac{x - \bar{x}}{\sigma} \tag{6-1}$$

其中 $\bar{x}$ 为原始数据的均值，σ 为原始数据的标准差。标准差标准化是常用的数据标准化方法。在训练神经网络的过程中，将数据标准化能够加速权重参数的收敛。

标准化与存储数据如代码 6-5 所示。

代码 6-5   标准化与存储数据

```
def mean_normalize(features):
    std_value = features.std()
    mean_value = features.mean()
    return (features - mean_value) / std_value

train_features = mean_normalize(train_features)
valid_features = mean_normalize(valid_features)
print('标准化后的数据示例: ', train_features[1])

print('预处理数据集写入%s' % dataset_pickle)
pickle_out = open(dataset_pickle, 'wb')
pickle.dump((train_features, train_labels,
            valid_features, valid_labels), pickle_out)
pickle_out.close()
print('数据写入成功！')
```

运行代码 6-5 得到的结果如下。生成的 recordings.pkl 文件保存在 tmp 文件夹中。

```
标准化后的数据示例:  [[-8.922731   -8.226458   -7.8589015  ...  0.05896686
0.05896686
   0.05896686]
 [ 2.3591588   2.809048    2.8532035  ...  0.05896686  0.05896686
   0.05896686]
 [-1.4740703  -1.775248   -1.9824753  ...  0.05896686  0.05896686
   0.05896686]
 ...
 [ 0.08843172 -0.04467424 -0.13087265 ...  0.05896686  0.05896686
   0.05896686]
 [ 0.23013885  0.25302073  0.24307638 ...  0.05896686  0.05896686
   0.05896686]
 [-0.04589184 -0.09012567 -0.01196676 ...  0.05896686  0.05896686
   0.05896686]]
```

预处理数据集写入../tmp/recordings.pkl
数据写入成功！

任务 6.3　构建网络

📡 任务描述

原始的 RNN 可以用于序列建模，但是在长序列建模中，为了捕获长序列中的语义，需要在多个时间步长上运行，此时 RNN 会因为层次的加深出现梯度消失和梯度爆炸。而 LSTM 网络因通过引入"门"机制有效解决了这些问题。在 LSTM 网络中，每个神经元都有要记住的内容和要忘记的内容，以及使用门来更新记忆单元。LSTM 网络的使用如图 6-9 所示。本任务选用 LSTM 网络实现语音识别，需要设置网络的超参数并构建网络层的结构。

构建网络

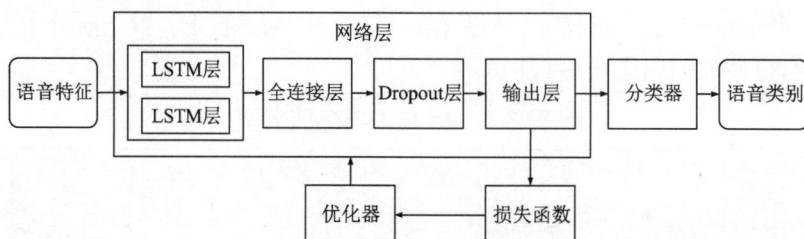

图 6-9　LSTM 网络的使用

💻 任务实现

6.3.1　设置网络超参数

在深度学习中，参数和超参数有很大的区别。网络中常见的参数为训练过程中的权重，而超参数则为网络层神经元个数、学习率、批量大小等。在自定义的 LSTM_Config 类中定义了 LSTM 层（num_filters）、全连接层（hidden_dim）、输出层（num_classes）的神经元个数。设置网络超参数如代码 6-6 所示。

代码 6-6　设置网络超参数

```
import numpy as np
import tensorflow as tf
from tensorflow import keras

class LSTM_Config():
    def __init__(self,num_filters, hidden_dim, num_classes):
        # 网络结构
        self.num_filters = num_filters
        self.hidden_dim = hidden_dim
        self.num_classes = num_classes
```

6.3.2　构建网络层

网络层主要定义了 LSTM 层、全连接层、丢弃层和输出层。在实例化网络时通过调用 LSTM_Config 类确定各层网络的神经元个数，并使用丢弃率为 0.5 的丢弃层以防止过拟合。

本案例处理的是分类问题,即将语音分为0~9的10个类,因此在输出层中采用Softmax激活函数,求得样本属于10个类中每个类的概率。正确的分类获得更大的概率,错误的分类得到更小的概率。

构建网络层如代码6-7所示。

代码 6-7　构建网络层

```python
class Voice_Model(tf.keras.Model):
    def __init__(self, config):
        self.config = config
        super(Voice_Model, self).__init__()

        # 两层 LSTM 层
        self.lstm_1 = tf.keras.layers.LSTM(config.num_filters, dropout= 0.5,
                                            return_sequences=True,
                                            unroll=True)
        self.lstm_2 = tf.keras.layers.LSTM(config.num_filters, dropout=0.5,
                                            unroll=True)

        # 全连接层
        self.fc = tf.keras.layers.Dense(config.hidden_dim)

        # 丢弃层
        self.dro = tf.keras.layers.Dropout(0.5)

        # 输出层
        self.outlayer = tf.keras.layers.Dense(config.num_classes, activation=
                                                'softmax')

    # 前向传播
    def call(self, inputs, training=None, **kwargs):
        x = inputs

        x = self.lstm_1(x)
        x = self.lstm_2(x)
        x = self.fc(x)

        x = self.outlayer(x)

        return x
```

为了方便后面训练模型,6.3 节的全部代码已经封装在配套资源中的 model.py 文件中。

任务 6.4　训练网络

任务描述

本任务需要保存训练好的模型,并用于新的语音数据集的识别。不同的参数对模型的影响是巨大的,会影响模型的训练速度和模型的精度。通过改变参数,最终获得效果较好的模型。

训练网络

任务实现

6.4.1　编译网络

编译网络时使用 Adam 优化器，该优化器利用梯度的一阶矩估计和二阶矩估计动态调整每个参数的学习率，控制学习速度。经过偏置校正后，每一次迭代学习率都有一个确定的范围。

通过损失函数计算网络最后一层的输出与真实类别之间的交叉熵，对得到的向量求和即可得到模型损失。编译网络如代码 6-8 所示。

代码 6-8　编译网络

```
import model
import pickle
import numpy as np
import tensorflow as tf
import matplotlib.pyplot as plt

def read_pickle(file_pickle):
    pickle_in = open(file_pickle, 'rb')
    (train_features, train_labels,
     valid_features, valid_labels) = pickle.load(pickle_in)
    pickle_in.close()
    return train_features, train_labels, valid_features, valid_labels

(train_features, train_labels,
  valid_features, valid_labels) = read_pickle('../tmp/recordings.pkl')
print('训练集的样本数为{}，验证集的样本数为{}'
        .format(len(train_labels), len(valid_labels)))
# 训练集的样本数为 2723，验证集的样本数为 1168

# 设置参数
num_filters = 128  # LSTM 层神经元数
hidden_dim = 256   # 全连接层神经元数
num_classes = 10   # 类别数

epochs = 100  # 循环次数
learning_rate = 0.001  # 学习率
batch_size = 128  # 批量大小

# 实例化类
config = model.LSTM_Config(num_filters, hidden_dim, num_classes)
# 创建网络
lstm_model = model.Voice_Model(config)
# 编译网络
lstm_model.compile(optimizer=tf.keras.optimizers.Adam(learning_rate),
                   loss='sparse_categorical_crossentropy',
                   metrics=['accuracy'])
```

6.4.2　训练以及保存模型

模型构建完毕后，可以读取数据并训练模型。为了快速调用模型，可以将其保存到本地，只在 lstm_model 文件夹中保存最后 1 次迭代的模型参数。训练并保存训练好的模型，如代码 6-9 所示。

代码 6-9　训练并保存训练好的模型

```
checkpoint_save_path = '../tmp/lstm_model/deep_cross.weights.h5'
cp_callback = tf.keras.callbacks.ModelCheckpoint(filepath=checkpoint_save_path,
save_weights_only=True)
# 训练网络
history = lstm_model.fit(train_features, train_labels, batch_size=batch_size,
                         epochs=epochs,validation_data=(valid_features, valid_labels),
                         callbacks=[cp_callback])

acc = history.history['accuracy']
loss = history.history['loss']
e = range(1, len(loss) + 1)
plt.cla()
plt.plot(e, loss)
plt.rcParams['font.sans-serif'] = ['SimHei']
t = '学习率为{}、批量大小为{}、周期为{}'.format(learning_rate, batch_size, epochs)
plt.title(t)
plt.xlabel('周期')
plt.ylabel('损失')
plt.savefig(t + '.png')
```

6.4.3　模型调参

第一次训练出来的模型往往是不理想的，此时需要不断调整模型的参数（如模型中 LSTM 层的神经元个数，模型的学习率、周期和批量大小等）来提高模型的性能。为了防止模型记住标签的顺序，在提取特征前需将数据集的顺序随机打乱，因此每次运行代码得到的结果会存在一定差异。

学习率作为一个超参数控制着调整神经网络权重的速度。如果学习率太小，网络很可能会陷入局部最优；如果学习率太大，超过了极值，损失就会停止下降，在某一位置振荡。

学习率为 0.03 时模型的损失变化曲线如图 6-10 所示，学习率为 0.001 时模型的损失变化曲线如图 6-11 所示。

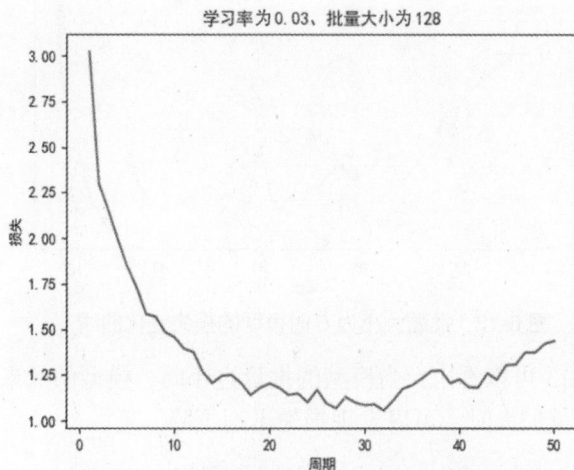

图 6-10　学习率为 0.03 时模型的损失变化曲线

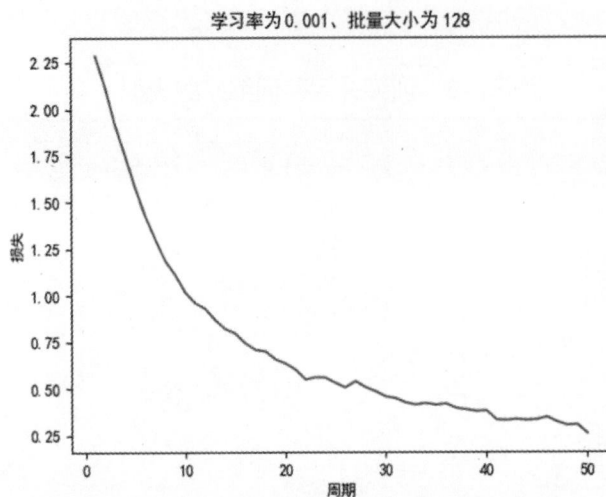

图 6-11　学习率为 0.001 时模型的损失变化曲线

对比图 6-10、图 6-11 可以看出，当学习率为 0.03 时，模型的效果非常差，在达到一个极小值后损失增加。当学习率减小到 0.001 时，模型效果明显变好。

超参数中的批量大小是为了实现小批量梯度下降算法。小批量梯度下降算法将训练集分成规模较小的批量，以计算模型误差和更新模型系数。此算法可避免出现局部最小值问题。当批量较大时，每个小批量梯度里可能含有更多的冗余信息。为了得到更优的解，批量较大时比批量较小时需要计算的样本数目可能更多，例如增加迭代周期数。

批量大小为 5 时模型的损失变化曲线如图 6-12 所示，批量大小为 128 时模型的损失变化曲线如图 6-13 所示。

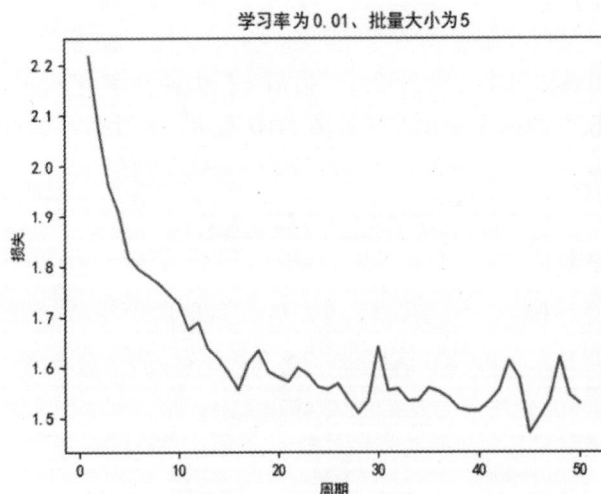

图 6-12　批量大小为 5 时模型的损失变化曲线

对比图 6-12、图 6-13 可以看出，当模型的批量过小时，模型的效果很差，损失下降缓慢且波动较大。而当批量加大时，可以发现损失迅速下降。

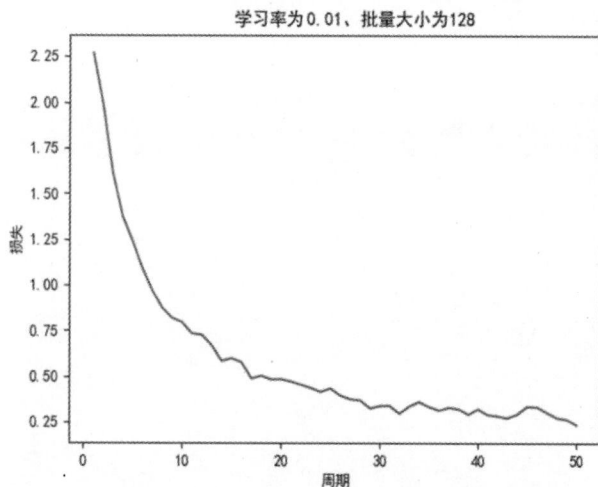

图 6-13　批量大小为 128 时模型的损失变化曲线

任务 6.5　模型评估

任务描述

一个模型性能的好坏不仅取决于其在训练集上的表现，还需考虑其泛化能力。若模型在测试集上的表现极差而在训练集上的表现极好时，说明这个模型是过拟合的。过拟合的模型在后续的实际应用中会表现不佳。本任务需要对已保存的模型进行泛化测试，调用模型对语音数据进行预测，并分析预测的结果。

模型评估

任务实现

6.5.1　泛化测试

先创建一个和训练时结构一样的网络，再将权重赋值在新建的网络中。读取模型并应用于测试集，如代码 6-10 所示。

代码 6-10　读取模型并应用于测试集

```
import model
import os
import librosa
import numpy as np
from sys import path

def mean_normalize(features):
    std_value = features.std()
    mean_value = features.mean()
    return (features - mean_value) / std_value


def read_test_wave(path):
    files = os.listdir(path)
    feature = []
    features = []
```

```
    label = []
    for wav in files:
        if not wav.endswith('.wav'): continue
        ans = int(wav[0])
        wave, sr = librosa.load(path + wav, mono=True)
        label.append(ans)
        mfcc = librosa.feature.mfcc(y=wave, sr=sr)
        mfcc = np.pad(mfcc, ((0, 0), (0, 100 - len(mfcc[0]))),
                      mode='constant', constant_values=0)
        feature.append(np.array(mfcc))
    features = mean_normalize(np.array(feature))
    return features, label

path = '../data/test/'
features, label = read_test_wave(path)

num_filters = 128  # LSTM 层神经元数
hidden_dim = 256  # 全连接层神经元数
num_classes = 10  # 类别数
config = model.LSTM_Config(num_filters, hidden_dim, num_classes)
m1 = model.Voice_Model(config)
m1.compile(loss='sparse_categorical_crossentropy', metrics=['accuracy'])
m1.predict(features) # 随机预测
checkpoint_save_path = '../tmp/lstm_model/deep_cross.weights.h5'
m1.load_weights(checkpoint_save_path)
result = m1.predict(features)
test_output = [np.argmax(i) for i in result]

for i in range(0, len(label)):
    print('=' * 15)
    print('真实标签: %d' % label[i])
    print('识别结果: ' + str(test_output[i]))
```

6.5.2 结果分析

当学习率为 0.001、批量大小为 128、周期为 100 时，模型的损失变化曲线如图 6-14 所示。

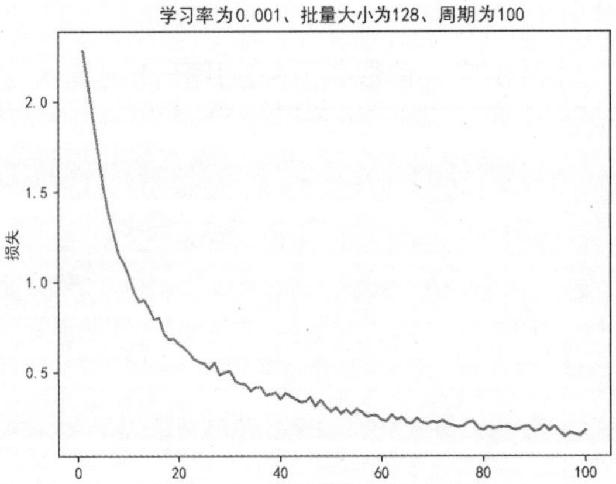

图 6-14 模型的损失变化曲线

运行代码6-10读取训练好的模型并应用到抽取的9条语音数据中，得到的结果如下所示。

```
===============
真实标签：0
识别结果：0
===============
真实标签：1
识别结果：1
===============
真实标签：3
识别结果：3
===============
真实标签：4
识别结果：4
===============
真实标签：5
识别结果：5
===============
真实标签：6
识别结果：6
===============
真实标签：7
识别结果：7
===============
真实标签：8
识别结果：8
===============
真实标签：9
识别结果：9
```

可以看出，模型在测试中达到了100%的准确率。但是这9条语音数据来自总数据集，存在过拟合的可能性，后续可以通过新增语音数据进行改进。

项目小结

本项目通过 LSTM 网络实现对语音数据的识别，重点介绍了 MFCC 特征提取的过程，并对提取的特征数据进行标准化，使其可以满足网络的输入要求。通过改变网络的参数提高模型的性能，保存训练完毕的模型以方便下次调用，并对模型的泛化能力进行测试，对模型的识别结果进行分析。

项目实训

实训 1 基于 LSTM 网络的声纹识别

1. 训练要点

（1）掌握 MFCC 特征提取以及特征维度变换的方法。

（2）掌握 LSTM 网络的基本原理与构建方法。

2. 需求说明

使用 LSTM 网络对声纹数据进行识别，实现以下目标。

（1）提取声纹数据的 MFCC 特征。

（2）基于 MFCC 特征数据使用 LSTM 网络构建模型，将新的声纹数据分类。

3. 实现思路及步骤

实现 LSTM 网络的声纹识别，主要包括以下 8 个步骤。

（1）加载声纹数据。

（2）提取声纹数据的 MFCC 特征。

（3）标准化提取的 MFCC 特征数据。

（4）使用 LSTM 网络构建模型框架。

（5）设置网络参数和路径。

（6）训练网络并保存模型。

（7）在测试集上检验模型。

（8）对模型结果进行分析。

实训 2　基于飞桨深度学习平台实现声纹识别

1. 训练要点

（1）掌握飞桨深度学习平台的基本使用方法。

（2）掌握使用飞桨深度学习平台进行模型训练和评估的方法。

2. 需求说明

本实训的目标是使用飞桨深度学习平台实现声纹识别，通过构建和训练一个基于 LSTM 的神经网络，实现对声音样本的分类。

3. 实现思路及步骤

（1）读取语音数据集，从数据集中加载语音文件，并提取其 MFCC 特征。

（2）对语音数据进行预处理，对提取的 MFCC 特征进行标准化处理。

（3）构建一个基于 LSTM 的神经网络。

（4）训练网络，使用预处理后的语音数据训练该网络，并得到训练效果优秀的模型，保存该模型。

（5）评估模型，使用测试数据集评估模型的性能，并输出每个测试样本的真实标签和预测结果。

课后习题

操作题

为了让语音识别模型达到更好的效果或者加快模型训练的速度，现要求修改本项目模型中 LSTM 网络的参数以及模型训练过程中的学习率、批量大小等参数。

项目 ❼ 基于 CycleGAN 的图像风格转换

图像风格转换是指利用算法学习一幅图像的风格，然后把这种风格应用到另一幅图像上的技术。随着深度学习的兴起，图像风格转换技术得到了进一步的发展，取得了一系列突破性的研究成果，具有重要的研究价值。本项目将使用油画图像和现实图像数据训练 CycleGAN，利用该模型将现实风景图像转换成油画风格的图像。

思维导图

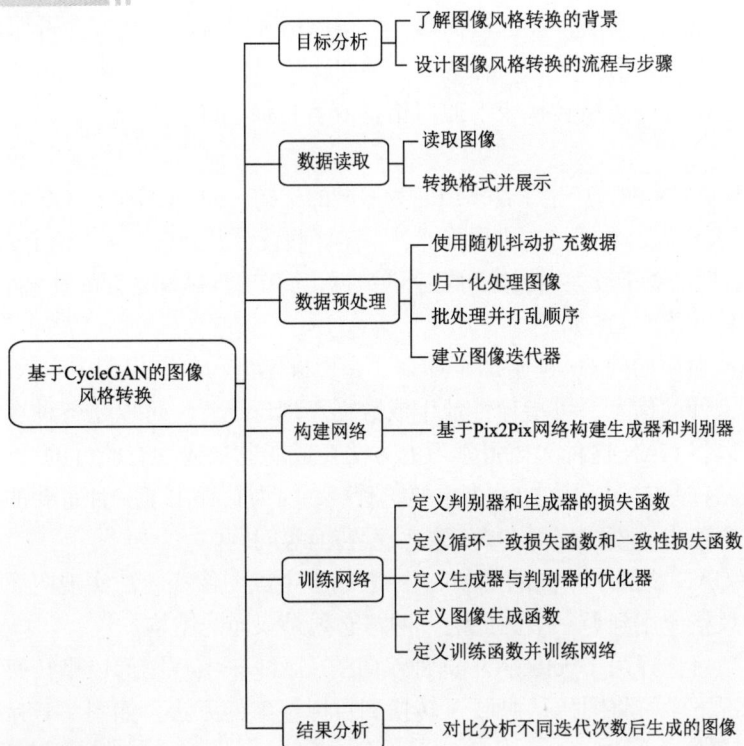

学习目标

（1）了解图像风格转换的背景和目标。

（2）熟悉图像风格转换的步骤和流程。

（3）掌握常用的网络构建方法，以构建 CycleGAN。

（4）掌握常用的网络训练方法，如定义损失函数、定义优化器和定义训练函数等。

素质目标

（1）能够建立起对图像风格转换流程的各个环节的完整认知，理解各个环节的作用和相互之间的影响，能够评估和分析各个环节的结果和影响，提升批判性思维能力。

（2）通过实现图像风格转换，认识到图像风格转换技术在提升公众审美、丰富文化生活方面的作用，服务人民的精神文化生活。

任务7.1 目标分析

知识准备

7.1.1 了解背景

图像的转换是一类视觉和图形问题，其目标是建立输入图像和输出图像之间的映射。图像风格转换是一种基于深度学习的技术，它的出现占了卷积神经网络的"天时"——卷积神经网络能对图像的高层特征进行抽取，使得风格和内容的分离成为可能。

图像风格转换在生活中的运用有很多。例如，利用智能手机相机 App 里的卡通滤镜功能可以将拍摄的图像的风格转换成卡通风格，或者将损坏的图像修复，这些都涉及图像到图像的转换。

在 GAN 发展的初期，产生了许多以它为基础的架构，如 DCGAN、CGAN 和 CycleGAN 等。简单的 GAN 可以对数据分布进行采样，不需要假设数据分布，从理论上来讲可以逼近真实数据的分布。但是对于较大的图像和复杂的数据，简单的 GAN 达到的效果难以满足需求。

常用的 2 种变体 GAN 如下。

（1）CGAN 对原始的 GAN 附加了约束，在生成模型和判别模型中引入了条件变量 y，为模型引入了额外的信息，可指导性地生成数据。理论上，y 可以是各种有意义的信息，如类标签，可以将 GAN 这种无监督学习的方法变成弱监督或者有监督的。

（2）DCGAN 是 GAN 研究的一个重要里程碑，因为它提出了一种重要的改善架构的方法来解决训练不稳定、模式崩溃和内部协变量转换等问题。

以上 2 种 GAN 都属于单向的 GAN，一般用于生成图像，无法实现图像风格转换。要将一幅图像的风格应用到另一幅图像上，网络必须是双向的结构。

所以，本项目选择用 CycleGAN 这种双向的 GAN 来实现图像风格转换，实现在没有成对样本的情况下学习将图像从源域 X 转换到目标域 Y 的方法，如图 7-1 所示。

图 7-1　图像从源域 X 转换到目标域 Y

油画与现实图像数据集可以作为训练集让 CycleGAN 将现实风景图像的风格转换成油画风格。

任务实现

7.1.2 设计图像风格转换的流程与步骤

依据背景需求和数据集设计，图像风格转换的总体流程如图 7-2 所示，主要包括以下 5个步骤。

（1）加载油画与现实图像数据集。

（2）数据预处理，包括随机抖动、归一化处理图像、对所有图像做批处理并打乱顺序和建立迭代器。

（3）构建 CycleGAN，即构建生成器与判别器。

（4）训练网络，包括定义损失函数、定义优化器、定义图像生成函数和定义训练函数等。

（5）对训练结果进行分析。

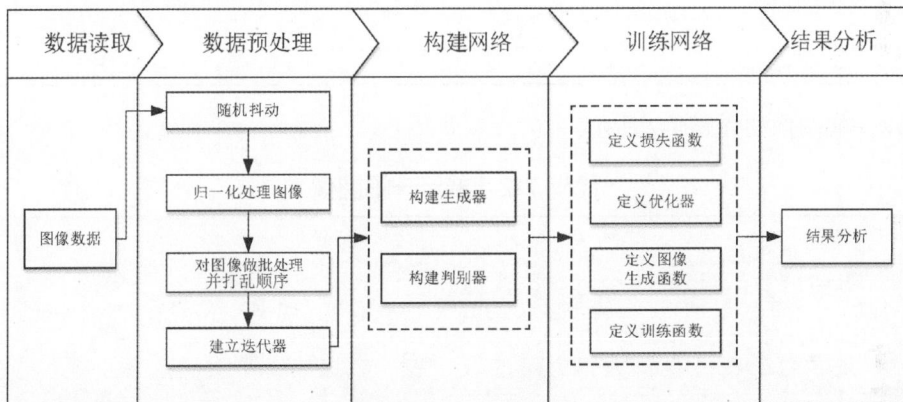

图 7-2 总体流程

任务 7.2 数据读取

任务描述

本项目使用的数据是油画与现实图像数据集，该数据集包含 4 个子数据集，分别为testA、testB、trainA、trainB。其中，testA、trainA 分别包含 400 幅油画图像，testB、trainB分别包含 400 幅现实图像。本任务需要将数据集中的图像格式转换为张量格式。

任务实现

读取图像数据，再将数据转换成 TensorFlow 2 框架所需的格式，即张量格式。读取数据并转换格式如代码 7-1 所示。

代码 7-1 读取数据并转换格式

```
# 导入库
import tensorflow as tf
```

```
from tensorflow_examples.models.pix2pix import pix2pix

import matplotlib.pyplot as plt
from IPython.display import clear_output

AUTOTUNE = tf.data.experimental.AUTOTUNE

# 如果显存 "爆炸"，则用此命令强制使用 CPU 运行代码
import os
os.environ["CUDA_VISIBLE_DEVICES"] = "-1"

# 导入数据
train_A = tf.data.Dataset.list_files('../data/trainB/*.jpg')
train_B = tf.data.Dataset.list_files('../data/trainA/*.jpg')
test_A = tf.data.Dataset.list_files('../data/testB/*.jpg')
test_B = tf.data.Dataset.list_files('../data/testA/*.jpg')


# 将数据转换为 TensorFlow 框架需要的格式

def load(image_file):
    image = tf.io.read_file(image_file)
    image = tf.image.decode_jpeg(image)
    image = tf.cast(image, tf.float32)
    return image
```

展示一幅图像如代码 7-2 所示。

代码 7-2 展示一幅图像

```
# 展示图像
# mpimg 用于读取图像
import matplotlib.image as mpimg
img = mpimg.imread('./data/trainB/2016-11-24 10_56_13.jpg')
plt.imshow(img)  # 显示图像
plt.axis('off')  # 不显示坐标轴
plt.show()
```

展示的图像如图 7-3 所示。

图 7-3 展示的图像

任务 7.3 数据预处理

任务描述

本任务需要对原始图像数据进行预处理，包括随机抖动、归一化处理图像、对所有图像做批处理并打乱顺序，以及建立图像迭代器。

174

🖥 **任务实现** ▼

7.3.1　随机抖动

深度网络需要在大量的训练图像上进行训练才能获得令人满意的性能，如果原始图像数据集中训练图像较少，则最好进行数据扩充以提高模型性能，防止过拟合。本项目的原始图像数据仅 400 张，因此，在训练深度网络时必须对数据集进行扩充。

目前有许多方法可以进行数据扩充，常用的方法有水平翻转、随机裁剪和颜色抖动，本小节主要使用的是随机抖动（Random Jittering）。

增加图像的高度和宽度，原图像尺寸为 256 像素×256 像素，调整后尺寸为 286 像素×286 像素，如代码 7-3 所示。

代码 7-3　定义调整图像尺寸的函数

```
# 增加图像的高度和宽度，为后面的随机抖动做准备
def resize(input_image, height, width):
    image = tf.image.resize(input_image, [height, width],
                        method=tf.image.ResizeMethod.NEAREST_NEIGHBOR)
    return image


# 随机裁剪到目标尺寸
# 目标尺寸
IMG_WIDTH = 256
IMG_HEIGHT = 256
def random_crop(image):
    cropped_image = tf.image.random_crop(
            image, size=[IMG_HEIGHT, IMG_WIDTH, 3])

    return cropped_image
```

然后再次将图像随机裁剪为目标尺寸，即从 286 像素×286 像素的图像中随机裁剪出 256 像素×256 像素大小的图像。

最后随机水平翻转图像。将图像左右翻转的概率设为 0.5，即输出的图像有 50%的可能性是左右翻转的，否则就输出原图，如代码 7-4 所示。

代码 7-4　定义水平翻转图像的函数

```
# 随机对图像进行水平翻转
def random_jitter(image):
    # 调整大小为 286 像素×286 像素
    image = resize(image, 286, 286)
    # 随机裁剪到 256 像素×256 像素
    image = random_crop(image)
    # 随机翻转
    image = tf.image.random_flip_left_right(image)
    return image
```

7.3.2　归一化处理图像

利用图像的不变矩寻找一组参数，使其能够消除其他变换函数对图像变换的影响，将

待处理的原始图像转换成相应的唯一标准形式，该标准形式的图像对平移、旋转、缩放等变换具有不变性。因为图像归一化使得图像可以抵抗几何变换，利于网络找出图像中的不变量，所以需要定义一个可以归一化处理图像的函数，如代码 7-5 所示。

代码 7-5　定义归一化处理图像的函数

```
# 图像归一化
# 将图像归一化到区间[-1, 1]
def normalize(image):
    image = (image / 127.5) - 1
    return image
```

定义好可以水平翻转图像的函数和归一化处理图像的函数之后，定义可以使用这两个函数对图像数据进行处理的函数，如代码 7-6 所示。

代码 7-6　定义可以对图像进行水平翻转和归一化处理的函数

```
# 处理训练集图像
def preprocess_image_train(image_file):
    image = load(image_file)
    image = random_jitter(image)
    image = normalize(image)
    return image

# 处理测试集图像
def preprocess_image_test(image_file):
    image = load(image_file)
    image = normalize(image)
    return image
```

7.3.3　对所有图像做批处理并打乱顺序

分别对训练集与测试集图像做批处理并打乱顺序，然后将其分别放入两个数据集对象 Dataset 中。对所有图像的处理如代码 7-7 所示。

代码 7-7　对所有图像的处理

```
# 对训练集所有图像进行批处理，将其放入一个 Dataset 中
BUFFER_SIZE = 1000
BATCH_SIZE = 1

train_A = train_A.map(
                    preprocess_image_train, num_parallel_calls=AUTOTUNE).
                    cache().shuffle(BUFFER_SIZE).batch(BATCH_SIZE)

train_B = train_B.map(
                    preprocess_image_train, num_parallel_calls=AUTOTUNE).
                    cache().shuffle(BUFFER_SIZE).batch(BATCH_SIZE)

# 对测试集所有图像进行批处理，将其放入一个 Dataset 中
test_A = test_A.map(
```

```
                      preprocess_image_test, num_parallel_calls=AUTOTUNE).
                      cache().shuffle(BUFFER_SIZE).batch(BATCH_SIZE)

test_B = test_B.map(
                      preprocess_image_test, num_parallel_calls=AUTOTUNE).
                      cache().shuffle(BUFFER_SIZE).batch(BATCH_SIZE)
```

7.3.4　建立迭代器

建立迭代器，使网络的每次迭代仅输出一幅图像作为结果，如代码 7-8 所示。

代码 7-8　建立迭代器

```
# 建立迭代器，使每次迭代仅输出一幅图像
sample_A = next(iter(train_A))
sample_B = next(iter(train_B))
```

任务 **7.4**　构建网络

构建与训练网络

任务描述

本任务需要构建 CycleGAN 网络，CycleGAN 需要两个生成器——G 和 F，两个判别器——D_x 和 D_y，其网络结构如图 7-4 所示。两个生成器与两个判别器的作用如下。

（1）生成器 G 将图像 X 转换为 Y（G：$X \to Y$）。

（2）生成器 F 将图像 Y 转换为 X（F：$Y \to X$）。

（3）判别器 D_x 区分图像 X 与生成的图像 X。

（4）判别器 D_y 区分图像 Y 与生成的图像 Y。

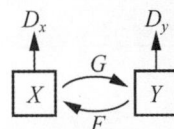

图 7-4　CycleGAN 网络结构

任务实现

本任务实现过程中，需要安装 tensorflow_examples 库。

将本书配套的 tensorflow_examples 文件夹放入对应的 Python 路径中，默认路径为 "C:\Users\用户名\Anaconda3\Lib\site-packages"。

tensorflow_examples 中包含功能完整的 Pix2Pix 网络项目。Pix2Pix 网络是 GAN 的变种之一，主体结构同样是生成器和判别器，构建网络时直接调用即可，能有效减少代码。

从 tensorflow_examples 中调用 Pix2Pix 网络的生成器与判别器来构建两个生成器与两个判别器，归一化层选择实例归一化层。构建网络如代码 7-9 所示。

代码 7-9　构建网络

```
# 构建生成器与判别器
OUTPUT_CHANNELS = 3
generator_g = pix2pix.unet_generator(OUTPUT_CHANNELS, norm_type='instancenorm')
generator_f = pix2pix.unet_generator(OUTPUT_CHANNELS, norm_type='instancenorm')
discriminator_x = pix2pix.discriminator(norm_type='instancenorm', target=False)
discriminator_y = pix2pix.discriminator(norm_type='instancenorm', target=False)
```

任务 **7.5**　训练网络

任务描述

本任务需要训练构建的 CycleGAN 网络，包括定义损失函数、定义优化器、定义图像生成函数和定义训练函数等。

任务实现

7.5.1　定义损失函数

通过 Keras 高级接口下的损失函数 BinaryCrossentropy 定义判别器与生成器的损失函数，分别如代码 7-10 和代码 7-11 所示。

代码 7-10　定义判别器的损失函数

```
# 定义判别器的损失函数
LAMBDA = 10
loss_obj = tf.keras.losses.BinaryCrossentropy(from_logits=True)
def discriminator_loss(real, generated):
    real_loss = loss_obj(tf.ones_like(real), real)
    generated_loss = loss_obj(tf.zeros_like(generated), generated)
    total_disc_loss = real_loss + generated_loss

    return total_disc_loss * 0.5
```

代码 7-11　定义生成器的损失函数

```
# 定义生成器的损失函数
def generator_loss(generated):
    return loss_obj(tf.ones_like(generated), generated)
```

CycleGAN 可以学习生成结果分别为目标域 1 和目标域 2 同分布的映射 1 和映射 2。然而，网络也可能将同一组输入图像映射到目标域中任意随机排列的图像。因此，仅定义判别器与生成器的损失函数并不能保证将单个输入映射到所需输出。为了进一步缩小映射函数的空间，需要定义循环一致损失函数和一致性损失函数，分别如代码 7-12 和代码 7-13 所示。

代码 7-12　定义循环一致损失函数

```
# 定义循环一致损失函数
def calc_cycle_loss(real_image, cycled_image):
  loss1 = tf.reduce_mean(tf.abs(real_image - cycled_image))
  return LAMBDA * loss1
```

代码 7-13　定义一致性损失函数

```
# 定义一致性损失函数
def identity_loss(real_image, same_image):
    loss = tf.reduce_mean(tf.abs(real_image - same_image))
    return LAMBDA * 0.5 * loss
```

7.5.2 定义优化器

优化器的目标是降低训练的损失。通过 Keras 高级接口下的 Adam 优化器来分别定义生成器与判别器的优化器，如代码 7-14 所示。

代码 7-14 定义生成器与判别器的优化器

```
# 初始化优化器
# 初始化生成器的优化器
generator_g_optimizer = tf.keras.optimizers.Adam(2e-4, beta_1=0.5)
generator_f_optimizer = tf.keras.optimizers.Adam(2e-4, beta_1=0.5)
# 初始化判别器的优化器
discriminator_x_optimizer = tf.keras.optimizers.Adam(2e-4, beta_1=0.5)
discriminator_y_optimizer = tf.keras.optimizers.Adam(2e-4, beta_1=0.5)
```

7.5.3 定义图像生成函数

定义图像生成函数以展示每次迭代的训练效果，需要展示一幅输入图像和该图像的转换图像，如代码 7-15 所示。

代码 7-15 定义图像生成函数

```
# 定义图像生成函数
def generate_images(model, test_input):
    prediction = model(test_input)

    plt.figure(figsize=(12, 12))

    display_list = [test_input[0], prediction[0]]
    #解决中文显示问题
    plt.rcParams['font.sans-serif']=['SimHei']
    plt.rcParams['axes.unicode_minus'] = False
    title = ['输入图像', '转换图像']

    for i in range(2):
        plt.subplot(1, 2, i+1)
        plt.title(title[i])
        # 获取范围为[0, 1]的像素值以绘制图像
        plt.imshow(display_list[i] * 0.5 + 0.5)
        plt.axis('off')
    plt.show()
```

7.5.4 定义训练函数

定义训练函数如代码 7-16 所示。

代码 7-16 定义训练函数

```
# 定义训练一次的函数
def train_step(real_x, real_y):
    # persistent 设置为 True, 因为 GradientTape 被多次用于计算梯度
    with tf.GradientTape(persistent=True) as tape:
        # 生成器 G 实现 X -> Y 的转换
        # 生成器 F 实现 Y -> X 的转换
```

```
        fake_y = generator_g(real_x, training=True)
        cycled_x = generator_f(fake_y, training=True)

        fake_x = generator_f(real_y, training=True)
        cycled_y = generator_g(fake_x, training=True)

        # same_x 和 same_y 用于计算一致性损失
        same_x = generator_f(real_x, training=True)
        same_y = generator_g(real_y, training=True)

        disc_real_x = discriminator_x(real_x, training=True)
        disc_real_y = discriminator_y(real_y, training=True)

        disc_fake_x = discriminator_x(fake_x, training=True)
        disc_fake_y = discriminator_y(fake_y, training=True)

        # 计算损失
        gen_g_loss = generator_loss(disc_fake_y)
        gen_f_loss = generator_loss(disc_fake_x)

        total_cycle_loss = (calc_cycle_loss(real_x, cycled_x) +
                            calc_cycle_loss(real_y, cycled_y))

        # 总生成器损失 = 对抗性损失 + 循环损失
        total_gen_g_loss = gen_g_loss + total_cycle_loss + identity_loss(
                real_y, same_y)
        total_gen_f_loss = gen_f_loss + total_cycle_loss + identity_loss(
                real_x, same_x)

        disc_x_loss = discriminator_loss(disc_real_x, disc_fake_x)
        disc_y_loss = discriminator_loss(disc_real_y, disc_fake_y)

    # 计算生成器和判别器损失
    generator_g_gradients = tape.gradient(total_gen_g_loss, generator_g.
trainable_variables)
    generator_f_gradients = tape.gradient(total_gen_f_loss, generator_f.
trainable_variables)

    discriminator_x_gradients = tape.gradient(disc_x_loss, discriminator_x.
trainable_variables)
    discriminator_y_gradients = tape.gradient(disc_y_loss, discriminator_y.
trainable_variables)

    # 将梯度应用于优化器
    generator_g_optimizer.apply_gradients(zip(generator_g_gradients, generator_
g.trainable_variables))

    generator_f_optimizer.apply_gradients(zip(generator_f_gradients, generator_
f.trainable_variables))

    discriminator_x_optimizer.apply_gradients(
            zip(discriminator_x_gradients,discriminator_x.trainable_
variables)
    )
```

```
discriminator_y_optimizer.apply_gradients(

            zip(discriminator_y_gradients,discriminator_y.trainable_variables)
)
```

7.5.5 训练网络

将迭代次数设置为 20，并将网络的生成结果限制为同一幅输入图像，以便于观察并对比转换图像每次迭代的变化。训练网络如代码 7-17 所示。

代码 7-17　训练网络

```
# 训练网络
EPOCHS = 20
for epoch in range(EPOCHS):
    n = 0
    for image_x, image_y in tf.data.Dataset.zip((train_A, train_B)):
        train_step(image_x, image_y)
        if n % 10 == 0:
            print('Epoch:', epoch, 'N:', n, end='\n')
        n+=1

    clear_output(wait=True)
    # 使用一致的图像（sample_A），以使网络的进度清晰可见
    generate_images(generator_g, sample_A)
```

任务 7.6　结果分析

任务描述

本任务将分析图像风格转换过程，观察一定次数的迭代之后生成的图像并总结其特点，对比分析经历不同次数迭代后网络生成的图像所发生的变化。

任务实现

当 epoch=0 时，即网络第 1 次迭代后，生成的转换图像基本没有变化，如图 7-5 所示。

图 7-5　网络第 1 次迭代后生成的转换图像

当 epoch=9 时，即网络第 10 次迭代后，已经能够生成风格有变化的图像，如图 7-6 所示。

图 7-6　网络第 10 次迭代后生成的转换图像

当 epoch=19 时，即网络第 20 次迭代后，现实风景图像已经具有了油画风格，如图 7-7 所示。

图 7-7　网络第 20 次迭代后生成的转换图像

项目小结

本项目主要实现了基于 CycleGAN 将现实风景图像的风格转换成油画风格。首先读取数据，对图像进行数据预处理；然后构建生成器与判别器；接下来训练 CycleGAN，包括定义损失函数、定义优化器、定义图像生成函数和定义训练函数等；最后对转换的结果进行分析。

项目实训

实训　基于 CycleGAN 实现苹果与橙子的转换

1. 训练要点

掌握 CycleGAN 的基本原理与构建方法。

2. 需求说明

用 CycleGAN 对图像 A 与图像 B 进行图像风格转换，实现以下目标。

（1）让模型学习图像 A 的风格并生成图像。

（2）让模型学习图像 B 的风格并生成图像。

（3）使用模型将图像 A 转换成图像 B 的风格的图像。

3. 实现思路及步骤

（1）读取数据。

（2）图像处理。

（3）构建网络。

（4）定义损失函数。

（5）定义优化器。

（6）定义图像生成函数。

（7）定义训练函数。

（8）训练网络。

（9）结果分析。

课后习题

操作题

为了让 CycleGAN 达到更好的图像风格转换效果，现要求将前文中生成器与判别器的优化器修改成 Keras 高级接口下的 SGD 优化器，SGD 优化器的语法格式如下。

```
tf.keras.optimizers.SGD(
    learning_rate=0.01, momentum=0.0, nesterov=False, name='SGD', **kwargs
)
```

项目 ⑧ 基于 TipDM 大数据挖掘建模平台的彩色图像分类

项目 4 介绍了基于 CNN 的彩色图像分类，本项目将介绍 TipDM 大数据挖掘建模平台，并通过该平台实现彩色图像分类。TipDM 大数据挖掘建模平台具有流程化、去编程化等特点，可满足编程基础较弱的用户使用数据分析技术的需求。通过学习使用 TipDM 大数据挖掘建模平台，读者可以掌握多门简易技术。

思维导图

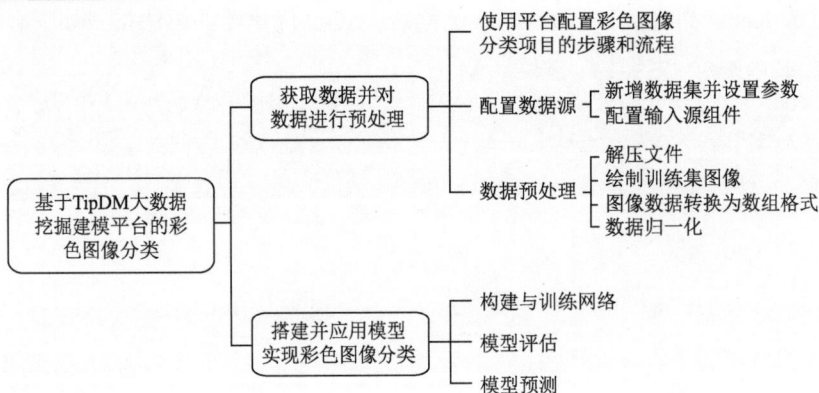

学习目标

（1）熟悉使用 TipDM 大数据挖掘建模平台配置彩色图像分类项目的总体流程。

（2）掌握使用 TipDM 大数据挖掘建模平台获取数据的方法。

（3）掌握使用 TipDM 大数据挖掘建模平台解压文件，进行图像数据转换、数据归一化等操作。

（4）掌握使用 TipDM 大数据挖掘建模平台构建与训练网络、调用模型进行彩色图像分类等操作。

素质目标

（1）通过参考项目 4 的总体流程，配置可用于 TipDM 大数据挖掘建模平台的总体流程，提升总结概括信息的能力。

（2）通过使用 TipDM 大数据挖掘建模平台的组件解决具体问题，提升学以致用的实践能力。

任务 **8.1** 获取数据并对数据进行预处理

🛜 任务描述

以彩色图像分类为例，在 TipDM 大数据挖掘建模平台上配置对应工程，展示流程的配置过程。流程的具体配置和参数可通过访问平台进行查看。

电子文档：
平台简介

💻 任务实现

8.1.1 使用平台配置彩色图像分类项目的步骤和流程

在 TipDM 大数据挖掘建模平台上配置彩色图像分类项目的总体流程如图 8-1 所示。

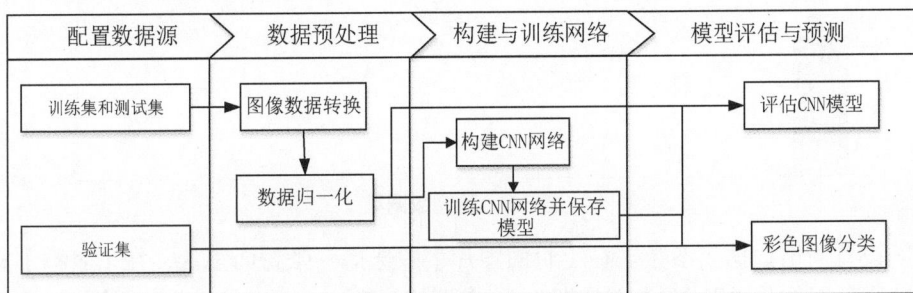

图 8-1 配置彩色图像分类项目的总体流程

主要步骤如下。

（1）配置数据源。在 TipDM 大数据挖掘建模平台导入彩色图像数据集，包括训练集、测试集和验证集。

（2）数据预处理。对原始数据进行预处理，先将文件解压，然后绘制部分训练集图像确保数据导入正常，之后将图像数据转换为数组并进行数据归一化等操作。

（3）构建与训练网络。构建并训练自定义的 CNN 网络，保存训练完毕的 CNN 模型。

（4）模型评估。对预处理后的测试集调用自定义的 CNN 模型，对比模型在测试集上的真实值与预测值，计算准确率。

（5）模型预测。对验证集调用自定义的 CNN 模型进行预测，实现彩色图像分类。

在平台上进行配置的总体流程如图 8-2 所示。

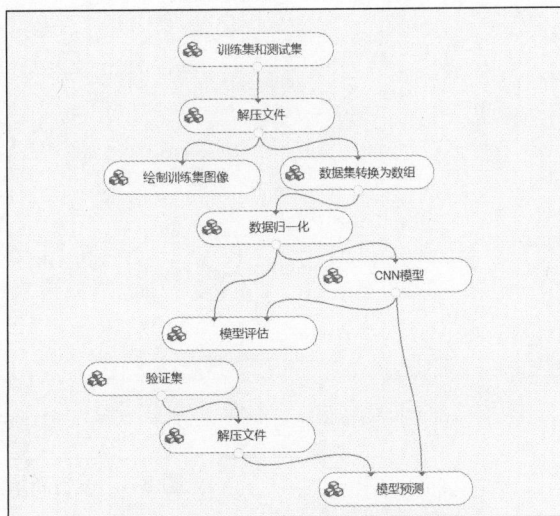

图 8-2 在平台上进行配置的总体流程

8.1.2　配置数据源

本项目使用的数据包括 cifar-10-batches- py.zip 和 testimages.zip。其中，cifar-10-batches-py.zip 为模型构建使用的训练集和测试集，testimages.zip 为模型预测使用的验证集。使用 TipDM 大数据挖掘建模平台导入数据，步骤如下。

（1）新增数据集。单击【数据集】模块中的【新增】按钮，如图 8-3 所示。

图 8-3　新增数据集

（2）设置新增数据集参数。在【封面图片】中选择一张封面图片，在【名称】文本框中填入"彩色图像分类"，在【有效期（天）】下拉列表中选择"永久"，在【描述】文本框中填入对数据集的简短描述，单击【上传】按钮选择需要上传的文件（cifar-10-batches-py.zip 和 testimages.zip），等待所有文件上传成功后，单击【确定】按钮，如图 8-4 所示。

图 8-4　设置新增数据集参数

数据上传完成后，在【我的工程】模块中新建一个命名为"彩色图像分类"的空白工程，配置【输入源】组件，步骤如下。

（1）拖曳【输入源】组件。在【我的工程】模块的【组件】栏中找到【系统组件】下的【输入/输出组件】，拖曳【输入/输出组件】中的【输入源】组件至画布中。

（2）配置【输入源】组件。单击画布中的【输入源】组件，然后单击画布右侧【参数配置】栏中的【数据集】下面的文本框，输入"彩色图像分类"，在弹出的下拉列表中选择【彩色图像分类】，在【名称】框中选中【cifar-10-batches-py.zip】。右击【输入源】组件，选择【重命名】并输入"训练集和测试集"，如图 8-5 所示。

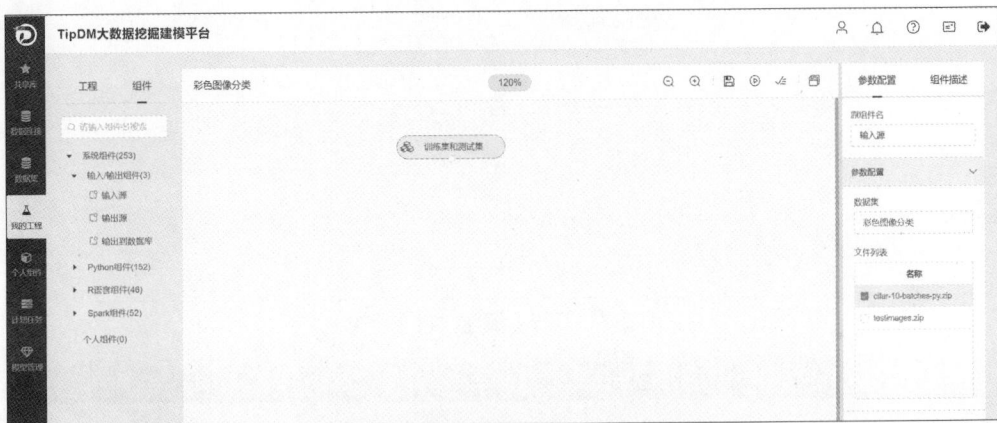

图 8-5　配置【训练集和测试集】组件

8.1.3　数据预处理

本项目数据预处理主要是对数据集进行解压，然后绘制部分训练集图像确保数据导入正常，之后将图像数据转换为数组并进行数据归一化等操作。

1. 解压文件

配置好数据源后，需要对文件进行解压，步骤如下。

（1）配置【解压文件】组件。拖曳【系统组件】下【Python 组件】中【预处理】类的【解压文件】组件至画布中，并与【训练集和测试集】组件相连，【参数配置】栏不做修改，保持默认值，如图 8-6 所示。

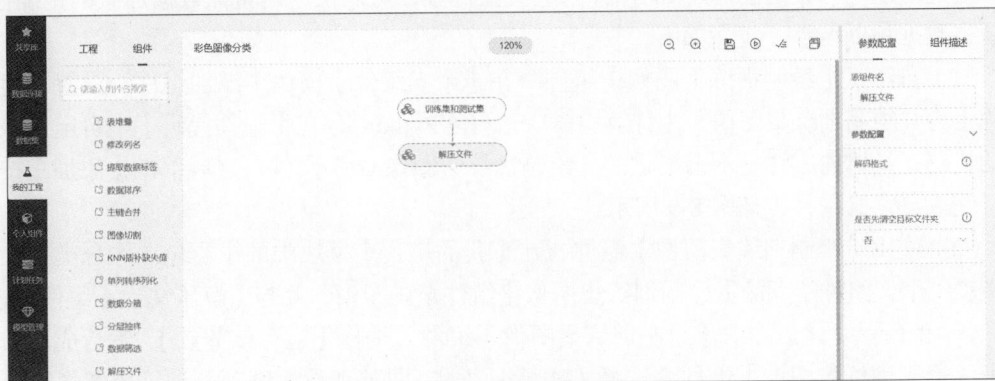

图 8-6　配置【解压文件】组件

（2）运行【解压文件】组件。右击【解压文件】组件，在弹出的快捷菜单中选择【运行该节点】，如图 8-7 所示。运行完成后再次右击【解压文件】组件，在弹出的快捷菜单中选择【查看日志】，查看解压文件结果日志，如图 8-8 所示。

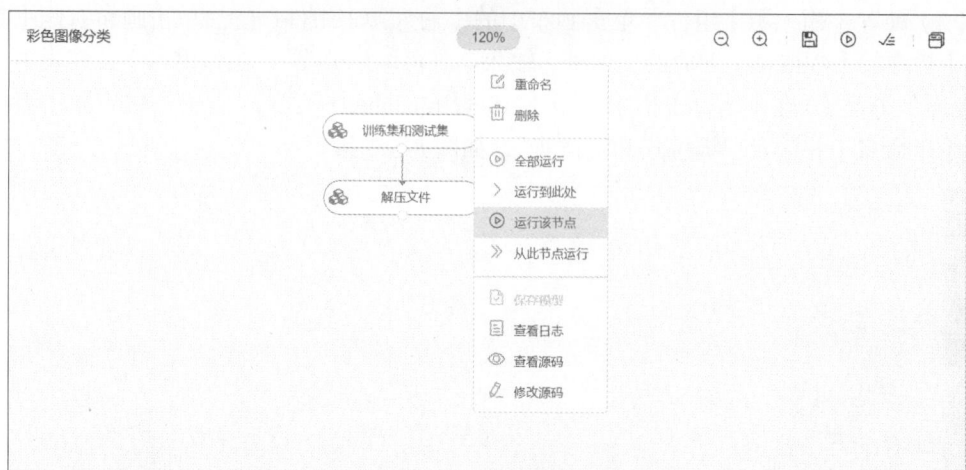

图 8-7　运行【解压文件】组件

图 8-8　查看解压文件结果日志

2．绘制训练集图像

通过绘制训练集的前 30 张图像并附上英文标签，可以快速地验证数据加载的正确性，并观察数据集的特点，步骤如下。

（1）自定义【绘制训练集图像】组件。在【个人组件】模块中添加组件，设置【组件名称】为"绘制训练集图像"，【计算引擎】选择【Python】，在【组件代码】中自定义该组件的代码，具体内容详见本书提供的"绘制训练集图像.txt"文件，之后单击【添加】按钮即可完成自定义组件，如图 8-9 所示。

（2）使用【绘制训练集图像】组件。在【我的工程】模块中的【彩色图像分类】工程中拖曳【个人组件】下的【绘制训练集图像】组件至画布中，并与【解压文件】组件相连，如图 8-10 所示。之后右击【绘制训练集图像】组件，选择【运行该节点】，运行成功后，右击【绘制训练集图像】组件并选择【查看日志】，即可查看绘制部分训练集图像结果，如图 8-11 所示。

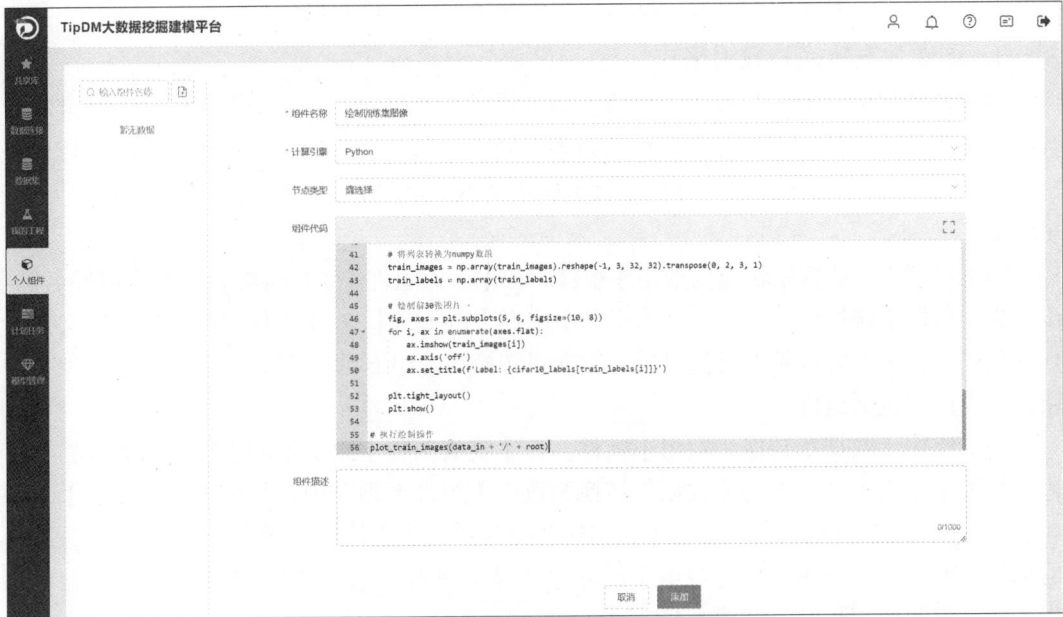

图 8-9 自定义【绘制训练集图像】组件

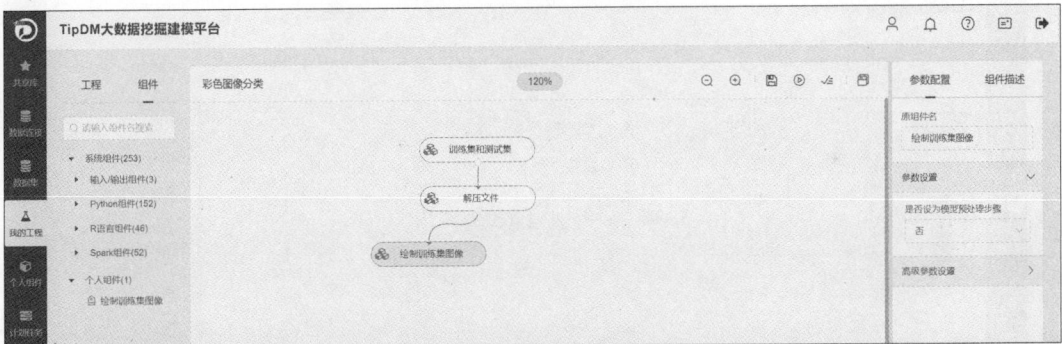

图 8-10 连接【绘制训练集图像】组件

图 8-11 绘制部分训练集图像结果

由绘制的训练集图像和类别标签可知，数据集被正确加载，数据集的图像丰富多样，不同类别的图像具有明显的差异，这有助于提高模型的泛化能力。

3. 图像数据转换为数组格式

获取的数据中，训练集有 5 个批次，测试集有 1 个批次，为了整合和统一不同批次的数据，需要合成图像数据和标签数据的列表。同时，为了训练和测试神经网络时高效地处理和传输数据，需要将图像数据和标签数据转换为 NumPy 数组格式，并查看数据集的大小，步骤如下。

（1）自定义【数据集转换为数组】组件。在【个人组件】中添加组件，将【组件名称】设置为"数据集转换为数组"，【计算引擎】选择【Python】，在【组件代码】中自定义该组件的代码，具体内容详见本书提供的"数据集转换为数组.txt"文件，之后单击【添加】按钮即可完成自定义组件。

（2）使用【数据集转换为数组】组件。在【我的工程】模块中的【彩色图像分类】工程中拖曳【个人组件】下的【数据集转换为数组】组件至画布中，并与【解压文件】组件相连，如图 8-12 所示。之后右击【数据集转换为数组】组件，选择【运行该节点】，运行成功后，右击【数据集转换为数组】组件并选择【查看日志】，即可查看数据集中的训练集和测试集的样本数量，如图 8-13 所示。

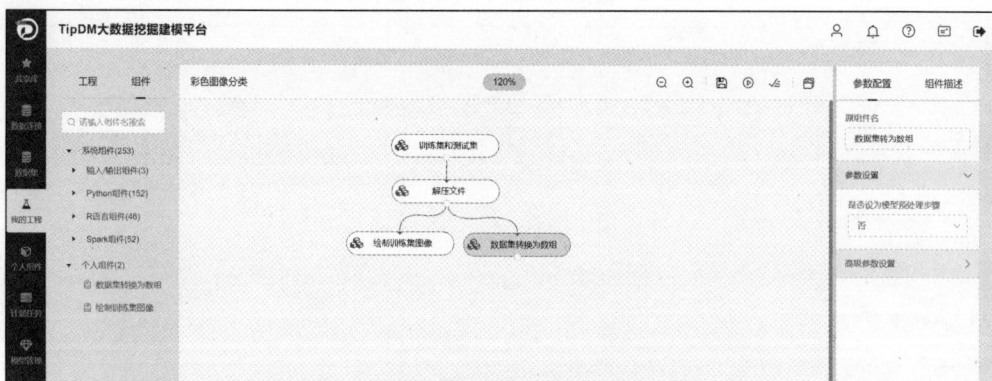

图 8-12　连接【数据集转换为数组】组件

图 8-13　查看数据集中的训练集和测试集的样本数量

4．数据归一化

对训练集和测试集的图像进行归一化处理的步骤如下。

（1）自定义【数据归一化】组件。在【个人组件】中添加组件，将【组件名称】设置为"数据归一化"，【计算引擎】选择【Python】，在【组件代码】中自定义该组件的代码，具体内容详见本书提供的"数据归一化.txt"文件，之后单击【添加】按钮即可完成自定义组件。

（2）使用【数据归一化】组件。在【我的工程】模块中的【彩色图像分类】工程中拖曳【个人组件】下的【数据归一化】组件至画布中，并与【数据集转为数组】组件相连，如图 8-14 所示。之后右击【数据归一化】组件，选择【运行该节点】，运行成功后，右击【数据归一化】组件并选择【查看日志】，即可查看数据归一化结果，如图 8-15所示。

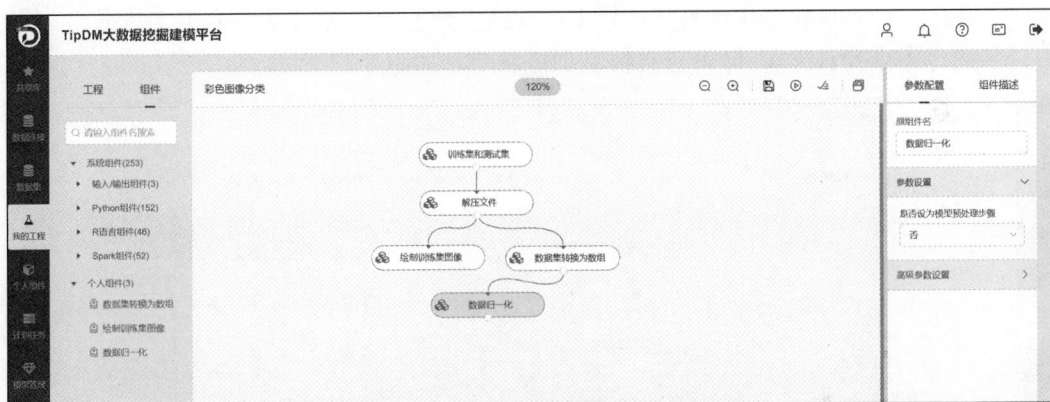

图 8-14　连接【数据归一化】组件

图 8-15　查看数据归一化结果

任务 8.2　构建网络并应用模型实现彩色图像分类

任务描述

在处理完数据之后，就可以利用该数据训练模型，使模型具有对彩色图像分类的能力。

📠 **任务实现**

8.2.1 构建与训练网络

构建卷积神经网络，使用预处理后的数据集来训练卷积神经网络，并在训练完成后保存模型，步骤如下。

构建与训练网络

（1）自定义【CNN 模型】组件。在【个人组件】中添加组件，将【组件名称】设置为"CNN 模型"，【计算引擎】选择【Python】，在【组件代码】中自定义该组件的代码，具体内容详见本书提供的"CNN 模型.txt"文件，之后单击【添加】按钮即可完成自定义组件。

（2）使用【CNN 模型】组件。在【我的工程】模块中的【彩色图像分类】工程中拖曳【个人组件】下的【CNN 模型】组件至画布中，并与【数据归一化】组件相连，如图 8-16 所示。之后右击【CNN 模型】组件，选择【运行该节点】，运行成功后，右击【数据归一化】组件并选择【查看日志】，即可查看模型训练结果，如图 8-17 所示。

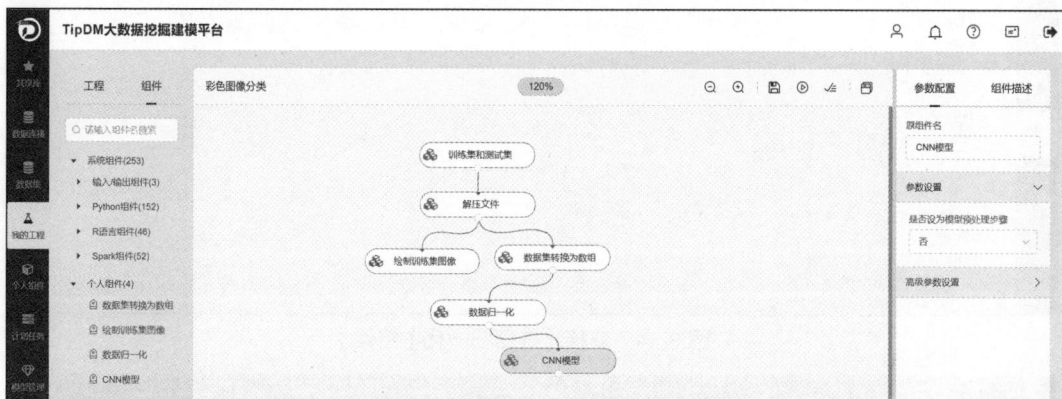

图 8-16 连接【CNN 模型】组件

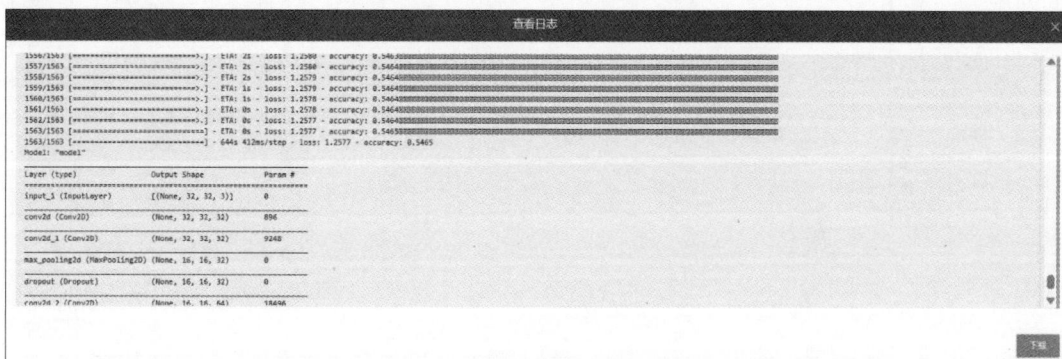

图 8-17 查看模型训练结果

由于模型训练时间较长，每个训练轮次需要十分钟左右，此处将模型训练次数设置为 2。由输出结果可知，模型经过 2 次训练之后的损失为 1.2577，准确率达到 54.65%。随着训练次数的增加，模型最终的准确率将不断提高。将训练次数设为 50 时，准确率约为 80%。

8.2.2 模型评估

对测试集的数据进行相同的数据预处理操作并加载已训练的 CNN 模型，使用测试集数据对模型进行性能评估，步骤如下。

（1）自定义【模型评估】组件。在【个人组件】中添加组件，将【组件名称】设置为"模型评估"，【计算引擎】选择【Python】，在【组件代码】中自定义该组件的代码，具体内容详见本书提供的"模型评估.txt"文件，之后单击【添加】按钮即可完成自定义组件。

（2）使用【模型评估】组件。在【我的工程】模块中的【彩色图像分类】工程中拖曳【个人组件】下的【模型评估】组件至画布中，并分别与【数据归一化】组件和【CNN 模型】组件相连，如图 8-18 所示。之后右击【模型评估】组件，选择【运行该节点】，运行成功后，右击【模型评估】组件并选择【查看日志】，即可查看模型评估结果，如图 8-19 所示。

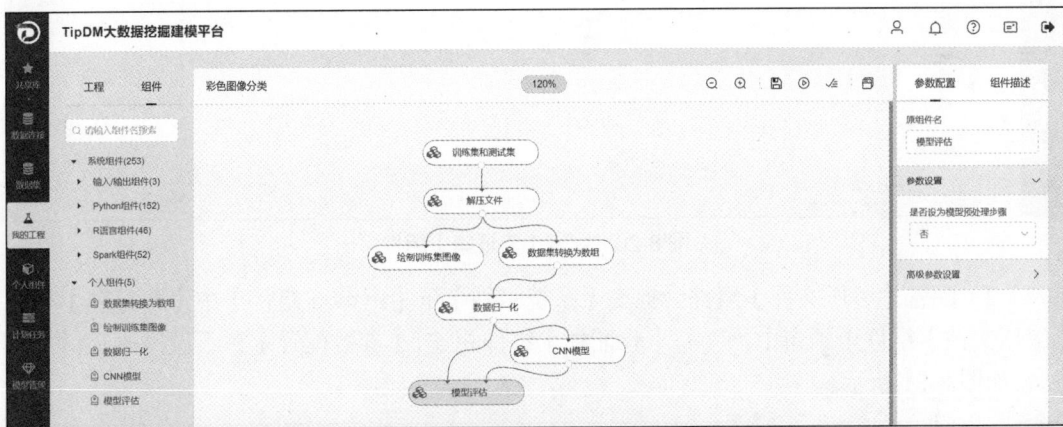

图 8-18 连接【模型评估】组件

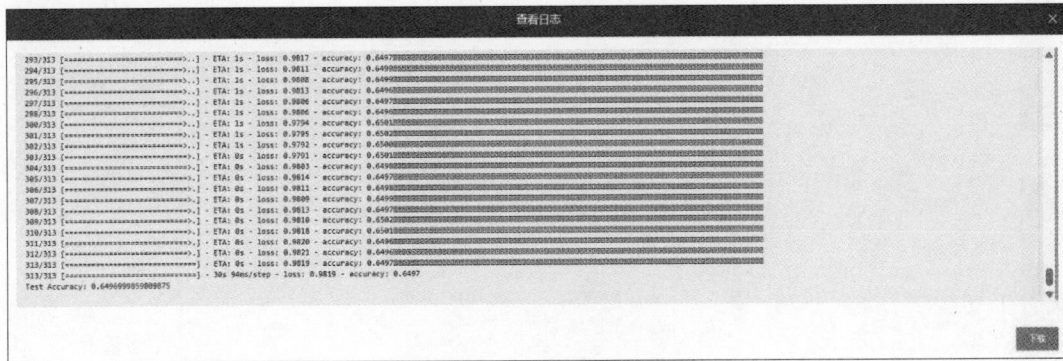

图 8-19 查看模型评估结果

8.2.3 模型预测

导入需要进行分类的彩色图像数据集，并加载训练好的 CNN 模型实现彩色图像分类，最终输出需要预测的图像和对应的预测结果，步骤如下。

（1）导入验证集。在【我的工程】模块的【组件】栏中找到【系统组件】下的【输入/输出组件】。拖曳【输入/输出组件】中的【输入源】组件至画布中。之后单击画布中的【输入源】组件，然后单击画布右侧【参数配置】栏中的【数据集】下面的文本框，输入"彩色图像分类"，在弹出的下拉列表中选择【彩色图像分类】，在【名称】框中勾选【testimages.zip】。右击【输入源】组件，选择【重命名】并输入"验证集"，如图 8-20 所示。

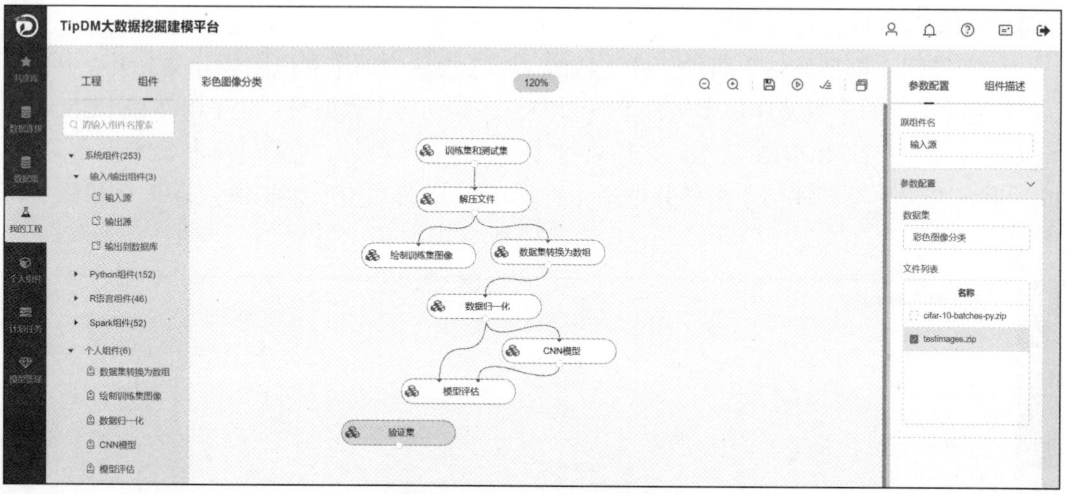

图 8-20　配置【验证集】组件

（2）配置【解压文件】组件。拖曳【系统组件】下【Python 组件】中【预处理】类的【解压文件】组件至画布中，并与【验证集】组件相连，【参数配置】栏不做修改，保持默认，如图 8-21 所示。

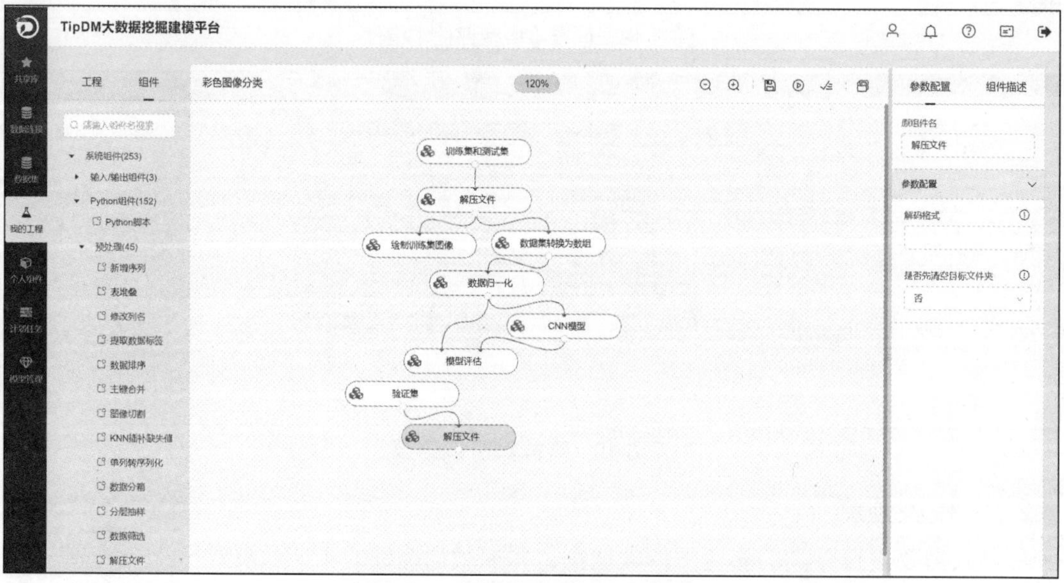

图 8-21　配置【解压文件】组件

（3）运行【解压文件】组件。右击【解压文件】组件，选择【运行该节点】，运行完后再次右击【解压文件】组件并选择【查看日志】，查看解压文件结果日志，如图 8-22 所示。

图 8-22　查看解压文件结果日志

（4）自定义【模型预测】组件。在【个人组件】中添加组件，将【组件名称】设置为"模型预测"，【计算引擎】选择【Python】，在【组件代码】中自定义该组件的代码，具体内容详见本书提供的"模型预测.txt"文件，之后单击【添加】按钮即可完成自定义组件。

（5）使用【模型预测】组件。在【我的工程】模块中的【彩色图像分类】工程中拖曳【个人组件】模块下的【模型预测】组件至画布中，并分别与【解压文件】组件和【CNN模型】组件相连，如图 8-23 所示。之后右击【模型预测】组件，选择【运行该节点】，运行成功后，右击【模型预测】组件并选择【查看日志】，即可查看模型预测结果，如图 8-24 所示。

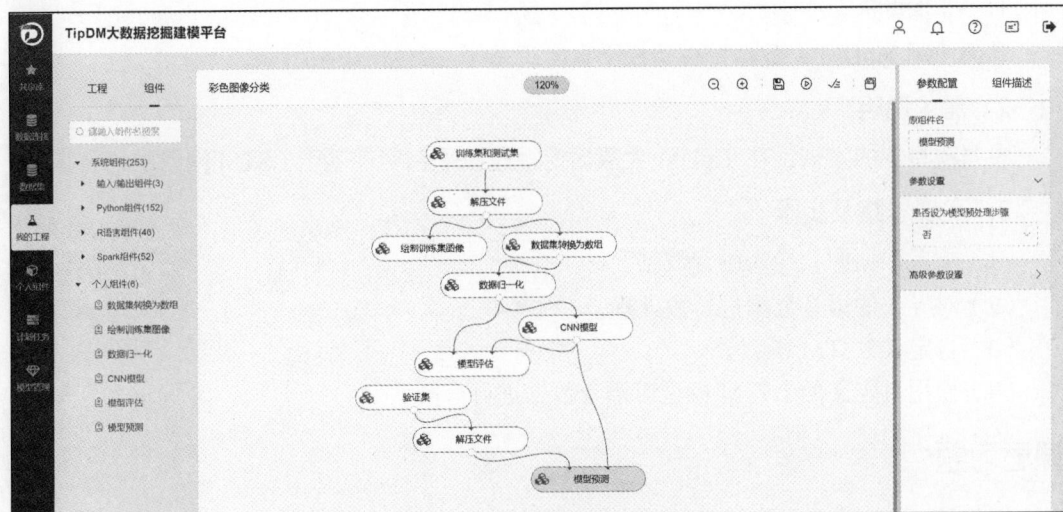

图 8-23　连接【模型预测】组件

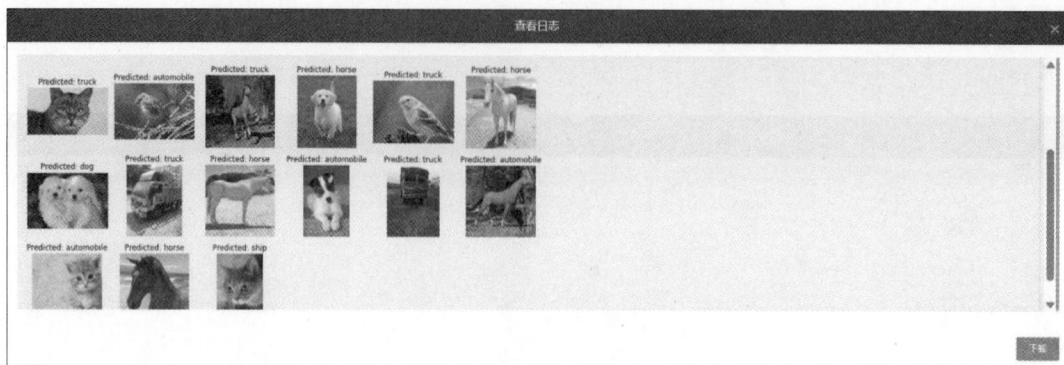

图 8-24　查看模型预测结果

由图 8-24 可知，模型的预测能力并不好。可能是因为 CNN 模型的训练次数太少，或是其他超参数设置不得当，从而影响了模型的性能。可以通过增加模型训练次数或是使用交叉验证的方法调整关键的超参数（如学习率、训练轮次、Dropout 率等），以提高模型的性能。

项目小结

本项目介绍了在 TipDM 大数据挖掘建模平台上配置彩色图像分类项目的工程，从导入数据和解压文件开始，再到数据预处理，之后构建 CNN 模型，并在测试集中进行模型评估，最终调用训练好的 CNN 模型实现彩色图像分类。本项目向读者展示了平台的流程化，可使读者对彩色图像分类的了解更加深入。同时，平台去编程、拖曳式的操作，可便于 Python 编程基础较弱的读者轻松完成彩色图像分类的流程。

项目实训

实训　实现基于 LSTM 网络的语音识别

1. 训练要点

掌握使用 TipDM 大数据挖掘建模平台实现基于 LSTM 网络的语音识别。

2. 需求说明

参照项目 6 的实训，在 TipDM 大数据挖掘建模平台实现基于 LSTM 网络的语音识别。

3. 实现思路及步骤

（1）配置数据源，导入语音数据。

（2）对导入的语音数据进行预处理。

（3）自定义 LSTM 模型。

（4）使用自定义的 LSTM 模型对语音数据进行分类。

课后习题

操作题

参考本项目中彩色图像分类的流程，在平台上修改 CNN 算法中的参数，观察模型的效果。